BUCHNERS KOLLEG GESCHICHTE

ZWISCHEN BEHARRUNG UND AUFBRUCH

Von Heinrich Hirschfelder, Lorenz Maier und Karlheinz Sieber

C. C. Buchners Verlag · Bamberg

Buchners Kolleg Geschichte

Zwischen Beharrung und Aufbruch
Bearbeitet von Heinrich Hirschfelder, Lorenz Maier und Karlheinz Sieber
unter redaktioneller Mitarbeit von Klaus-Dieter Hein -Mooren

Bildnachweis: Archiv für Kunst und Geschichte, Berlin (4); Archiv Gerstenberg, Wietze (10); Deutsches Museum, München (2); Historia Photo, Hamburg (3); Interfoto, München (1); Münchner Stadtmuseum (1); G. M. Pfaff Aktiengesellschaft, Kaiserslautern (1); Preußischer Kulturbesitz, Berlin (9); Karlheinz Sieber, Augsburg (1); Siemens Museum, München (1); Staatliche Galerie, Dessau (1); Stadtgeschichtliche Museen, Nürnberg (1); Süddeutscher Verlag, München (7); Ullstein Bilderdienst, Berlin (1); Verlagsarchiv (24); Verwaltung der Staatlichen Schlösser und Gärten, Schloß Charlottenburg (1); Günther von Voithenberg, München (1).

1. Auflage 1 7 6 5 2008 06 04
Die letzte Zahl bedeutet das Jahr des Druckes. Alle Drucke dieser Auflage sind, weil untereinander unverändert, nebeneinander benutzbar.

Dieses Werk folgt der reformierten Rechtschreibung und Zeichensetzung. Ausnahmen bilden Texte, bei denen künstlerische, philologische oder lizenzrechtliche Gründe einer Änderung entgegenstehen.

www.ccbuchner.de

Karten: Hans von Brandt, Bamberg
Umschlaggestaltung: Rotraut Susanne Berner, München
Satz und Druck: creo Druck & Medienservice GmbH, Bamberg
Bindearbeiten: Stürtz AG, Würzburg

ISBN 3 7661 **4631** 9

Inhaltsverzeichnis

Deutschland im Schatten Napoleons

Napoleon überschreitet den großen St.-Bernhard-Paß (Gemälde von Jacques-Louis David, 1799). Das Bild Davids, eines der Begründer der klassizistischen Malerei, ist Sinnbild für den steilen Aufstieg Napoleon Bonapartes. Die Epoche des Klassizismus griff in vielen Erscheinungsformen des Lebens und der Kunst antike Vorbilder auf.

Von der Revolution zum Kaisertum

Die Französische Revolution – Auftakt zum 19. Jahrhundert

1789 wurde das europäische Gesellschaftssystem in seinen Grundfesten erschüttert. Anders als in Preußen oder Österreich hatte der Absolutismus in Frankreich seit *Ludwig XIV.*[1]) nur wenige Veränderungen erfahren. Es kam zu immer deutlicheren Spannungen zwischen den Herrschenden und der intellektuell und wirtschaftlich führenden Schicht des Bürgertums. Eine unglückliche Außenpolitik, zerrüttete Staatsfinanzen, die materielle Not weiter Kreise des Volkes und nicht zuletzt der Sieg der demokratischen Regierungsform in den Vereinigten Staaten von Amerika mündeten schließlich in den vielschichtigen Prozeß der Französischen Revolution. Eine Volksvertretung wurde gewählt und der Feudalismus beseitigt; Grundrechte und eine geschriebene Verfassung sollten jedermann gegen den willkürlichen Zugriff des Staates sichern. Das Bürgertum, der bis dahin politisch ohnmächtige *dritte Stand*, übernahm die Macht.

[1]) Ludwig XIV. (1638–1715) regierte seit 1661, schuf den Machtstaat des Absolutismus; Kennzeichen: der Wille des Herrschers ist absolut, zentrale Verwaltung, Entmachtung von Adel und Ständeversammlungen.

Revolution in der Krise

Nach wenigen Jahren ging die Revolution in eine Diktatur über, die Angst und Schrecken verbreitete und ihre Opfer oft wahllos auf die Guillotine[1]) schickte. Knapp 40 000 Menschen – darunter der König – verloren in den Revolutionsjahren gewaltsam ihr Leben, davon über 16 000 in öffentlichen Exekutionen. Obwohl nach der Hinrichtung *Robespierres*[2]) (1794) das regierende *Direktorium* zu einer gemäßigten Politik überging, konnte sich das Wirtschaftsleben von seiner Krise nicht erholen.

Wie die Regierungen vor ihm, suchte auch das Direktorium durch eine expansive und kriegerische Außenpolitik einen Ausgleich für die Rückschläge im Innern zu schaffen. Beseelt vom Glauben an die Revolution, kämpften französische *Volksheere* gegen die stehenden Heere der traditionellen Mächte Europas (*Erster Koalitionskrieg* von 1793–1797). Ein alter französischer Traum erfüllte sich: Das gesamte linksrheinische Gebiet wurde erobert, und der Rhein sollte fortan die „natürliche Grenze" Frankreichs bilden. Auch in Italien entstanden nach erfolgreichen Feldzügen zahlreiche Tochterrepubliken. Auf Dauer konnte die innenpolitische Misere jedoch allein mit Eroberungspolitik nicht überbrückt werden. Das angeschlagene Direktorium stürzte, als am 9. November 1799 General *Napoleon Bonaparte* mit zwei Mitverschwörern die Gunst der Stunde zu einem Staatsstreich nutzte.

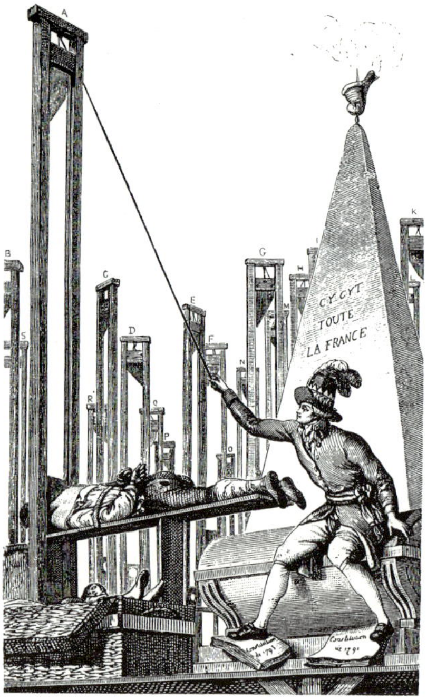

„Hier ruht ganz Frankreich" steht auf dem Grabstein, während Robespierre mit eigener Hand zuletzt noch den Henker hinrichtet (Flugblatt aus der Ära Robespierres).

[1]) Fallbeil, benannt nach dem französischen Arzt Guillotin.

[2]) Maximilien Robespierre (1758–1794), Rechtsanwalt, seit 1789 Mitglied der Nationalversammlung; sicherte sich seit 1793 eine fast unumschränkte Machtstellung; die Verschärfung seiner Terrormaßnahmen führte schließlich zu seinem Sturz.

Napoleon Bonaparte

Der 1769 auf Korsika geborene Napoleon Bonaparte verdankte seine Karriere der Revolution. In ihren Diensten stieg er rasch zum General auf, überstand das Ende von Robespierres Schreckensherrschaft und wurde bald dem Direktorium zur unentbehrlichen Stütze. Als Oberbefehlshaber in Italien begann er nach seinen Siegen über Österreich, eigenmächtig Politik zu machen, indem er ohne Rückendeckung aus Paris Friedensverhandlungen führte.
Nach dem abenteuerlichen Versuch, England in Ägypten zu bekämpfen, beseitigte er 1799 mit ihm ergebenen Truppen das Direktorium und setzte sich als *Erster Konsul* ein. Sogleich ließ er seine neue Position vom Volk bestätigen. Von über drei Millionen Stimmen wurden nur 1562 gegen ihn abgegeben – bei allerdings vier Millionen Enthaltungen. Zu diesem Erfolg hatte ihm in erster Linie sein großes Prestige als genialer militärischer Führer verholfen. Nun konnte Bonaparte die Sehnsucht des Volkes nach Ruhe ausnutzen und eine straffe innere Ordnung herstellen.

Die Konsulatsverfassung

Die Verfassung, die der Erste Konsul dem Volk vorlegte, wahrte den Schein der *Gewaltenteilung*, in Wahrheit gab sie alle Macht in die Hände der *Exekutive*. So hatte der *Staatsrat*, dessen Vorsitzender Napoleon war, das alleinige Recht der Gesetzesinitiative. Die *Legislative* konnte nur über die Vorlagen der Regierung abstimmen, von sich aus durfte sie keine Gesetze vorschlagen oder ändern. Die Vertreter der Volksversammlung wurden überdies in einem indirekten Wahlverfahren zwar vom Volk gewählt, die Berufung der Kandidaten des Wahlvorgangs nahm jedoch ein von Napoleon ernannter Senat unter den 500 Höchstbesteuerten jedes *Départements*[1]) vor. Gegner der Regierungspolitik hatten dadurch kaum eine Gelegenheit, ins Parlament zu gelangen.
Auch auf die dritte Gewalt, die *Judikative*, übte Napoleon Einfluß aus, indem er alle Richter selbst einsetzte. Ablösen konnte er sie danach allerdings nicht mehr.
Diese Regelungen bildeten den verfassungsrechtlichen Grundstein der ersten Diktatur in der Neuzeit, die sich des Mantels der Demokratie bediente.

Die innere Befriedung Frankreichs

Napoleons Umgestaltung der Verwaltung vollendete, was der Absolutismus seit Ludwig XIV. vorbereitet hatte und was bis heute die französische Binnenstruktur kennzeichnet. Von der Zentrale Paris aus wurde das ganze Land durch staatlich besoldete, von Napoleon ernannte (also nicht mehr gewählte) Berufsbeamte verwaltet. Eine lückenlose Befehlskette führte von der Regierung über die Präfekten der 89 Départements und die Unterpräfekten der *Arrondissements*[2]) zu den Bürgermeistern der Gemeinden.

[1]) Verwaltungsbezirk
[2]) den Départements untergeordnete Verwaltungseinheiten

Mit dieser straff organisierten Bürokratie verfügte Napoleon über ein Instrument zur raschen Durchsetzung seiner Pläne. Pragmatisch bemühte sich der Erste Konsul um einen Ausgleich zwischen den von der Revolution aufgerissenen Fronten. Der zuvor bekämpfte katholische Glauben wurde in einem Konkordat[1]) mit Papst *Pius VII.*[2]) wieder als Religion der großen Mehrheit der Franzosen anerkannt. Die Regierung behielt sich aber weiterhin die Einsetzung der Bischöfe vor und sicherte sich durch Treueid und Übernahme der Besoldung die Loyalität der Priester. Diskriminierende Gesetze gegen den Adel wurden aufgehoben sowie die Rückkehr von Emigranten gestattet. Mit Hilfe einer Währungsreform erhielt das Wirtschaftsleben endlich eine gesunde Grundlage.
Von zentraler Bedeutung war die Schaffung eines neuen bürgerlichen Gesetzbuches, des *Code Civil*[3]), der bald Vorbild für die Rechtsentwicklung in Europa wurde. Die 1804 veröffentlichte Gesetzessammlung bildete die rechtliche Grundlage der bürgerlichen Gesellschaftsordnung und sicherte die Errungenschaften der Revolution: Freiheit der Person und des Gewissens, Gleichheit vor dem Gesetz, Freiheit der wirtschaftlichen Betätigung und Garantie des Privateigentums (▷M 1).
Die eingeleiteten Reformen entsprachen der Grundhaltung des Bürgertums. Zusammen mit einer wachsenden Wirtschaft verhalfen sie Napoleon zu ungeheurer Popularität. Die Aufrechterhaltung der persönlichen Freiheit konnte allerdings nicht darüber hinwegtäuschen, daß eine weitere Errungenschaft der Revolution wieder verlorengegangen war: Die politischen Freiheitsrechte setzte Napoleon außer Kraft. Ein wertloses Wahlrecht, strenge Pressezensur, eingeschränkte Versammlungsfreiheit, Bespitzelung und politische Morde zeigten das andere Antlitz seiner Herrschaft. Ende 1804 ließ Napoleon sich in einem Plebiszit von der überwältigenden Mehrheit der Bevölkerung als „Kaiser der Franzosen" bestätigen (▷M 2).

M 1 Der Code Civil

Ein für die gesamte Nation verbindliches Zivilrecht setzte Napoleon Bonaparte 1804 in Kraft. In Deutschland entstand eine solch einheitliche Rechtsordnung erst im Jahr 1900 mit der Schaffung des Bürgerlichen Gesetzbuches.

4. Der Richter, der unter dem Vorwande, daß das Gesetz den vorgetragenen Fall unberührt lasse, daß es dunkel oder unzulänglich sei, ein Urteil zu sprechen sich weigert, kann, als der Justiz-Versagung schuldig, gerichtlich verfolgt werden. [. . .]
6. Durch Privatverträge kann man den Gesetzen, welche die Handhabung der öffentlichen Ordnung und die Erhaltung der guten Sitten zum Zweck haben, nicht derogieren (sie abändern). [. . .]

1) Völkerrechtlicher Vertrag zwischen Staat und katholischer Kirche zur Regelung kirchlich-staatlicher Angelegenheiten
2) Pius VII. (1740–1823), Papst seit 1800, war bei der Kaiserkrönung Napoleons anwesend, Napoleon setzte sich jedoch die Krone selbst aufs Haupt; Pius wurde von 1809–1814 von Napoleon gefangengehalten; auf dem Wiener Kongreß 1815 erreichte er die Neubegründung des Kirchenstaates.
3) Code: Kodex, Gesetzessammlung

8. Jeder Franzose soll der Zivilrechte genießen. [. . .]
537. Privat-Personen haben das Recht, über die Güter, die ihnen zugehören, frei zu verfügen, unter den Einschränkungen, welche durch die Gesetze festgesetzt sind. – Güter, welche keiner Privat-Person zugehören, werden nach den Formen und unter Beobachtung der Regeln, die ihnen eigen sind, verwaltet, und können nur gemäß diesen veräußert werden. [. . .]
544. Eigentum ist das Recht, eine Sache auf die unumschränkteste Weise zu benutzen, und darüber zu schalten, vorausgesetzt, daß man keinen durch Gesetze oder Verordnungen untersagten Gebrauch davon mache.
545. Niemand kann gezwungen werden, sein Eigentum abzutreten, es sei dann, um des öffentlichen Nutzens willen, und vermittelst einer gerechten und vorläufigen[1]) Entschädigung.
546. Das Eigentum an einer Sache, sie sei beweglich oder unbeweglich, gibt ein Recht auf alles, was sie hervorbringt, und was sich als Zuwachs durch Natur oder durch Kunst mit ihr vereiniget. – Dieses Recht wird das Recht des Zuwachses genannt.
547. Natürliche oder durch Bearbeitung hervorgebrachte (Industrial-)Früchte der Erde – Zivil-Früchte, – die Vermehrung des Viehes durch Junge gehören dem Eigentümer kraft des Zuwachsrechtes.

Dr. Stern, Der Code Civil, Kaiserslautern 1891, S. 4 ff., 200 ff.

1. *Auf welche Weise wird in den Artikeln 4 und 6 die Rechtsstaatlichkeit verankert?*
2. *Durch welche Regelungen garantiert der Code Civil die Gleichheit der Bürger?*
3. *In welcher Weise war in der feudalistischen Rechtsordnung die Nutzung von Eigentum beschränkt? Welche Änderungen bringt das neue Gesetzbuch?*

Verdienste Napoleons

M 2

François de Jaubert (1758–1822) war Präsident des Tribunats. Am 2. Mai 1804 trat er in einer Rede für die Errichtung einer erblichen Monarchie unter Napoleon ein.

Eine Wahrheit, die die Geschichte bestätigt hat, ist, daß ein großer Staat Spaltungen nur mit einer erblichen Exekutivgewalt vermeiden kann.
Das Wahlsystem ist nur eine fürchterliche revolutionäre Theorie. Jede Änderung läßt den persönlichen Ehrgeiz ausbrechen, nährt den Parteiengeist, eröffnet Möglichkeiten für Intrigen, liefert den Neuerern Vorwände, schmeichelt der Eifersucht des Auslands, weckt dessen Hoffnungen. [. . .]
Ah, wie ergriffen waren wir, als am 10. November 1799 der Retter Frankreichs die denkwürdigen Worte vernehmen ließ: „Die Revolution ist an die Grundsätze gebunden, mit denen sie begonnen hat.“ Was wollten wir 1789? Das Eingreifen unserer Vertreter bei der Festlegung der Steuern, die Abschaffung des Feudalsystems, die Vernichtung jeglicher für die moralischen und intellektuellen Kräfte beleidigenden Unterscheidungen, die Beseitigung der Mißbräuche, die Pflege aller liberalen Gedanken, die Garantie für den Wohlstand im Inneren und für unsere Achtung im Ausland, das sind die wahren Wünsche der Nation gewesen, und alle Franzosen hatten deutlich gespürt, daß sich diese Wünsche nur mit einer Erbdynastie und mit Einrichtungen verwirklichen ließen, die die Bürger gegen die Irrtümer der Regierung schützen. [. . .]

[1]) im Sinne von: zuvor erfolgten

Das französische Volk will die Quelle der politischen Unruhen austrocknen, aber es will auch die Früchte seiner langen und mühseligen Arbeit bewahren, es will sie der fernsten Nachwelt sichern. [. . .]
Napoleon Bonaparte hatte durch seine Heldentaten jenes Italien in Erstaunen versetzt, das seit Jahrhunderten gewohnt war, nur von römischen Heeren zu sprechen. Er gibt dem Kontinent den Frieden, Afrika ist Zeuge neuer Wundertaten, sein Ruhm durchstrahlt Asien, er erfüllt die Welt. [. . .] Ja, wer könnte all die Wunder nennen, die er seit seinem Aufstieg zum Konsulat vollbracht hat! Betrachten Sie, was vier Jahre hervorgebracht haben: Die Grundlagen der Verwaltung sind festgelegt, in die Finanzen ist Ordnung gebracht, die Armee ist organisiert; [. . .] Europa ist befriedet, der Handel ist in Gang gebracht, die Industrie ermutigt, so auch die Künste und die Wissenschaften; die Altäre sind wieder aufgerichtet, Friede wird den Gewissen zuteil, die Zufluchtsstätten der leidenden Menschheit erhalten Zuwendungen, das staatliche Unterrichtswesen ist neu aufgebaut; gewaltige Arbeiten werden angeordnet und vollendet; Frankreich erhält ein einheitliches bürgerliches Gesetzbuch, dem er den Stempel seines Genies aufgedrückt hat; jeglicher Parteiengeist ist ausgelöscht, alle Verbitterung beruhigt; alle Interessen sind in Übereinstimmung miteinander gebracht, alle Opfer unglücklicher Zeiten zurückgerufen [. . .].
All diese Leistungen werden den kommenden Jahrhunderten die tiefe Ergebenheit erklären, von der die Franzosen für Napoleon Bonaparte durchdrungen sind, so auch die Zeugnisse der Liebe, die ihm die Nation entgegenbringt, diesen so stark ausgesprochenen Wunsch: daß jener, dem die Republik so großen Ruhm und so große Wohltaten verdankt, einwilligen möge, ihr Kaiser genannt zu werden und die ausführende Gewalt in seiner Familie festzulegen.

Irmgard und Paul Hartig, Die Französische Revolution, Stuttgart 1985, S. 116 ff.

1. *Nennen Sie die Gründe, die für eine Abschaffung der Republik genannt werden.*
2. *Diskutieren Sie die Frage, inwieweit Napoleon Vollender oder Überwinder der Französischen Revolution war.*

Kahlschlag und Flurbereinigung – Zerfall des alten Reiches

Der Frieden von Lunéville

Napoleon war sich bewußt, daß seine aus der Revolution geborene Herrschaft eine Provokation des alten Europa war. Sicher konnte er sich nur fühlen, wenn er die traditionellen Mächte Europas in seine Abhängigkeit zwang. Den Anlaß dazu bot ihm der 1799 ausgebrochene *Zweite Koalitionskrieg*, zu dem England die Großmächte Rußland, Österreich, Portugal und die Türkei angestachelt hatte. Napoleon siegte und sicherte die Eroberungen der Revolutionskriege im *Frieden von Lunéville* (1801). Bereits 1795/97 hatten das mit der Teilung des Königreichs Polen beschäftigte Preußen und Österreich insgeheim die Abtretung des linken Rheinufers anerkannt. Gebietsverluste weltlicher Reichsfürsten sollten mit Territorien rechts des Rheins ausgeglichen werden. Diese Zugeständnisse mußte jetzt Kaiser *Franz II.*[1]) offiziell für das Reich anerkennen.

[1]) Franz II., Joseph Karl (1768–1835), Kaiser seit 1792

Der Reichsdeputationshauptschluß

Die Grundzüge des Entschädigungsplans regelten Frankreich und das mittlerweile mit ihm verbündete Rußland als Vormächte Europas unter sich. Die von einer *Deputation*[1]) des rechtlich zuständigen Reichstags in Regensburg ausgearbeitete Vorlage wurde schließlich als *Reichsdeputationshauptschluß* vom Kaiser gebilligt (1803).

Grundgedanke der neuen Ordnung im Reich sollten *Säkularisation* und *Mediatisierung* sein. Säkularisation bedeutete die Herrschaftsübernahme in kirchlichen Territorien durch weltliche Fürsten.[2]) Zwei geistliche Kurfürstentümer, 19 Bistümer und 44 Abteien wurden als selbständige Reichsstände aufgelöst und anderen Ländern des Reiches zugeschlagen.

Auch kleinere weltliche Herrschaftsgebiete und die meisten selbständigen Reichsstädte verloren ihre Reichsunmittelbarkeit, wurden mediatisiert. Sie unterstanden nicht mehr direkt dem Reich, sondern mußten sich der Landeshoheit eines anderen weltlichen Reichsstandes unterwerfen.

Was waren die Folgen? Ein Siebtel der deutschen Bevölkerung (über drei Mio. Menschen) und eine Fläche von mehr als 10 000 qkm wurden von neuen Herrschern regiert. Die Stützen des Kaisers – Reichskirche, Reichsadel und die meisten Reichsstädte – waren entmachtet, das Reich in seinem Lebensnerv getroffen. Preußen und die süddeutschen Mittelstaaten waren die großen Gewinner. Preußen erhielt das Fünffache seiner linksrheinischen Verluste, Württemberg das Vierfache und Baden mehr als das Siebenfache. Ganz im Sinne Napoleons ging das bisher neutral gebliebene Preußen aus dem „Länderschacher" als gestärktes Gegengewicht zu Österreich hervor. Im Süden waren geschlossene Mittelstaaten entstanden, die kräftig genug waren, um von Frankreich wirksam gegen die beiden deutschen Großmächte ausgespielt werden zu können, aber auf ein gutes Einvernehmen mit dem übermächtigen Nachbarn im Westen angewiesen blieben.

Das Ende des Deutschen Reiches

1805 brach der *Dritte Koalitionskrieg* aus. Gegen das andauernde Expansionsstreben Frankreichs schlossen sich erneut England, Österreich und Rußland zusammen. Die süddeutschen Mittelstaaten kämpften auf französischer Seite gegen den Habsburger Kaiser, um ihren Besitzstand zu wahren und das alte Ziel der Territorialfürsten zu erreichen: die vollständige Souveränität.

Nach Napoleons Sieg in der Dreikaiserschlacht von Austerlitz und dem *Frieden von Preßburg* zeigte sich, daß der französische Kaiser die Politik der „natürlichen Grenzen" Frankreichs längst verlassen hatte. Er diktierte eine neue Hegemonialordnung. In Deutschland beschränkte er sich zunächst darauf, die Mittelstaaten nochmals zu stärken. Diese rundeten in umfassender Mediatisierung der Reichsritterschaft 1805/06 ein weiteres Mal ihre Gebiete ab.

[1]) Ausschuß

[2]) Von dieser „Herrschaftssäkularisation" ist die sogenannte „Vermögenssäkularisation" zu unterscheiden, siehe Seite 31.

Bayern und Württemberg wurden zu souveränen Königreichen erhoben, andere Regenten stiegen zu (Groß-)Herzögen auf.
Im Juli 1806 sagten sich unter dem Protektorat[1]) Napoleons 16 süd- und südwestdeutsche Staaten endgültig vom Reich los und bildeten den *Rheinbund* (▷M 1, M 2). Kaiser Franz II. legte unter französischem Druck die Kaiserkrone nieder und führte fortan nur noch den schon 1804 angenommenen Titel eines erblichen Kaisers von Österreich (Franz I.). Das Heilige Römische Reich Deutscher Nation war nach fast tausendjähriger Geschichte erloschen (▷M 3).

Französische Machtexpansion in Deutschland

Preußen hatte den Zerfall des Deutschen Reiches bisher als neutraler Beobachter verfolgt, war dabei aber zum Juniorpartner Napoleons degradiert worden. Als König *Friedrich Wilhelm III.*[2]) auf einer selbständigen Politik beharren wollte und mit Rußland Bündnisgespräche führte, wurde seine Armee bei Jena und Auerstedt Ende 1806 vernichtend geschlagen. Im *Frieden von Tilsit* (1807) trennte Napoleon alle westlich der Elbe gelegenen Gebiete ab und fügte sie mit anderen norddeutschen Staaten zum Königreich Westfalen zusammen.

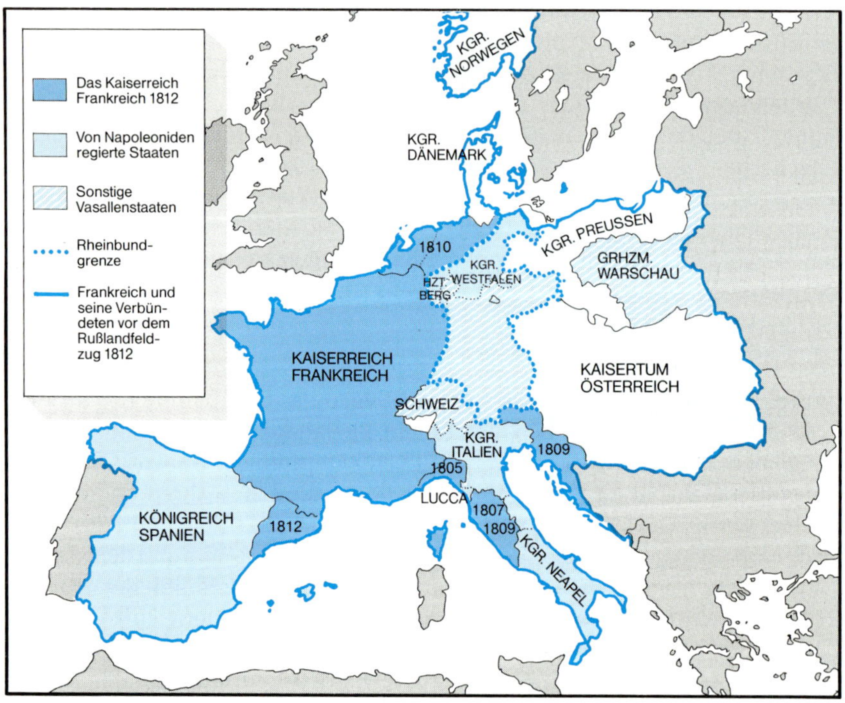

Das Empire auf dem Höhepunkt seiner Macht (1812).

[1]) Schutzherrschaft auf der Basis völkerrechtlicher Ungleichheit
[2]) Friedrich Wilhelm III. (1770–1840), König von Preußen seit 1797

Vernichtung beschlagnahmter britischer Waren in Frankfurt. Da in Frankfurt große Mengen von Kolonialwaren lagerten, ließ Napoleon die Stadt 1812 besetzen und die Speicher der Kaufleute durchsuchen. Rohstoffe aus den Kolonien wurden beschlagnahmt und verkauft, englische Textilien verbrannt.

Die preußischen Erwerbungen aus drei polnischen Teilungen wurden in ein neu gegründetes Großherzogtum Warschau eingebracht. Preußen verlor fast die Hälfte seines Staatsgebiets und seiner Bewohner; es war zu einem Mittelstaat herabgesunken.

Seine militärische Vorherrschaft auf dem Festland nutzte Napoleon zum Wirtschaftskrieg gegen die immer noch unbesiegte Seemacht England. Die *Kontinentalsperre* verbot praktisch den gesamten Handel mit der Insel. Tatsächlich kam es in Großbritannien zu einer ernsten Wirtschaftskrise. Auf dem Kontinent traf die Blockade hauptsächlich die Küstenländer und exportorientierte Branchen wie die Landwirtschaft. Die neu aufkommenden Industrien profitierten hingegen vom Wegfall der überlegenen englischen Konkurrenz.

Neben der Kontinentalsperre führte Napoleon das *Kontinentalsystem* ein: Hohe Schutzzölle sollten das französische Gewerbe vor der Konkurrenz schützen; umgekehrt mußten die abhängigen Staaten ihre Märkte für Waren aus Frankreich öffnen. Überraschenderweise überstand die deutsche Wirtschaft diese Maßnahmen besser als die französische. Kontinentalsperre und -system zwangen Napoleon jedoch in immer neue militärische Verwicklungen und schürten den Widerstand der unterdrückten Völker.

Doch zunächst stand das *Grand Empire* noch auf dem Höhepunkt seiner Macht: Die deutsche Staatenwelt war vollständig unter Napoleons Kontrolle; Österreich konnte nach einer neuerlichen Niederlage und einem niedergeschlagenen Bauernaufstand in Tirol (1809) keine unabhängige Politik mehr betreiben; in Südeuropa saßen meist Verwandte Napoleons auf dem Thron. Selbst der Zar schien bereit, sich dem Krieg gegen England anzuschließen.

Die Rheinbundsakte

In der Rheinbundsakte vom 12. Juli 1806 gingen 16 deutsche Fürsten die Verpflichtung ein, sich vom Reich loszusagen und eine Allianz mit dem französischen Kaiser zu schließen.

Art. 1. Die [im folgenden aufgeführten Staaten] werden auf ewig von dem Territorium des deutschen Reichs getrennt und unter sich durch eine besondere Konföderation unter dem Namen: „Rheinische Bundesstaaten" vereinigt.

Art. 2. Jedes deutsche Reichsgesetz, welches Ihre Majestäten und Durchlauchten die Könige, Fürsten und den Grafen, die in dem vorhergehenden Artikel benannt sind, Ihre Untertanen, Staaten oder Teile derselben bisher betraf, oder verband, soll künftig in Hinsicht Ihrer Majestäten und Durchlauchten, und des gedachten Grafen, Ihrer Untertanen und respektiven Staaten, null und nichtig, und von keiner Wirkung sein. [. . .]

Art. 3. Jeder der konföderierten Könige und Fürsten wird auf jene seiner Titel, welche irgendeinen Bezug auf das deutsche Reich ausdrücken, Verzicht leisten, und am ersten des nächsten Monats August dem Reichstage seine Trennung von dem deutschen Reiche anzeigen lassen.

Art. 12. Seine Majestät der Kaiser der Franzosen wird zum Protektor des Bundes proklamiert, und ernennt in dieser Eigenschaft beim Absterben eines Fürsten Primas[1]) dessen Nachfolger.

Art. 25. Ein jeder der konföderierten Könige und Fürsten soll die in seinen Besitzungen inklavierten[2]) ritterschaftlichen Güter mit voller Souveränität besitzen. Die zwischen zwei konföderierten Staaten gelegenen Rittergüter sollen in Absicht auf die Souveränität zwischen diesen Staaten, in so gleiche Teile als möglich, geteilt werden, jedoch dergestalt, daß weder eine Zerstückelung noch Gebietsvermischung daraus entstehe.

Art. 35. Zwischen dem Kaiser der Franzosen und den Staaten des rheinischen Bundes insgesamt und einzeln genommen, soll eine Allianz Statt haben, kraft welcher jeder Kontinental-Krieg, welchen einer der kontrahierenden[3]) Teile zu führen hätte, für alle Anderen zur gemeinsamen Sache wird.

Art. 39. Die hohen kontrahierenden Teile behalten sich vor, in Zukunft auch andere deutsche Fürsten und Staaten in die Konföderation aufzunehmen, wenn es dem gemeinschaftlichen Interesse angemessen gefunden wird.

Königlich-Baierisches Regierungsblatt, 17. 1. 1807, S. 97 ff.

1. *Welche Zielsetzung des neugeschlossenen Bundes wird festgeschrieben? Welche Konsequenz hat dies für den Bestand des Reiches?*
2. *Untersuchen Sie Artikel 35. Wer bestand wohl auf dieser sehr allgemein gehaltenen Formulierung? Erörtern Sie die konkrete Bedeutung des Artikels.*

[1]) Der Erzkanzler des Deutschen Reiches übernahm im Rheinbund den Titel eines Fürst-Primas.
[2]) eingeschlossenen
[3]) vertragsschließenden

Die Rheinbundstaaten sagen sich vom Reich los

M 2

Am 1. August 1806 erklärten die Rheinbundstaaten gegenüber den Reichstagsmitgliedern der verbleibenden Reichsstände ihren Austritt aus dem Deutschen Reich.

Die Begebenheiten der drei letzten Kriege, welche Deutschland beinahe ohnunterbrochen beunruhigt haben, und die politischen Veränderungen, welche daraus entsprungen sind, haben die traurige Wahrheit in das hellste Licht gesetzt, daß das Band, welches bisher die verschiedenen Glieder des deutschen Staatskörpers miteinander vereinigen sollte, für diesen Zweck nicht mehr hinreiche, oder vielmehr, daß es in der Tat schon aufgelöst sei; das Gefühl dieser Wahrheit ist schon seit langer Zeit in dem Herzen jedes Deutschen, und so drückend auch die Erfahrung der letztern Jahre war, so hat sie doch im Grunde nur die Hinfälligkeit einer in ihrem Ursprunge ehrwürdigen, aber durch den allen menschlichen Anordnungen anklebenden Unbestand fehlerhaft gewordenen Verfassung bestätiget. [. . .]; die Ausdrücke: Reichskrieg und Reichsfrieden wurden Worte ohne Schall; vergeblich suchte man Deutschland mitten im deutschen Reichskörper. Die Frankreich zunächst gelegenen, von allem Schutz entblößten und allen Drangsalen eines Krieges, dessen Beendigung in den verfassungsmäßigen Mitteln zu suchen nicht in ihrer Gewalt stand, ausgesetzten Fürsten sahen sich gezwungen, sich durch Separatfrieden von dem allgemeinen Verbande in der Tat zu trennen. [. . .] Bei dem Drange dieser wichtigen Betrachtungen haben die Souverains und Fürsten des mittäglichen und westlichen Deutschlands sich bewogen gefunden, einen neuen und den Zeitumständen angemessenen Bund zu schließen. Indem sie sich durch gegenwärtige Erklärung von ihrer bisherigen Verbindung mit dem deutschen Reichskörper lossagen, befolgen sie bloß das durch frühere Vorgänge und selbst durch Erklärungen der mächtigeren Reichsstände aufgestellte System. Sie hätten zwar den leeren Schein einer erloschenen Verfassung beibehalten können, allein sie haben im Gegenteil ihrer Würde und der Reinheit ihrer Zwecke angemessener geglaubt, eine offene und freie Erklärung ihres Entschlusses und der Beweggründe, durch welche sie geleitet worden sind, abzugeben. Vergeblich aber würden sie sich geschmeichelt haben, den gewünschten Endzweck zu erreichen, wenn sie sich nicht zugleich eines mächtigen Schutzes versichert hätten, wozu sich nunmehr der nämliche Monarch, dessen Absichten sich stets mit dem wahren Interesse Deutschlands übereinstimmend gezeigt haben, verbindet. Eine so mächtige Garantie ist in doppelter Hinsicht beruhigend. Sie gewährt die Versicherung, daß Se. Majestät der Kaiser von Frankreich, Allerhöchstdero Ruhms halber ebenso sehr als wegen des eigenen Interesses des französischen Kaiserstaates, die Aufrechthaltung der neuen Ordnung der Dinge in Deutschland und die Befestigung der inneren und äußeren Ruhe sich angelegen sein lassen werden.

Ernst Rudolf Huber (Hrsg.), Dokumente zur deutschen Verfassungsgeschichte, Band 1, Stuttgart, 3. Auflage 1978, S. 35 f.

1. *Wie begründen die Rheinbundstaaten ihren Zusammenschluß und ihren Austritt aus dem Reich?*
2. *Untersuchen Sie die Hintergründe für das Bündnis mit Frankreich.*
3. *Welcher Zweck wird dem Rheinbund zugeordnet und auf welche Nachteile mußten seine Mitglieder gefaßt sein? Erörtern Sie, ob es für die Rheinbundstaaten eine realistische Alternative gab.*

M 3 Das Ende des Heiligen Römischen Reiches

Die Saarbrücker Historikerin Elisabeth Fehrenbach beschäftigt sich vor allem mit der Geschichte des 18. und 19. Jahrhunderts. Sie geht der Frage nach, worin die politische und soziale Bedeutung der Reichsauflösung lag.

Die Gründe für den Zusammenbruch des alten Reiches liegen sozusagen auf der Hand. Die schwerfällige Verfahrensweise des Regensburger Reichstages, die Schwäche der Reichsarmee und der Reichsfinanzen, die Lähmung der Reichsinstitutionen, die Rivalität der Reichsstände untereinander, der entstehende Dualismus zwischen Österreich und Preußen, das Souveränitätsstreben der Landesfürsten gegenüber dem Reich – dies alles war der Herausforderung durch das revolutionäre und napoleonische Frankreich nicht mehr gewachsen. Andererseits wurde jedoch das Reich [. . .] nach wie vor nicht in erster Linie als eine machtstaatliche, sondern als eine Rechts- und Friedensordnung aufgefaßt. Das Reich war mehr als ein Gefüge nur staatlicher Institutionen. Durch seinen Rechtsschutz bewahrte es jene alten Freiheiten im Sinne der ständischen und korporativen „Libertät", die in den absolutistisch regierten Einzelstaaten längst in Frage gestellt worden waren. Da, wo die Gesellschaft noch ständisch eingebunden war, konnte das Reich immer noch konfliktregelnd eingreifen: bei reichsstädtischen Unruhen, bei Auseinandersetzungen zwischen Landesherr und Ständen, bei Bauernrebellionen. [. . .]
Aber auch für die internationalen Beziehungen und für das europäische Staatensystem erfüllte das Reich eine wichtige Funktion. [. . .] Das Reich stabilisierte lange Zeit ein Gleichgewicht, das zugleich als unabdingbar für das europäische Gleichgewicht angesehen wurde. Nicht nur, weil das Reich als eine dezentralistische und pluralistische Ordnung keine Gefahr für Frankreich darstellte, sondern auch, weil es ein Modell für eine zukünftige europäische Konföderation abgeben konnte, meinte niemand anderer als Jean Jacques Rousseau[1]), dem deutschen Gemeinwesen komme kein anderes an Weisheit gleich: „Das öffentliche Recht", schrieb er 1761, „das die Deutschen so gründlich studieren, ist noch wichtiger als Sie glauben, denn es ist nicht bloß das deutsche öffentliche Recht, sondern in gewissem Sinne das von ganz Europa."
Die französischen Revolutionäre revidierten freilich dieses Urteil. Die Kehrseite der stabilisierenden Reichspolitik lag darin, daß das Reich untrennbar mit der Adelsherrschaft und der Privilegiengesellschaft verbunden blieb, gerade weil es die alten Freiheiten (mit denen nicht die individuelle Freiheit gemeint war, die zum Losungswort der Revolution wurde) schützte und weil es dadurch die kleinräumig verworrenen, in alten Formen erstarrten Verhältnisse bewahrte. Schon während des Rastatter Kongresses schrieb der Moniteur, das offizielle Presseorgan der französischen Regierung: „Da die deutsche Reichsverfassung der Zentralpunkt aller Adels- und Feudalvorurteile von Europa ist, so muß es das einzige Ziel der französischen Republik sein, sie zu vernichten."

Elisabeth Fehrenbach, Vom Ancien Régime zum Wiener Kongreß, München-Wien 1981, S. 74 f.

1. *Welche Traditionen enden mit dem Untergang des Deutschen Reiches?*
2. *Halten Sie es für möglich, aus den gewonnenen Erkenntnissen Parallelen zur Bedeutung der heutigen Teilung Deutschlands für die internationale Politik zu ziehen?*

---

[1]) Jean Jacques Rousseau (1712–1778), französischer Moralphilosoph und Staatstheoretiker

Umgestaltung der Rheinbundstaaten nach französischem Vorbild

Ziele der französischen Reformpolitik

Der 1806 gegründete Rheinbund umfaßte mit Ausnahme Preußens und Österreichs bald nahezu alle deutschen Staaten. Napoleon verfolgte mit seinem Protektorat gleich mehrere Ziele. Wichtig war ihm in erster Linie die Schaffung eines schlagkräftigen Militärbündnisses, das jährlich Soldaten zu stellen hatte und als Aufmarschgebiet für künftige Kriege diente. Daneben wollte er aber auch die Errungenschaften der Französischen Revolution „exportieren" und allmählich die Binnenstrukturen des „dritten Deutschland" an französische Verhältnisse angleichen. Fernziel war schließlich ein harmonisiertes Europa unter der Kontrolle des Grand Empire.
Dabei verlief die Entwicklung in den französisch beeinflußten Gebieten durchaus unterschiedlich. Das linksrheinische Gebiet organisierte Napoleon völlig nach französischem Muster, sollte es doch für immer bei Frankreich verbleiben. Innerhalb des Rheinbunds war das neu geschaffene Königreich Westfalen unter *Jérôme Bonaparte*[1]) als Vorbild gedacht. Der *Napoleonidenstaat*[2]) erhielt die erste geschriebene Verfassung auf deutschem Boden, die bürgerliche Rechtsordnung des Code Civil sowie ein zentralistisches Verwaltungs- und Finanzsystem. Doch alle Reformen standen letztlich unter dem Primat französischer Militärpolitik. Grundsätze der Revolution wurden fallengelassen, wenn sie mit machtpolitischen Zielsetzungen nicht vereinbar waren. So begünstigte Napoleon weiterhin den Adel, den er zur Konsolidierung seiner Herrschaft benötigte, und nahm die Aussaugung des Landes und Bauernunruhen in Kauf (▷M 1, M 2).

Verwaltungsreformen in den Rheinbundstaaten

Die Regierungen der Rheinbundstaaten waren sich bewußt, daß die Anforderungen des revolutionären Zeitalters und das Aufkommen einer bürgerlichen Gesellschaft eine Modernisierungswelle zwingend erforderte. Vorrangiges Problem war aber die Notwendigkeit, die neugewonnenen, bunt zusammengewürfelten, mediatisierten und säkularisierten Herrschaftsgebiete mit den Kernländern zu verschmelzen. Mit einem radikalen Schnitt wurden einheitliche Wirtschafts- und Rechtsgebiete geschaffen und die Verwaltungen nach französischem Vorbild völlig neu organisiert. Wichtige, aus feudaler Zeit stammende Sonderrechte und -kompetenzen wurden abgeschafft. An ihre Stelle trat der nach Ressorts gegliederte und effizient arbeitende Staatsapparat, der seine Aufgaben mit einem leistungsfähigen Berufsbeamtentum bewältigte.

---

[1]) Jérôme Bonaparte (1784–1860), Bruder Napoleons, König von Westfalen 1807–1813
[2]) Staat, in dem Napoleon eigene Verwandte als Herrscher einsetzte.

An seiner Spitze standen akademisch geschulte, nach dem Leistungsprinzip ausgewählte Kräfte, während der Adel sein Ämtermonopol verlor. Für die Fürsten bedeutete die neue Herrschaftselite der Beamtenschaft das entscheidende Instrument bei der Durchsetzung der Zentralgewalt gegen den Widerstand traditioneller Kräfte, vor allem des Adels.

Einfluß des Code Civil

Das französische Beispiel eines konstitutionellen Staats mit einer Verfassungsurkunde fand in den deutschen Staaten – mit Ausnahme Westfalens und Bayerns – vorläufig keine Nachahmung. Das Bürgertum war von seiner Zahl, seiner wirtschaftlichen Bedeutung und seinem Bildungsstand noch nicht stark genug, eine die Staatsgewalt bindende Verfassung durchzusetzen. Reformen waren bis auf weiteres nur durch die Bürokratie, das heißt *von oben* zu erwarten. Immerhin fanden die Rechtsgrundsätze des Code Civil zum Teil Eingang in das deutsche Rechtswesen. Die Gerichtsverfassung folgte dem französischen Vorbild, indem sie weitgehend Verwaltung und Justiz trennte und die Gerichte zur unabhängigen dritten Gewalt machte. Dennoch wurde der Code Civil der deutschen Wirklichkeit noch nicht gerecht. Die in diesem ersten Gesetzbuch eines ständefreien Staates verankerte bürgerliche Rechtsordnung scheiterte in den meisten Staaten am Widerstand der Repräsentanten einer zählebigen Feudalordnung. Erst allmählich durchdrangen bürgerliche Vorstellungen von Gleichheit und freiem Eigentum das deutsche Recht.

Gesellschaftliche Reformen

Der Abbau von Sonderrechten traf in besonderem Maße den Adel. Neben dem Ämtermonopol büßte er seine Steuerprivilegien ein; vielerorts wurden grundherrliche Gerichtsbarkeit und lokale Polizeihoheit aufgehoben. Dennoch blieben zahlreiche Privilegien in Kraft. Die Auseinandersetzung zwischen der neuen und der alten staatstragenden Schicht, zwischen Bürokratie und Adel, blieb in der Schwebe.
Wie der Adel, so verloren auch die Kirchen ihre Sonderrechte. Der Staat nahm Einfluß auf die Kirchenverwaltung sowie die Besetzung kirchlicher Stellen und ließ sich kirchliche Bildungsstätten und Fürsorgestellen übergeben. Die Kirchen wurden auf ihre seelsorgerische Arbeit beschränkt, während die Verwaltung erste Schritte in Richtung Wohlfahrtsstaat wagte. Da in allen Ländern jetzt Untertanen unterschiedlicher Konfessionen lebten, wurden ganz im Sinne der Aufklärung fast überall Toleranz und Gleichberechtigung zwischen den Religionen garantiert. Auch die Rechtsstellung der Juden wurde verbessert.

Das Königreich Westfalen: französisches Musterland

M 1

Am 15. November 1807 schreibt Napoleon an seinen Bruder Jérôme.

Mein Bruder, beiliegend finden Sie die Verfassung Ihres Königreichs. Diese Verfassung enthält die Bedingungen, unter welchen ich auf alle meine Eroberungsrechte sowie die Rechte, die ich auf Ihr Land habe, verzichte. Sie müssen sie getreulich befolgen. Das Glück Ihres Volkes liegt mir nicht allein wegen des Einflusses am Herzen, den es auf Ihren und meinen Ruhm haben kann, sondern auch in Hinsicht auf die allgemeine europäische Politik. Hören Sie nicht auf die, die Ihnen sagen, Ihr an Knechtschaft gewöhntes Volk würde Ihre Wohltaten mit Undankbarkeit vergelten. Man ist im Königreich Westfalen aufgeklärter, als man Ihnen zugestehen möchte, und Ihr Thron wird in der Tat nur auf dem Vertrauen und der Liebe Ihrer Untertanen befestigt sein. Was aber das deutsche Volk am sehnlichsten wünscht, ist, daß diejenigen, die nicht von Adel sind, durch ihre Fähigkeiten gleiche Rechte auf Ihre Auszeichnungen und Anstellungen haben, daß jede Art Leibeigenschaft und vermittelnde Obrigkeit zwischen dem Souverän und der untersten Volksklasse aufgehoben werde. Ihr Königtum wird sich durch die Wohltaten des Code Napoléon, durch das öffentliche Gerichtsverfahren und die Einführung des Geschworenengerichts auszeichnen. Und wenn ich ganz offen sein soll, so rechne ich in bezug auf die Ausdehnung und Befestigung Ihres Reiches mehr auf deren Wirkung als auf das Ergebnis der glänzendsten Siege. Ihr Volk muß sich einer Freiheit, einer Gleichheit, eines Wohlstandes erfreuen, die den übrigen Völkern Deutschlands unbekannt sind! Eine solche liberale Regierung muß auf diese oder jene Weise für die Politik des Rheinbundes und für die Macht Ihres Reiches die heilsamsten Veränderungen hervorbringen. Sie wird Ihnen eine mächtigere Schranke gegen Preußen sein als die Elbe, als alle Festungen und der Schutz Frankreichs. Welches Volk wird zu der willkürlichen preußischen Regierung zurückkehren wollen, wenn es einmal von den Wohltaten einer weisen und liberalen Verwaltung gekostet hat? Die Völker Deutschlands, Frankreichs, Italiens und Spaniens wünschen Gleichheit und aufgeklärte Ideen! Ich, der ich seit vielen Jahren die Angelegenheiten Europas in Händen habe, hatte oft Gelegenheit, mich zu überzeugen, daß das Murren der Privilegierten mit der Volksmeinung im Widerspruch stand. Seien Sie ein konstitutioneller König! Und wenn es Ihnen die Vernunft und Aufgeklärtheit Ihres Jahrhunderts nicht geböten, so müßten Sie es doch aus weiser Politik sein. Sie werden dadurch große Macht in der öffentlichen Meinung und eine natürliche Überlegenheit über Ihre Nachbarn gewinnen, die alle *absolute* Fürsten sind.

Eckhardt Kleßmann (Hrsg.), Deutschland unter Napoleon in Augenzeugenberichten, München, 2. Auflage 1982, S. 277 f.

1. *Nennen Sie die Gründe Napoleons für die Verfassungsgebung im Königreich Westfalen.*
2. *Was versteht Napoleon unter einem „konstitutionellen König"? Überlegen Sie, was seiner Ansicht nach hierzu offensichtlich nicht nötig ist.*
3. *Vergleichen Sie das Sendungsbewußtsein der Französischen Revolution mit der von Napoleon für sich beanspruchten Rolle.*

M 2 Das Königreich Westfalen: Anspruch und Wirklichkeit

Vier Jahre nach Napoleons Auftrag schreibt Jérôme Bonaparte am 5. Dezember 1811 an den Kaiser.

Ich weiß nicht, Sire, unter welchem Gesichtspunkt Ihre Generale und Agenten die öffentliche Meinung in Deutschland betrachten. Wenn sie von Unterwerfung, Ruhe und Schwäche sprechen, so täuschen sie sich und Eure Majestät. Die Gärung ist auf dem höchsten Grad angelangt. Man gibt sich den verrücktesten Hoffnungen hin und ist überaus begeistert. Man nimmt Spanien zum Beispiel, und falls der Krieg[1]) ausbrechen sollte, werden alle zwischen Rhein und Oder gelegenen Gegenden der Schauplatz einer ausgedehnten und lebhaften Erhebung werden.
Der Hauptgrund dieser gefährlichen Bewegungen ist nicht nur der Haß gegen die Franzosen und die Ungeduld, das fremde Joch abzuschütteln; es ist vielmehr im Unglück der Zeiten begründet, in dem völligen Ruin aller Klassen, in der Vermehrung der Steuern und Kriegsbeiträge, dem Unterhalt der Truppen, dem Durchmarsch der Soldaten und der ständigen Wiederkehr von einer Unzahl von Plackereien aller Art. Die Verzweiflung der Völker, die nichts mehr zu verlieren haben, da ihnen alles genommen wurde, ist zu fürchten.
Aber nicht nur in Westfalen und in den Frankreich einverleibten Ländern wird diese Feuersbrunst ausbrechen, sondern bei allen Herrschern des Rheinbundes. Sie selbst werden die ersten Opfer ihrer Untertanen werden, wenn sie nicht ihre Gewalttätigkeiten teilen, denn Eure Majestät weiß, daß der einheitliche Charakter der Revolutionen darin besteht, alle Grundsätze umzustoßen und alle Bande und alle Beziehungen zur Gesellschaft zu zerstören.
Eure Majestät möge nicht glauben, daß ich übertreibe, wenn ich von den Widerwärtigkeiten der Völker spreche. Ich muß ihr sagen, daß in Hannover, Magdeburg und den hauptsächlichsten Städten meines Königreichs die Besitzer ihre Häuser verlassen und vergeblich versuchen, sie zu einem ganz niedrigen Preis zu verkaufen. Überall ist Elend in die Familien eingedrungen, die Kapitalien sind erschöpft. Der Adelige, der Bürger und der Landmann, mit Schulden und Verpflichtungen überhäuft, scheinen keine andere Hilfe zu erwarten als die Wiedervergeltung, die sie mit allen Fasern ihres Herzens ersehnen und auf die alle ihre Gedanken gerichtet sind.

Wolfgang Lautemann, Geschichte in Quellen. Amerikanische und Französische Revolution, München 1981, S. 565 f.

1. *Vergleichen Sie die Schilderung Jérôme Bonapartes mit der Zielvorstellung seines Bruders.*
2. *Diskutieren Sie, an welchen Ursachen die Absichten Napoleons gescheitert sein könnten.*

[1]) Gemeint ist der Krieg gegen Rußland, siehe Seite 44.

Reform in Preußen: Freisetzung der gesellschaftlichen Kräfte

Modernisierung zwischen Zwang und Idealismus

Angleichung an die politischen Ideen der französischen Hegemonialmacht und Konsolidierung der neu entstandenen, vergrößerten Staatsgebiete, das waren die Aufgaben der Modernisierung in den Rheinbundstaaten. Mit gänzlich anderer Zielsetzung gingen die Reformer in Preußen ans Werk. Riesige Gebietsverluste, erdrückende Tributzahlungen an den militärischen Eroberer, letztlich aber auch das Bestreben, bald wieder in den Kreis der Großmächte zurückzukehren, zwangen den Staat zu einer Mobilisierung aller Kräfte. Es war „eine Politik der defensiven Modernisierung, nicht *mit*, sondern *gegen* Napoleon" (Elisabeth Fehrenbach).

Manche Reform verlief durchaus parallel zur Entwicklung im Süden und Westen: Erklärtes Ziel war überall der effiziente Staat mit einer rationalen Verwaltung und einem Abbau hinderlicher feudaler Privilegien. Doch die preußische Reformpolitik unter *Freiherr vom und zum Stein*[1]) und Staatskanzler *Karl August von Hardenberg*[2]) ging weiter: Nur wenn alle individuellen Kräfte sich ungehindert entfalten können, werde das Gemeinwohl und damit der Staat gefördert. Freiheit nicht nur als Abwehrrecht des Untertanen gegen Eingriffe des Staates, sondern als Beteiligungsgarantie am öffentlichen Leben (▷M 1). In diesem Sinne schuf Stein 1808 seine *Städteordnung*, die größeren Gemeinden weitgehende *Selbstverwaltung* und der Bevölkerung ein erweitertes Wahlrecht brachte. Nach wie vor blieb das Wahlrecht an den (Grund-)Besitz gebunden, konnte jedoch gegen eine Gebühr beantragt werden.

Freien Zugang zum Wirtschaftsleben und die Aufhebung einengender feudaler und zünftischer Regelungen brachten *Bauernbefreiung* (siehe Seite 136 ff.) und die Durchführung der *Gewerbefreiheit* (siehe Seite 150 f.). Die ökonomischen Kräfte konnten sich nun vergleichsweise ungestört entfalten, verbesserten die angeschlagenen Staatsfinanzen und schufen die Basis für die bald sichtbar werdende wirtschaftliche Überlegenheit Preußens in Deutschland.

Erfolge und Scheitern der Reformpolitik

Aus dem Menschenbild der preußischen Reformer erwuchs für den Staat die Aufgabe, seine Landeskinder zu selbstverantwortlich handelnden Bürgern zu erziehen. Nicht mehr die Nützlichkeitserwägungen der Aufklärung bestimmten die Schulpolitik, sondern die Ideale des Humanismus und der universalen

---

[1]) Heinrich Friedrich Karl Freiherr vom und zum Stein (1757–1831), aus reichsritterlichem Geschlecht, bemühte sich bereits als preußischer Finanz- und Wirtschaftsminister von 1804 bis Anfang 1807 um eine Reform der Regierungsarbeit; er scheiterte, wurde aber auf Wunsch Napoleons im September 1807 als leitender Minister berufen; im November 1808 wurde Stein auf Druck Napoleons wieder entlassen und war bis 1815 politischer Berater des Zaren.

[2]) Karl August Fürst von Hardenberg (1750–1822) stammte aus hannoverschem Adel; als leitender Minister Preußens 1807 auf Befehl Napoleons entlassen; seit 1810 bis zu seinem Tod wieder Staatskanzler, steuerte eine pragmatische Reformpolitik.

1810 gründete Wilhelm Freiherr von Humboldt (1767–1835) die Berliner Universität. Humboldt war 1809/10 Direktor für Kultus und Unterricht im preußischen Innenministerium und beeinflußte maßgeblich die Bildungsreform.

zweckfreien Bildung. Verbreitet wurden diese mit Hilfe des *Humanistischen Gymnasiums,* das für alle Stände offen war (fast die Hälfte der Schüler stammte aus dem Kleinbürgertum).
Im Dienste des Wiederaufstiegs Preußens stand vor allem die *Heeresreform.* Das überalterte, aus fremdländischen Söldnern und zwangsweise verpflichteten Untertanen zusammengesetzte Militär wurde umgewandelt in ein Volksheer. *Scharnhorst*[1]) führte die *allgemeine Wehrpflicht* für alle Männer ein. Entehrende Strafen wurden abgeschafft; die Armee sollte künftig von patriotischer Gesinnung getragen werden (▷M 2).
Ein Volksheer mit einer allgemeinen Wehrpflicht konnte nicht länger am Adelsmonopol für Offiziersstellen festhalten: „Aller bisher stattgehabte Vorzug des Standes hört beim Militär ganz auf und jeder ohne Rücksicht auf seine Herkunft hat gleiche Pflichten und gleiche Rechte" (Reglement vom 6. August 1808). Das bürgerliche Leistungsprinzip war damit zumindest im Grundsatz anerkannt.
Wichtiger Bestandteil der Reformpolitik war nicht zuletzt eine von König und Regierung wiederholt in Aussicht gestellte *Verfassung.* Die gewünschte Mitwirkung des Bürgers am Gemeinwesen sollte sich nach den Plänen Steins und Hardenbergs jedoch nicht in gewählten Parlamenten vollziehen. Man dachte an eine ständische Organisation, in der Abgesandte von Adel, Bürgertum und Bauern beratend auf die Willensbildung der Staatsbürokratie Einfluß nahmen. Zeitweilige Versuche Hardenbergs, mit ständischen Vertretungen zusammenzuarbeiten, scheiterten. Die Repräsentanten der alten Gesellschaftsordnung verweigerten jegliche Zustimmung zu der Modernisierungspolitik der Regierung. Die neue Machtelite befürchtete ihrerseits eine Blockade der Reformen und ließ die Verfassungspläne fallen. Erst Mitte des Jahrhunderts brach die Verfassungsdebatte wieder auf (▷M 3).

[1]) Gerhard Johann David von Scharnhorst (1755–1813), preußischer General, der ab 1807 als Vorsitzender der Militärreorganisationskommission und Chef des neu geschaffenen Kriegsministeriums die Heeresreform [illegible]führte.

„Revolution von oben"

M 1

In seiner „Rigaer Denkschrift" (12. September 1807) an den preußischen König Friedrich Wilhelm III. skizzierte Hardenberg die Grundlagen einer Reorganisation des preußischen Staates.

Der Staat, dem es glückt, den wahren Geist der Zeit zu fassen und sich in jenen Weltplan durch die Weisheit seiner Regierung ruhig hinein zu arbeiten, ohne daß es gewaltsamer Zuckungen bedürfe, hat unstreitig große Vorzüge, und seine Glieder müssen die Sorgfalt segnen, die für sie so wohltätig wirkt. Die Französische Revolution, wovon die gegenwärtigen Kriege die Fortsetzung sind, gab den Franzosen unter Blutvergießen und Stürmen einen ganz neuen Schwung. Alle schlafenden Kräfte wurden geweckt, das Elende und Schwache, veraltete Vorurteile und Gebrechen wurden – freilich zugleich mit manchem Guten – zerstört. Die Benachbarten und Überwundenen wurden mit dem Strome fortgerissen.

Unkräftig waren alle die Dämme, welche man diesem entgegensetzte, weil Schwäche, egoistischer Eigennutz und falsche Ansicht sie bald ohne Zusammenhang aufführte, bald diesen im gefährlichen Irrtum unterbrach und dem verheerenden Strome Eingang und Wirkung verschaffte.

Der Wahn, daß man der Revolution am sichersten durch Festhalten am Alten und durch strenge Verfolgung der durch solche geltend gemachten Grundsätze entgegenstreben könne, hat besonders dazu beigetragen, die Revolution zu befördern und derselben eine stets wachsende Ausdehnung zu geben. Die Gewalt dieser Grundsätze ist so groß, sie sind so allgemein anerkannt und verbreitet, daß der Staat, der sie nicht annimmt, entweder seinem Untergange oder der erzwungenen Annahme derselben entgegensehen muß. [. . .]

Also eine Revolution im guten Sinn, gerade hinführend zu dem großen Zwecke der Veredelung der Menschheit, durch Weisheit der Regierung und nicht durch gewaltsame Impulsion[1]) von innen oder außen, – das ist unser Ziel, unser leitendes Prinzip. Demokratische Grundsätze in einer monarchischen Regierung: dieses scheint mir die angemessene Form für den gegenwärtigen Zeitgeist[2]). Die reine Demokratie müssen wir noch dem Jahre 2440 überlassen[3]), wenn sie anders je für den Menschen gemacht ist.

Mit eben der Kraft und Konsequenz, womit Napoleon das französische revolutionäre System verfolgt, müssen wir das unsrige für alles Gute, Schöne, Moralische verfolgen, für dieses alles, was gut und edel ist, zu verbinden trachten. Ein solcher Bund, ähnlich dem der Jakobiner, nur nicht im Zweck und in der Anwendung verbrecherischer Mittel, und Preußen an der Spitze könnte die größte Wirkung hervorbringen und wäre für dieses die mächtigste Allianz. [. . .]

Man schrecke ja nicht zurück vor dem, was er als Hauptgrundsatz fordert[4]),

---

[1]) Anstoß, Anregung

[2]) Offenbar nach dem Philosophen Immanuel Kant (1724–1804), der mit Blick auf die Französische Revolution sagte: „Autokratisch herrschen und dabei doch republikanisch [. . .] regieren, ist das, was ein Volk mit seiner Verfassung zufrieden macht."

[3]) Anspielung auf den utopischen Roman von L. S. Mercier (1740–1814), L'an 2440, Rêve s'il en fût jamais

[4]) Hardenberg bezieht sich hier auf eine Denkschrift seines Mitarbeiters Karl Freiherr von Stein zum Altenstein.

möglichste Freiheit und Gleichheit. – Nicht die regellose, mit Recht verschriene: die die blutigen Ungeheuer der Französischen Revolution zum Deckmantel ihrer Verbrechen brauchten oder mit fanatischer Wut statt der wahren, im gebildeten gesellschaftlichen Zustande möglichen, ergriffen, sondern nur diese nach weisen Gesetzen eines monarchischen Staats, die die natürliche Freiheit und Gleichheit der Staatsbürger nicht mehr beschränken, als es die Stufe ihrer Kultur und ihr eigenes Wohl erfordern.

Georg Winter (Hrsg.), Die Reorganisation des Preußischen Staates unter Stein und Hardenberg, Band 1, Leipzig 1931, S. 305 ff.

1. *Klären Sie die Einstellung Hardenbergs zur Französischen Revolution und zu Napoleon.*
2. *Welches Ziel stellt der preußische Politiker den Gedanken der Revolution entgegen? Wie will er es erreichen?*

M 2 „Welche unendlichen Kräfte schlafen im Schoße einer Nation ...“

August Graf Neidhardt von Gneisenau (1760–1831) hatte in jungen Jahren als Offizier in ansbachischen Diensten auf englischer Seite am amerikanischen Unabhängigkeitskrieg teilgenommen. Dort hatte er Gesellschaft und Militärwesen eines freiheitlich organisierten Staates kennengelernt. 1807 berief ihn der preußische König in seine militärische Reorganisationskommission. Über die Ursachen der Überlegenheit französischer Revolutionsheere schrieb Gneisenau in einem Aufsatz.

Ein Grund hat Frankreich besonders auf diese Stufe von Größe gehoben: Die Revolution hat alle Kräfte geweckt und jeder Kraft einen ihr angemessenen Wirkungskreis gegeben. Dadurch kamen an die Spitze der Armeen Helden, an die ersten Stellen der Verwaltung Staatsmänner und an die Spitze seines Volks der größte Mensch aus seiner Mitte.[1])

Welche unendlichen Kräfte schlafen im Schoße einer Nation unentwickelt und unbenützt! In der Brust von tausend und tausend Menschen wohnt ein großer Genius, dessen aufstrebende Flügel seine tiefen Verhältnisse lähmen. Währenddem ein Reich in seiner Schwäche und Schmach vergeht, folgt vielleicht in seinem elendesten Dorfe ein Cäsar dem Pfluge. Warum griffen die Höfe nicht zu dem einfachen und sicheren Mittel, dem Genie, wo es sich auch immer findet, eine Laufbahn zu öffnen, die Talente und die Tugenden aufzumuntern, von welchem Stande und Range sie auch sein mögen? Warum wählten sie nicht dieses Mittel, ihre Kräfte zu vertausendfachen, und schlossen dem gemeinen Bürgerlichen die Triumphpforte auf, durch welche der Adelige jetzt nur ziehen soll? Die neue Zeit braucht mehr als alte Namen, Titel und Pergamente, sie braucht frische Tat und Kraft.

Die Revolution hat die ganze Nationalkraft des französischen Volkes in Tätigkeit gesetzt, dadurch die Gleichstellung der verschiedenen Stände und die gleiche Besteuerung des Vermögens, die lebendige Kraft im Menschen und die tote der Güter zu einem wuchernden Kapital umgeschaffen und dadurch die

[1]) Anspielung auf Napoleon

ehemaligen Verhältnisse der Staaten zueinander und das darauf beruhende Gleichgewicht aufgehoben. Wollten die übrigen Staaten dieses Gleichgewicht wiederherstellen, dann mußten sie sich dieselben Hilfsquellen eröffnen und sie benützen. Sie mußten sich die Resultate der Revolution zueignen und gewannen so den doppelten Vorteil, daß sie ihre ganze Nationalkraft einer fremden entgegensetzen konnten und den Gefahren einer Revolution entgingen, die gerade darum noch nicht für sie vorüber sind, weil sie durch eine freiwillige Veränderung einer gewaltsamen nicht vorbeugen wollen.

Ernst Müsebeck (Hrsg.), Gold gab ich für Eisen, Berlin 1913, S. 89 f.

1. *Welche Überzeugung steht hinter der Schrift Gneisenaus? An welche Motive will er appellieren?*
2. *Überlegen Sie, welche praktischen Reformen sich daraus für das preußische Militärwesen ergeben.*

Der große Umbruch im Spiegel der Geschichtswissenschaft

M 3

Die Bedeutung der Reformen im Rheinbund und in Preußen für die weitere deutsche Geschichte hat die Historiker seit jeher zu unterschiedlichen Interpretationen herausgefordert. Auf der Basis des gegenwärtigen Forschungsstandes schreibt der Bielefelder Geschichtswissenschaftler Hans-Ulrich Wehler.

Angesichts der umfassenden Ansprüche, die mit den anstehenden Aufgaben verbunden waren, hielten die Entscheidungsgremien einen straffen Zentralismus für unumgänglich. Daraus entwickelte sich die zeitweilig „staatsomnipotente Grundnatur" der großen Rheinbundstaaten. Ihnen stand die überlegene Leistungsfähigkeit des napoleonischen Frankreich, das ganz Europa in seinen Bann geschlagen hatte, als Vorbild vor Augen, schien doch die Mobilisierung und Bündelung der Kräfte erst durch ein einziges Willenszentrum und die ihm gemäße administrative Organisation erreichbar zu sein. Der „Monopolstaat" entsprach zudem politischen Zielen auch der deutschen Aufklärung, die an die Stelle der barocken Vielfalt überlieferter Herrschaftsverhältnisse das überschaubare Gefüge von Staatsbürgerschaft, Repräsentativorgan und Fürst setzen wollte. Mit dem, wie man in den Amtsstuben glauben durfte, zeitgemäßen Zentralismus verschwisterte sich ein rigoroser Etatismus[1]), denn Machtausdehnung der zentralstaatlichen Gewalt – das bildete die unverzichtbare Bedingung der Möglichkeit, einen derartigen gesamtgesellschaftlichen Umwandlungsprozeß gegen die Kräfte der Beharrung und relativen Rückständigkeit von oben her voranzutreiben.

Als notwendige Folge des Zentralismus und Etatismus ergab sich der vielgeschmähte Bürokratismus. Wer anders jedoch als die rasch aufgebaute, zeitweilig übermächtige Verwaltung konnte den Regierungen die effektive politische Durchsetzungsfähigkeit und zuverlässige Staatsorganisation gewährleisten? Zentralismus, Etatismus und Bürokratismus wirkten zusammen auf die Zerstörung zahlreicher überkommener, überlebter, aber auch vertrauter Einrichtungen hin; sie gängelten den Untertanen auf seinem Weg in die vorweg

[1]) ein ausschließlich auf das Staatsinteresse eingestelltes Denken

geplante bessere Zukunft als Staatsbürger; sie lähmten durch zahllose Vorschriften die ohnehin zaghafte Initiative von einzelnen und Gruppen, die mit der obrigkeitlich verordneten Eigentätigkeit noch nicht viel anzufangen wußten. [. . .]
Eine Alternative ist da nirgendwo zu erkennen. Landadel und Stadthonoratioren fielen als Träger dieser Modernisierung aus. Daß eine deutsche Revolution von unten in Süddeutschland möglich gewesen sei, ist pures Wunschdenken. [. . .]
Ganz anders als in den Rheinbundstaaten stellte sich die Ausgangslage für Preußen dar. Hier ging es um die Behauptung als Staat, ums Überleben schlechthin, um Regeneration auf kurze und längere Sicht anstatt um das Zusammenschweißen von Staaten, die sich äußerst erfolgreich vergrößert hatten. [. . .]
Allgemein beweisen die Jahrzehnte nach 1807/1821, daß statt einer Revolution, die 1789 in Frankreich und 1917 in Rußland eine auffällige Ausnahme blieb, die Reformpolitik als die gemeineuropäische vorherrschende Lösung [. . .] für den Umbau der Agrargesellschaft und -wirtschaft auch in Preußen relativ erfolgreich war. Die unleugbaren sozialen Kosten der Reform erreichten nicht von ferne dasjenige Ausmaß, das diese Revolutionen zur Folge hatten. Und an ökonomischer Effizienz war die unblutige Entwicklung in England, Holland und Skandinavien, in den Rheinbundstaaten und Preußen den Resultaten der revolutionären Neuordnung allemal überlegen. [. . .]
Unleugbar liegt das große Manko der preußischen Reformen im Scheitern der Verfassungspolitik. An dieser Last hat das Land bis 1848 schwer zu tragen gehabt. [. . .]
[Der] Verfassungsrückstand wurde in gewissem Maße durch die erfolgreicheren Wirtschaftsreformen, die am ehesten die Gleichheit der Staatsbürger und Wirtschaftssubjekte ermöglichten, ausgeglichen. Politische und ökonomische Verfassung traten dadurch aber auch um so auffälliger auseinander. [. . .]
Ohne diese zum Teil radikale „Veränderung des institutionellen Rahmens für Wirtschaften und Handeln der Bewohner der Monarchie“ lassen sich die Erfolge der preußischen Industrialisierung, der preußischen Universitäten, der preußischen Staatsideologie und – last not least – der preußischen Hegemonialpolitik in Deutschland kaum vorstellen.

Hans-Ulrich Wehler, Deutsche Gesellschaftsgeschichte 1700–1815, München 1987, S. 535 ff.

1. *Arbeiten Sie die Unterschiede zwischen den Reformen in den Rheinbundstaaten und in Preußen heraus.*
2. *Inwieweit erkennen Sie in der heutigen Politik und Verwaltungspraxis der deutschen Bundesländer ein Erbe der Reformwelle des frühen 19. Jahrhunderts? Denken Sie dabei beispielsweise auch an die Schulpolitik.*

Die deutschen Länder auf dem Weg in die Moderne: das Beispiel Bayern

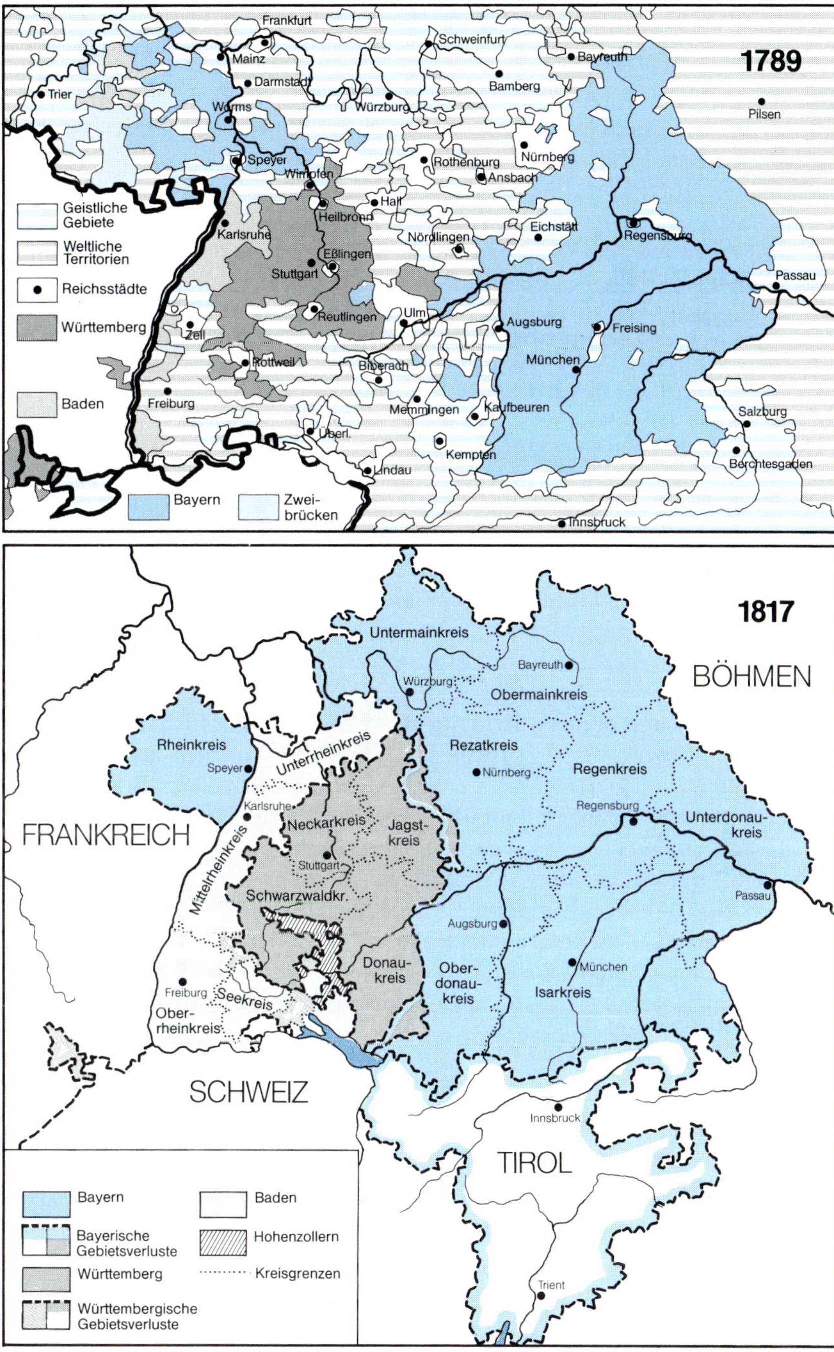

Gebietsveränderungen in Süddeutschland zwischen 1789 und 1817.

Ein Flächenstaat entsteht

Die Ausgangsbasis – Bayern am Ende des 18. Jahrhunderts

Bayern hatte in der ersten Hälfte des 18. Jahrhunderts versucht, in der Politik Europas und des Reiches eine maßgebliche Rolle zu spielen. Übriggeblieben war davon eine gewaltige Schuldenlast. Hingegen gehörten große Teile des Landes Kirche und Klöstern.
Nachdem Kurfürst *Karl Theodor*[1]) 1799 ohne Nachkommen gestorben war, übernahm *Max IV. Joseph*[2]) das Kurfürstentum. Mit Max IV. Joseph kam *Freiherr Maximilian von Montgelas*[3]) als leitender Minister nach München. Montgelas verband in seiner Politik die Ideen der Aufklärung mit den Erfahrungen aus der Französischen Revolution.

Gebietsgewinne durch Mediatisierung und Säkularisation

Durch die Abtretung des linken Rheinufers an Frankreich gehörte Bayern zu den großen Verlierern zweier Reichskriege. Knapp 1500 km² mit 730 000 Einwohnern waren der wittelsbachischen Herrschaft entzogen worden. Doch in der Folge des Reichsdeputationshauptschlusses von 1803 gewann Bayern über 2100 km² mit 843 000 Einwohnern. Es gehörte damit keineswegs zu den großen Gewinnern der napoleonischen Flurbereinigung. Vorteilhaft war jedoch, daß die Erwerbungen der Hochstifte von Würzburg, Bamberg, Augsburg, Freising und teilweise von Eichstätt und Passau, von 13 Reichsabteien und 15 Reichsstädten ein zusammenhängendes Staatsgebiet entstehen ließen.
Diese Erfolge waren ohne Anlehnung an eine Großmacht nicht zu erreichen. Da Österreich seinerseits Ansprüche auf Teile Bayerns östlich der Isar stellte, schloß Montgelas sich dem dominierenden Frankreich an. Der Übertritt an die Seite Napoleons seit 1805 und im Rheinbund ab 1806 brachte dann mit jedem gemeinsam erfochtenen Sieg weitere Erwerbungen: Bedeutsam waren neben einer Reihe fränkischer und schwäbischer Adelsherrschaften vor allem die Markgrafschaft Ansbach-Bayreuth und die Reichsstädte Augsburg und Nürnberg. Gewinne aus dem Bestand der Habsburger Monarchie (Tirol, Vorarlberg, Salzburg) fielen auf dem *Wiener Kongreß* wieder an Österreich zurück (siehe Seite 55). Im wesentlichen war die Entwicklung zum heutigen territorialen Besitzstand 1815 abgeschlossen.[4])

---

[1]) Karl Theodor (1724–1799) stammte aus der wittelsbachisch-kurpfälzischen Linie, vereinigte 1777 die Kurpfalz mit Bayern.

[2]) Max IV. Joseph (1756–1825) stammte aus der pfälzischen Linie von Zweibrücken-Birkenfeld; seit 1795 Herzog von Zweibrücken; mit der Übernahme des Kurfürstentums vereinigte er alle wittelsbachischen Lande.

[3]) Freiherr Maximilian von Montgelas (1759–1838), Sohn eines aus savoyischem Adel stammenden bayerischen Generals; nach juristischer und diplomatischer Ausbildung, nach Staatsdienst in Bayern und der Pfalz wurde er Berater Max Josefs; 1817 wurde Montgelas auf Betreiben des Kronprinzen, des späteren Ludwig I., entlassen.

[4]) Die 1815 an Bayern gefallenen linksrheinischen Gebiete wurden nach dem Zweiten Weltkrieg Bestandteil des Landes Rheinland-Pfalz.

Der feierlichen Übergabe der freien Reichsstadt Nürnberg an das Königreich Bayern (15. September 1806) widmete der Kupferstecher Paul Pemsel ein eigenes Gedenkblatt. Vor der Silhouette der Reichsstadt steht die Verkörperung Bayerns, begleitet vom „Genius der Zeit".

Auswirkungen von Säkularisation und Mediatisierung

Alle Gebietsgewinne halfen der akuten Finanznot des bayerischen Staats nicht ab. Ermächtigt durch den Reichsdeputationshauptschluß, schloß die Regierung deshalb an die *Herrschaftssäkularisation* selbständiger kirchlicher Territorien die *Vermögenssäkularisation* von Kirchengut an. Radikaler als in anderen Ländern des Deutschen Reichs hob der Staat Abteien, Klöster und Stifte auf und übernahm deren Eigentum. Über die Hälfte der Bauernhöfe im Kurfürstentum hatte bis 1803 kirchlichen Grundherren unterstanden. An deren Stelle trat jetzt der bayerische Landesherr.
Die Kirchengutsäkularisation veränderte das Gesicht Bayerns nachhaltig: Die übernommenen Vermögenswerte an Grund und Boden, Gebäuden, Kunstgegenständen, Handschriften, Urkunden und Büchern waren unvorstellbar, wenngleich ihr Wert durch die beschränkte Aufnahmefähigkeit des Marktes gemindert wurde. Die Rücksichtslosigkeit, mit der die staatlichen Kommissare bei der Besitzergreifung und -verwertung vorgingen, zerstörte viel Wertvolles. Die bayerische Bildungs- und Kulturlandschaft verlor ihre traditionellen Zentren, wofür die von aufklärerischem Eifer erfüllten Reformer jedoch kein Gespür hatten (▷ M 1). München dagegen stieg durch den Ausbau der staatlichen Sammlungen (Staatsbibliothek, Hauptstaatsarchiv, Gemäldesammlung, Münzsammlung) zu einem europäischen Kulturzentrum auf.
Im Gegensatz zur Kirche mußten die mediatisierten Ritter und kleineren weltlichen Herrschaften keine Enteignung hinnehmen. Sie verloren zwar ihre kaiserlichen Privilegien wie das Steuereintreibungsrecht oder ihre kirchlichen Pfründen, ihre Grundherrschaftsrechte wurden hingegen nicht beseitigt.

Zentralistische Neuordnung

Zwischen 1803 und 1816 kamen über 230 geistliche und weltliche Herrschaften an Bayern, darunter Fürstentümer, Reichsstädte und Reichsritterschaften, katholische, evangelische und reformierte Bevölkerungsgruppen, altbayerische, fränkische, schwäbische und schließlich auch wieder pfälzische Stammesangehörige. Es war die wichtigste Leistung von Montgelas, daraus einen einheitlich verwalteten Staat und ein bis heute tragendes einheitliches Staatsbewußtsein geformt zu haben (▷ M 2).

Der notwendige Staatsbildungsprozeß verlangte eine leistungsfähige Verwaltung, welche die Souveränität des Staates überall durchsetzte. Hier setzte Montgelas an. An die Stelle nicht verantwortlicher Berater des Kurfürsten traten vier, später fünf Fachminister, die für das ganze Land zuständig waren. Das *Territorialprinzip*, wonach ein einziges Gremium alle Angelegenheiten einer Region behandelte, wurde abgelöst durch das *Realsystem*, also die Zuständigkeit nach Sachgebieten. Einen Ministerpräsidenten gab es nicht. Montgelas leitete den Staat in der Funktion des Außen- und Innenministers und zeitweise noch dazu des Finanzministers. Ferner gab es ein Justiz- und später noch ein Kriegs-(Heeres-)Ministerium. Ein einheitlich ausgebildetes, ausreichend besoldetes und dadurch leistungsmotiviertes Beamtentum war das ausführende Organ der Reformpolitik Montgelas'.

Nach dem Vorbild Frankreichs wurde Bayern in etwa gleich große *Kreise* eingeteilt (Vorläufer der heutigen Regierungsbezirke). Um möglichst wenig alte regionale Sonderinteressen am Leben zu erhalten, setzte man sich über historisch gewachsene Bindungen bewußt hinweg. Justiz und Verwaltung in den Kreisen wurden getrennt. Nur bei den *Landgerichten*, den Vorläufern der heutigen Landkreise, unterblieb dies – wohl vor allem aus Kostengründen. Die sehr unterschiedlich ausgeprägte *kommunale Selbstverwaltung* wurde abgeschafft, und alle Gemeinden wurden einer zentralistischen staatlichen Aufsicht unterstellt. Dies jedoch überforderte die staatlichen Organe und verärgerte die Betroffenen, so daß man 1818 zur Selbstverwaltung zurückkehren mußte.

Reformgesetzgebung

Wie in allen Rheinbundstaaten und in Preußen wurden zur Schaffung einer Gesellschaft gleicher Staatsbürger die Privilegien des Adels weitgehend aufgehoben. Sein Monopol auf höhere Beamten- und Offiziersstellen fiel ebenso wie die Steuerbefreiung des Adels; die letzten Reste der Leibeigenschaft wurden beseitigt.

Die Gleichheit vor dem Gesetz wurde grundsätzlich hergestellt. Unabhängige und unabsetzbare Richter arbeiteten nach einem neuen Gesetzbuch, das die Folter nicht mehr vorsah. Die Reform des Strafrechts war epochemachend.

Als erster deutscher Staat erhielt Bayern durch die Aufhebung aller inneren Zollgrenzen einen einheitlichen Wirtschaftsraum. Münzen, Maße und Gewichte wurden ebenfalls vereinheitlicht; allerdings blieb das Zunftwesen im wesentlichen erhalten.

Nach der Aufhebung der Klöster wurde ein modernes Schulwesen mit staatlich ausgebildeter und beamteter Lehrerschaft begründet und durch zentral gestellte Examens- und Abituraufgaben kontrolliert. Staatlicher Schulzwang erfaßte alle Kinder vom 6. bis 12. Lebensjahr.
Nicht zuletzt durch den Erwerb protestantischer und reformierter Landesteile bedingt, wurden alle Konfessionen gleichgestellt. Den Juden wurde Glaubensfreiheit gewährt und ihre staatsbürgerliche Stellung verbessert. Toleranz bestimmte fortan das Verhältnis des Staates zu den Glaubensüberzeugungen seiner Bürger.
Neben diese Reformen trat eine große Zahl von Einzelgesetzen, die Bayern zu einem Staat auf der Höhe seiner Zeit machten. Eine staatliche Brandversicherung wurde gegründet und die erste allgemeine Pockenschutzimpfung durchgeführt, die Post in Landesbesitz übernommen und die bayerische Staatsbank aufgebaut, die statistische und topographische Erfassung des Landes in die Wege geleitet. Wo alte Vor- und Sonderrechte in Kraft blieben, zwang dazu meist die Rücksichtnahme auf Gegebenheiten in neuerworbenen Gebieten. So ließ sich eine besondere Rechtsstellung ehemals reichsunmittelbar regierender Adelsfamilien ebensowenig vermeiden wie Zugeständnisse bei Grundherrschaft, Gerichtsrechten und Polizeigewalt des Adels auf dem Lande. Hier mußte sich der Staat mit Kontrollmaßnahmen begnügen.

Die Säkularisation des Klosters Banz

M 1

Im Jahre 1980 fand in Landshut und München eine große Ausstellung zur Geschichte des Hauses Wittelsbach statt. In einem Katalogbeitrag erzählt Wilhelm Forster über die Säkularisation des im Fürstbistum Bamberg gelegenen Benediktinerklosters Banz.

Der Auflösung des Klosters ging die Säkularisation des Fürstbistums Bamberg voraus. Am 6. September 1802 [. . .] besetzten die Truppen des Kurfürsten Max Joseph von Pfalz-Bayern die Stadt Bamberg. Am 22. November erfolgte die feierliche Bekanntgabe der Besitzergreifung der fränkischen Lande durch den Kurfürsten, und am 29. November entband der letzte Fürstbischof von Bamberg, Christoph Franz von Buseck, seine bisherigen Untertanen der Pflichten gegen ihn.
Bereits am Tage darauf erschien der durch das Generallandeskommissariat bestellte bisherige fürstbischöfliche Hof- und Regierungsrat Georg Friedrich Merz mit einem Aktuar[1]) in Banz, „um den Abt, die Mönche und das untergeordnete Personal in kurfürstliche Pflicht zu nehmen". Alle vorhandenen Sachen von Wert wie Kirchensilber und sonstige Pretiosen[2]) „nahm er unter Verschluß". Die Inventarisierung der Kassen und aller in den Klosterämtern liegenden Bestände an Getreide und anderen Früchten geschah vom 22. Dezember an durch den Amtsrichter Brückner von Lichtenfels. Eine amtliche Versiegelung konnte er nicht überall vornehmen, da in dieser Zeit noch die bisherige Ordnung im Geschäftsablauf erhalten blieb. Es wurde aber dem Kloster am 19. März 1803 verboten, neue Beamte und Bedienstete anzustellen,

[1]) Gerichtsangestellter
[2]) Kostbarkeiten

einen Mönch in ein anderes Kloster zu versetzen oder aus einem anderen Kloster aufzunehmen. Es wird ihm weiter untersagt, an den Baulichkeiten, an den liegenden Gütern und Grundkapitalien etwas zu ändern sowie Rückstände an Geld und Naturalien aufzulösen oder sie zu verringern.

Am 19. April 1803 wird eine neue Situation geschaffen. Der Landrichter Brückner wird von der inzwischen errichteten kurfürstlichen Spezialkommission beauftragt, die Administration der Klostergüter, Domänen und Besitzungen zu übernehmen und sie provisorisch dem bisherigen Verwaltungssekretär H. Geiger zu übertragen. Den Banzischen Lehens- und Zinsleuten wird untersagt, die bisher an die Klosterämter abgelieferten Gefälle[1]) weiterhin dort abzuliefern. Zuständig für diese Gefälle ist nun der kurfürstliche Administrator H. Geiger. Ihm sind auch die noch amtierenden Klosterleute verantwortlich. Sämtliche abteiliche und klosteramtliche Siegel sind an die Spezialkommission abzuliefern. [. . .]

Mit einem Schreiben des Kurfürsten an die Spezialkommission vom 24. Oktober 1803 wird der Schlußstrich unter die Aufhebung des Klosters gezogen. [. . .] Der Abt erhält eine jährliche Pension von 6000 fl.[2]), lebenslängliche freie Wohnung im Schloß zu Buch am Forst mit dem Genuß des darin liegenden Gartens zugesprochen, jedoch unter Ausschluß der angebauten Brauerei. Dazu kommt noch eine eines Prälaten würdige Ausstattung, die es ihm ermöglichte, fünf Bedienstete zu halten. Die Pension der übrigen Konventualen[3]) wird nach der Zeit ihres klösterlichen Lebens bemessen. Jene mit 30 Klosterjahren erhalten 600 fl., jene mit 20 Jahren 500 fl. und die übrigen 400 fl. jährlich. Dazu kommen noch einige für den täglichen Bedarf benötigte Utensilien sowie das, was der Mönch sich aus privaten Mitteln erworben hat. [. . .]

Seit dem 19. April 1803 war auch die von der Spezialkommission bestellte Versteigerungskommission, bestehend aus dem vormaligen fürstbischöflichen Hofkammerrat Hanauer und einem Schreiber, in Banz tätig. „Von diesem Zeitpunkt an glich das Kloster einer Krambude oder dem Tempel im Evangelium, wo Käufer und Verkäufer sich haufenweise drängten." Bereits am 21. Juni konnte Hanauer der Spezialkommission melden, daß die Versteigerung der Banzer Mobilien 7000 fl. ergeben habe. Am 11. Oktober erhält Hanauer den Auftrag, das ganze Küchengeschirr von Metall und Holz „wohlverwahrt unter guter Aufsicht binnen drei Tagen" an den Spitalökonomieverwalter [. . .] abgeben zu lassen. Der Schätzwert betrug 187 fl. 34 Kr.[4]). Im November kam der beträchtliche Weinvorrat des Klosters zur Versteigerung. Der Eimer wurde an den Meistbietenden zu 18 fl. 39 Kr. verkauft. Auch die im Kloster vorhandenen Gemälde und Kupferstiche – der von P. Dominikus Schram um 1760 erstellte Katalog umfaßte 1133 Nummern – sowie nach der Auffassung der Zeit nicht benötigtes Kirchengerät aus Messing, Kupfer und Zinn wurden versteigert. [. . .] Die sehr wertvolle Münzsammlung wurde der kurfürstlichen Sammlung in München einverleibt.

Menschliche, aber auch den Geist der Zeit offenbarende Züge zeigt das Vorgehen bei der Auflösung der Bibliothek. Sie wurde, solange noch Mönche in Banz waren, nicht versiegelt. Hanauer bestimmte sogar, „daß jeder Geistliche,

[1]) (Natural-)Abgaben
[2]) Gulden
[3]) Ordensmitglieder
[4]) Kronen

die aus der Bibliothek entlehnten Bücher weiter benutzen und ganz eigentümlich betrachten dürfe". Dies hatte allerdings zur Folge, daß der von P. Dominikus Schram 1760 erstellte, 14 500 Bände umfassende Katalog unbrauchbar geworden war. Der von P. Ambrosius Seyfried im Auftrag der Spezialkommission erstellte Katalog umfaßte nur noch 8047 Bände. Auf dem Transport und durch die sorglose Lagerung und Behandlung in der Nagelkapelle des Bamberger Domes wurden viele dieser Bücher zerstört und gestohlen. Andere betrachtete man als wertlos und verkaufte sie als Makulatur[1]) an den Meistbietenden. So wurden noch 1809 10 Zentner und 16 Pfund alter Bücher um 2 fl. 30 Kr. der Zentner abgestoßen.
Schwieriger und langwieriger war die Veräußerung der Höfe und Güter des Klosters. Zunächst wurden die vom Kloster in eigener Regie bearbeiteten Höfe verkauft. Bei den Lehensgütern verlängerte man zunächst die Pachtzeit. Da aber das Kloster einen geringen Pachtzins festgelegt hatte und dafür Naturalien verlangte, wurde angeordnet, daß für die Naturalien künftig der entsprechende Geldwert zu entrichten sei. Das gleiche sollte für den Zehnten gelten. Selbst die bisher dem Kloster zu leistenden Frondienste ließ man sich in Geld bezahlen. Im Laufe der folgenden Jahre fielen auch die Lehensgüter an die Meistbietenden. Gewiß kamen damit die bisherigen Lehensinhaber in den Besitz eines kleineren oder größeren Grundstückes, aber auch Ortsfremde beteiligten sich an den Versteigerungen. So ersteigerte der Bamberger Jude Samuel Heßlein sechs Höfe [. . .] um 53 474 fl.

Wilhelm Forster in Hubert Glaser (Hrsg.), Wittelsbach und Bayern. Krone und Verfassung (Teilband III/1), München 1980, S. 97 ff.

1. *Stellen Sie fest, welche sozialen Einschnitte die Säkularisation für die Betroffenen mit sich bringen konnte.*
2. *Welche Folgen der Säkularisation werden deutlich? Diskutieren Sie negative und positive Auswirkungen.*

Das „Ansbacher Mémoire"[2]) von 1796

M 2

Zu Beginn seiner Beratertätigkeit bei Max IV. Joseph legte Montgelas am 30. 9. 1796 seinem Fürsten eine Programmschrift vor, die bisher nur im französischen Original gedruckt wurde. Den von Montgelas geäußerten Katalog notwendiger Reformen referiert der Historiker Eberhard Weis.

Einer der größten Mängel des bayerischen Regierungssystems, so führt er aus, sei die unzulängliche Organisation der Zentralbehörden. Eine ordentliche Geschäftsverteilung mit geregelten Zuständigkeiten sei unbekannt. Die meisten Minister nähmen nur pro forma am Rate teil; alle Angelegenheiten, die sich der Kurfürst vorbehalte, gingen durch die Hand des Kanzlers [. . .].

---

[1]) eigentlich Fehldruck, hier im Sinne von: Altpapier
[2]) Denkschrift

Diesen Mißständen könne eine vernünftige Trennung der Kompetenzen zwischen den Ministerien und eine klare Geschäftsverteilung abhelfen. Man müsse dabei die Paradefiguren an der Spitze der Behörden durch intelligente, arbeitsame und fähige Persönlichkeiten ersetzen. [. . .]
Aus der schlechten Entlohnung der Staatsdiener habe sich der Brauch ergeben, zumindest die höheren Stellungen mehr nach Besitz als nach Leistung zu vergeben. „Wenn es durch einen seltenen Zufall einmal einem arm geborenen Bürger gelungen ist, seinen Weg nach oben zu machen, so ist er darauf angewiesen, selbst dafür zu sorgen, daß er auf seine Kosten kommt und sich das mit unlauteren Mitteln zu verschaffen, was ihm die Regierung aus ungerechtfertigter Sparsamkeit vorenthalten hatte." Die Regierung habe die Veruntreuungen stillschweigend geduldet und sich mit ihnen abgefunden, ohne von ihrer bisherigen Methode abgehen zu wollen. [. . .]
Nach Meinung der Minister sei es für die Arbeit nötig, daß sie sich mit Mitarbeitern ihres eigenen Vertrauens umgäben, die sich ihrer Autorität unterordneten. Andererseits glaube er, Montgelas, daß diese Argumente stark an Bedeutung verlören, wenn es erst einmal möglich sein würde, für die Besetzung freier Stellen einen Wettbewerb zwischen qualifizierten und vorgebildeten Bewerbern, denen der Fürst eine gesicherte Existenz garantiert, durchzuführen. [. . .]
Wichtiger als diese organisatorischen Fragen sind die Grundsätze der Aufhebung der finanziellen Vorrechte der beiden privilegierten Stände, also die Gleichheit der Besteuerung, auf der Grundlage eines zuverlässigen Steuerkatasters, die Beseitigung einiger für die Untertanen zu drückender Rechte [. . .].
Als weitere Gegenstände notwendiger künftiger Reformen nennt Montgelas die Abschaffung oder wenigstens Neuregelung der Fronen[1]) [. . .], ebenso wie die aller anderen grundherrschaftlichen Leistungen und Abgaben. Dieser Punkt bedürfe um so gründlicherer Überlegung, als es hier gelte, das Interesse des Steuer- und Abgabepflichtigen und den Fortschritt der Landwirtschaft mit dem zu vereinbaren, was man „dem geheiligten Recht des Eigentums" schuldig sei. [. . .]
Sodann kommt er auf die Klöster zu sprechen. „Die Abteien und anderen Klöster erforderten eine Reform, welche sie nützlicher für die Gesellschaft macht, als sie es in der Vergangenheit gewesen sind. Die Bettelorden sollten ganz aufgehoben werden. Sie fallen der Gesellschaft zur Last, indem sie auf deren Kosten leben und Unwissenheit und Aberglauben verbreiten." [. . .]
Sodann wendet sich Montgelas dem Bildungswesen zu. Die Universitäten Heidelberg und Ingolstadt befänden sich in einem beklagenswerten Zustand, sowohl hinsichtlich ihrer Einkünfte als der Qualität ihrer Professoren. Um die Schulen in den Städten und auf dem Lande sei es noch schlechter bestellt. „Die Schulmeister, meist Sakristane, fristen ihr Dasein in Unwissenheit, ermangeln des Notwendigsten und genießen infolgedessen keinerlei Ansehen. Die Bauern weigern sich, ihre Kinder zur Schule zu schicken; die meisten von ihnen können weder lesen noch schreiben. [. . .] Man wird eines Tages nicht um eine absolute Umgestaltung (refonte) auf diesem Gebiet herumkommen . . . und vor allem darum, den *Elementarschulen in Stadt und Land* die fortgesetzteste Aufmerksamkeit zu schenken. Denn sie sind es eigentlich, welche die

[1]) Pflichtarbeiten der von einem Grundherrn abhängigen Bauern

Fähigkeiten der interessantesten (wichtigsten) Klasse der Gesellschaft entwickeln und dem Nationalgeist ihr Siegel aufdrücken."
Schließlich begründet er die Notwendigkeit der *religiösen Toleranz*. Sie ziehe Fremde an, die durch ihren Gewerbefleiß wertvoll seien, begünstige die Fortschritte der Industrie und der Bildung (des lumières) und rege den Wettbewerb an. Sie sei absolut unumgänglich da, wo eine religiöse Minderheit lebt. „Niemand bezweifelt heute mehr, daß die Toleranz auch da nützlich ist, wo ein einziges Bekenntnis vorherrscht." [. . .]
Montgelas stellt noch zur Diskussion, einem solchen Toleranzgesetz durch Beteiligung der Landschaft[1]) eine für die öffentliche Meinung besonders wirksame Form zu geben, ferner, die Protestanten zunächst einmal, um die Öffentlichkeit an sie zu gewöhnen, mit individuellen Toleranzpatenten in Bayern zuzulassen und allmählich einige Lutheraner oder Reformierte in der Außenpolitik und dann nach und nach weitere auch in der Verwaltung zu beschäftigen.
Schließlich entwickelt er noch einen anderen Gedanken, mit dem er sich bereits 17 Jahre früher befaßt hat: Einführung der Presse- und Veröffentlichungsfreiheit. [. . .] Er schlägt vor: Gänzliche Abschaffung des Zensurkollegs, Gestattung einer „vernünftigen Freiheit der Presse", wobei mögliche Vergehen präzis definiert werden und Autoren und Verleger, deren Namen ersichtlich sein müssen, die Verantwortung für etwaige Gesetzesüberschreitungen tragen. Ein entsprechendes Gesetz, so sagt er, bedürfe umfassender Überlegung und Diskussion. „Das große Problem, wo die Freiheit endet und die Zügellosigkeit beginnt, ist noch in keinem Staat gut gelöst worden." Möglicherweise bedürfe es einiger Zeit der Vorbereitung, um die Menschen an den Genuß der Presse- und Meinungsfreiheit zu gewöhnen und sei diese Freiheit erst als letzte der vorgeschlagenen Reformen zu verwirklichen. „Ich halte mich nicht bei den Einwänden auf, die viele Menschen versucht sein könnten, gegen das Prinzip der Pressefreiheit überhaupt zu erheben. Es ist heute erwiesen, *daß es nicht die vernünftige und dem Stande eines jeden angemessene Bildung, sondern vielmehr die krasse Unwissenheit der Völker ist, welche die Revolutionen hervorruft und die Reiche umstürzt* [. . .]. Je aufgeklärter die Menschen sind, desto mehr lieben sie ihre Pflicht und stehen zu einer Regierung, die sich wirklich um ihr Glück bemüht."

Eberhard Weis, Montgelas 1759–99, München 1971, S. 269 ff.

1. *Stellen Sie die verschiedenen Anliegen Montgelas' zusammen.*
2. *An welchen Stellen wird das Gedankengut der Aufklärung besonders deutlich?*
3. *Das Ansbacher Grundsatzprogramm von Montgelas wird häufig mit Hardenbergs Rigaer Denkschrift verglichen (▷ M 1, Seite 21). Arbeiten Sie Gemeinsamkeiten und unterschiedliche Positionen beider Politiker heraus.*
4. *Der Historiker Thomas Nipperdey kennzeichnet den gedanklichen Ansatz der preußischen Reformen im Unterschied zu den Reformen in den Rheinbundstaaten dahingehend: „Das Volk soll nicht mehr einfach Objekt bürokratischer Fürsorge, bürokratischen Besserwissens sein." Versuchen Sie anhand der Programmschrift herauszuarbeiten, ob Montgelas die Belange des Staates oder des Bürgers in den Vordergrund seiner Politik stellt. Setzen Sie sich mit der Ansicht Nipperdeys auseinander.*

[1]) Gemeint ist hier eine Ständeversammlung.

Bayerns Weg zum Verfassungsstaat

Die Konstitution von 1808

Bayern hatte 1806 von Napoleon die Königswürde und mit dem Untergang des Reiches volle Souveränität erhalten. In einer Vielzahl von Reformgesetzen hatte Montgelas die neuen Landesteile verwaltungsmäßig integriert. Um die Untertanen vollends an den Staat zu binden, verlangte die Staatsräson nun nach einer Verfassung, in der die Ergebnisse der „Revolution von oben" und das Verhältnis zwischen Regierten und Regenten festgeschrieben wurde. Mit einer *Konstitution* wollte Montgelas zugleich zwei Entwicklungen zuvorkommen: Zum einen drohte Napoleon mit einer einheitlichen Verfassung für alle Rheinbundstaaten, zum anderen sollte ein Wiederaufbau von fürstlichem Absolutismus und alten adeligen oder kirchlichen Rechtsansprüchen unterbunden werden.

Die Konstitution von 1808 war die erste eigenständige deutsche Verfassung. Sie unterschied erstmals zwischen *Dynastie* und Staat. Der König war nicht mehr wie im Absolutismus Eigentümer des Staates, sondern oberstes Organ. Die Herrscherrechte wurden gewissermaßen „verstaatlicht". Die Regierungsakte bedurften von nun an der Gegenzeichnung durch den zuständigen Minister. Zudem sah die Verfassung eine *Nationalrepräsentation* vor. Ihre Zusammensetzung und ihre Befugnisse waren nach dem Vorbild des napoleonischen Frankreich so gestaltet, daß von wirklicher Vertretung und Mitbestimmung des Volkes nicht die Rede sein konnte. In die Praxis wurde diese Konstitution nicht umgesetzt, weil die Kammern der Nationalrepräsentation nie einberufen wurden.

Dennoch lag der Wert der Verfassung in der eindrucksvollen Zusammenstellung und Garantie dessen, was Montgelas bürgerliche Freiheiten nannte: Gleichheit aller Bürger vor dem Gesetz und der Steuerpflicht, gleicher Zugang zu den öffentlichen Ämtern, Gewissensfreiheit, Pressefreiheit, Unabhängigkeit der Rechtsprechung, Sicherung der Person und des Eigentums vor staatlicher Willkür und die allgemeine Wehrpflicht (▷ M 1).

Die Konstitution von 1818

Als 1818 der österreichische Staatskanzler *Metternich*[1]) versuchte, die Mitglieder des *Deutschen Bundes*[2]) auf die traditionellen ständischen Verfassungen festzulegen, ordnete der bayerische König Max I. Joseph sofortige Beratungen über eine neue Verfassung an. Ebenso wie die Herrscher in Württemberg, Baden und Hessen-Darmstadt wollte er damit die Souveränität seines Staates deutlich machen und einer Einflußnahme der Vormacht Österreich vorbeugen.

[1]) Klemens Wenzel Lothar Fürst von Metternich (1773–1853), österreichischer Außenminister und Staatskanzler (ab 1821) von 1810–1848

[2]) siehe Seite 56 ff.

Im Jahre 1827 eröffnet König Ludwig I. von Bayern feierlich die Ständeversammlung (Lithographie von Gustav Wilhelm Kraus).

Diesem Ziel diente die Einrichtung einer echten Volksvertretung. Zugleich sollte der im Wiener Kongreß festgeschriebenen Sonderstellung der ehemals selbständigen, jetzt mediatisierten Adelshäuser Rechnung getragen werden. An eine Mitsprache des Volkes bei der Erarbeitung der Verfassung dachte man nicht. Nur in Württemberg lag der Konstitution ein Vertrag zwischen König und Ständen zugrunde. In Bayern und Baden wurde das monarchische Prinzip nicht angetastet. Die fürstliche Allmacht band sich nur freiwillig an die Spielregeln der Verfassung.

Die Exekutive lag allein beim König. Die Führung des Heeres, die Bestellung und Entlassung der Minister blieb ihm vorbehalten, ebenso das alleinige Gesetzesinitiativrecht. Immerhin war das Zustandekommen eines Gesetzes, die Verabschiedung des Staatshaushaltes und vor allem die Bewilligung der Steuern von der Zustimmung der beiden Kammern der Volksvertretung abhängig. Daneben besaßen die Kammern das Petitions- und Beschwerderecht als Möglichkeit der Einflußnahme auf die monarchische Regierung.

In der ersten, der *Kammer der Reichsräte*, saßen die Prinzen des königlichen Hauses, die obersten Beamten, kirchliche Würdenträger beider christlicher Konfessionen, die Vertreter der mediatisierten Fürstenhäuser und sonstige vom König berufene verdiente Persönlichkeiten. Die *Kammer der Abgeordneten* wurde nach einem indirekten *Zensuswahlrecht*[1]) gewählt. Allerdings legte die Verfassung die Sitzverteilung für bestimmte gesellschaftliche Gruppen fest:

[1]) Wahlrecht, das das Recht des Wählers oder das Gewicht der Stimme an den Nachweis eines bestimmten Besitzes, Einkommens oder einer bestimmten Steuerleistung (Zensus) bindet. In Bayern besaßen etwa 6 % der Bevölkerung das aktive Wahlrecht, im Königreich Württemberg 14 %. Auch in Frankreich und England war der Anteil der Wahlberechtigten nicht höher.

Adelige Grundbesitzer (1/8), Vertreter der Kirchen (1/8), der Städte und Märkte (1/4), der Landeigentümer ohne eigene Gerichtsbarkeit (1/2) und der drei Universitäten stellten die Abgeordneten (▷ M 2). Dies entsprach durchaus den liberalen Vorstellungen der Zeit. Der Sprung von einer Ständeordnung zu einer modernen gesamtstaatlichen Repräsentation war vorgezeichnet.
So unvollkommen die Verfassung von 1818 heute erscheinen mag und so weit ihre Ordnung auch von wirklichem Parlamentarismus entfernt war, so war sie doch für ihre Zeit äußerst fortschrittlich. Bayern hatte nach Sachsen-Weimar (1814) als zweiter deutscher Staat eine Verfassung erhalten, von der *Anselm von Feuerbach*[1]) schrieb: „Kein Land ist jetzt wohl in Europa, wo freier gesprochen, freier geschrieben, offener gehandelt würde als hier in Bayern. Jetzt sollte man einmal kommen und uns zumuten, eine andere Farbe als Blau und Weiß zu tragen. [. . .] Erst mit dieser Verfassung hat sich unser König Ansbach, Bayreuth, Würzburg, Bamberg usw. erobert." Baden (1818), Württemberg (1819) und Hessen-Darmstadt (1820) folgten. Aus absolutistisch regierten Staaten waren – anders als in Preußen und Österreich – konstitutionelle (an die Verfassung gebundene) Monarchien geworden.

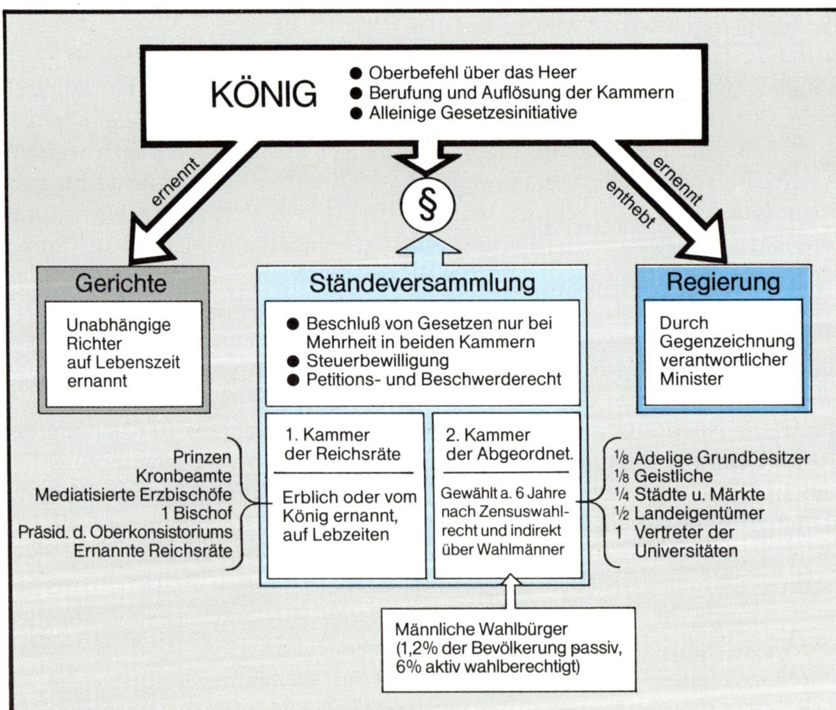

Konstitutionelle Monarchie (Bayerische Verfassung von 1818).

[1]) Anselm von Feuerbach (1775–1833), Präsident des Appellationsgerichts in Ansbach und Verfasser des bayerischen Strafgesetzbuches von 1813

Die Konstitution für das Königreich Bayern vom 25. Mai 1808

M 1

Wir Maximilian Joseph,
von Gottes Gnaden König von Bayern. [. . .]

So haben Wir beschlossen, sämtlichen Bestandteilen der Gesetzgebung und Verwaltung Unseres Reichs, mit Rücksicht auf die äußern und innern Verhältnisse desselben, durch organische Gesetze einen vollständigen Zusammenhang zu geben, und hiezu den Grund durch gegenwärtige *Konstitutions-Urkunde* zu legen, die zur Absicht hat, durch entsprechende Anordnungen und Bestimmungen den gerechten, im allgemeinen Staatszwecke gegründeten Forderungen des Staats an seine einzelnen Glieder, so wie der einzelnen Glieder an den Staat, die Gewährleistung ihrer Erfüllung, dem Ganzen feste Haltung und Verbindung, und jedem Teile der Staatsgewalt die ihm angemessene Wirkungskraft nach den Bedürfnissen des Gesamt-Wohls zu verschaffen.
Wir bestimmen und verordnen demnach, wie folgt:

Erster Titel.
HAUPTBESTIMMUNGEN.

§. I. Das Königreich Bayern bildet einen Teil der rheinischen Föderation.

§. II. Alle besondern Verfassungen, Privilegien, Erbämter und Landschaftliche Korporationen der einzelnen Provinzen sind aufgehoben. Das ganze Königreich wird durch *eine* Nationalrepräsentation vertreten, nach gleichen Gesetzen gerichtet und nach gleichen Grundsätzen verwaltet; dem zu Folge soll ein und dasselbe Steuersystem für das ganze Königreich sein. Die Grundsteuer kann den fünften Teil der Einkünfte nicht übersteigen.

§. III. Die Leibeigenschaft wird da, wo sie noch besteht, aufgehoben.

§. IV. Ohne Rücksicht auf die bis daher bestandene Einteilung in Provinzen, wird das ganze Königreich in möglichst gleiche Kreise, und, so viel tunlich, nach natürlichen Grenzen geteilt.

§. V. Der Adel behält seine Titel und, wie jeder Gutseigentümer, seine gutsherrlichen Rechte nach den gesetzlichen Bestimmungen; übrigens aber wird er in Rücksicht auf die Staatslasten, wie sie dermal bestehen oder noch eingeführt werden mögen, den übrigen Staatsbürgern ganz gleich behandelt. Er bildet auch keinen besondern Teil der Nationalrepräsentation, sondern nimmt mit den übrigen ganz freien Landeigentümern einen verhältnismäßigen Anteil daran. Eben so wenig wird ihm ein ausschließliches Recht auf Staatsämter, Staatswürden, Staatspfründen zugestanden. Die gesamten Statuten der noch bestehenden Korporationen müssen nach diesen Grundsätzen abgeändert, oder seiner Zeit eingerichtet werden.

§. VI. Dieselben Bestimmungen treten auch bei der Geistlichkeit ein. [. . .]

§. VII. Der Staat gewährt allen Staatsbürgern Sicherheit der Personen und des Eigentums – vollkommene Gewissensfreiheit – Preßfreiheit nach dem Zensur-Edikt vom 13. Junius 1803, [. . .].
Nur Eingeborne, oder im Staate Begüterte, können Staatsämter bekleiden. [. . .]

§. VIII. Ein jeder Staatsbürger, der das einundzwanzigste Jahr zurückgelegt hat, ist schuldig, vor der Verwaltung seines Kreises einen Eid abzulegen, daß er der Konstitution und den Gesetzen gehorchen – dem Könige treu sein wolle.

Niemand kann ohne ausdrückliche Erlaubnis des Monarchen auswandern, in das Ausland reisen oder in fremde Dienste übergehen, noch von einer auswärtigen Macht Gehälter oder Ehrenzeichen annehmen, bei Verlust aller bürgerlichen Rechte. Alle jene, welche außer den durch Herkommen oder Verträge bestimmten Fällen eine fremde Gerichtsbarkeit über sich erkennen, verfallen in dieselbe Strafe, und können nach Umständen mit einer noch schärferen belegt werden.

Reinhold L. Bocklet (Hrsg.), Das Regierungssystem des Freistaates Bayern, Band III, München 1982, S. 19 ff.

1. *Welchem Zweck dient die Konstitution nach den Aussagen der Präambel?*
2. *Welche alten Rechte werden beseitigt, welche neuen gesetzt?*

M 2 Verfassungsurkunde für das Königreich Bayern vom 26. Mai 1818

Maximilian Joseph, von Gottes Gnaden König von Bayern. [. . .]

Die gegenwärtige Akte ist, nach vorgegangener reifer und vielseitiger Beratung, und nach Vernehmung Unseres Staatsrates – das Werk Unseres ebenso freien als festen Willens. – Unser Volk wird in dem Inhalte desselben die kräftigste Gewährleistung Unserer landesväterlichen Gesinnungen finden.
Freiheit der Gewissen, und gewissenhafte Scheidung und Schützung dessen, was des Staates und der Kirche ist.
Freiheit der Meinungen, mit gesetzlichen Beschränkungen gegen den Mißbrauch.
Gleiches Recht der Eingebornen zu allen Graden des Staatsdienstes und zu allen Bezeichnungen des Verdienstes.
Gleiche Berufung zur Pflicht und zur Ehre der Waffen.
Gleichheit der Gesetze und vor dem Gesetze.
Unparteilichkeit und Unaufhaltbarkeit der Rechtspflege.
Gleichheit der Belegung und der Pflichtigkeit ihrer Leistung.
Ordnung durch alle Teile des Staats-Haushaltes, rechtlicher Schutz des Staats-Kredits, und gesicherte Verwendung der dafür bestimmten Mittel.
Wiederbelebung der Gemeindekörper durch die Wiedergabe der Verwaltung der ihr Wohl zunächst berührenden Angelegenheiten.
Eine Standschaft[1]) – hervorgehend aus allen Klassen der im Staate ansässigen Staatsbürger, – mit den Rechten des Beirates, der Zustimmung, der Willigung, der Wünsche und der Beschwerdeführung wegen verletzter verfassungsmäßiger Rechte, – berufen, um in öffentlichen Versammlungen die Weisheit der Beratung zu verstärken, ohne die Kraft der Regierung zu schwächen.
Endlich eine Gewähr der Verfassung, sichernd gegen willkürlichen Wechsel, aber nicht hindernd das Fortschreiten zum Bessern nach geprüften Erfahrungen.
Bayern! – Dies sind die Grundzüge der aus Unserm freien Entschlusse euch gegebenen Verfassung, – sehet darin die Grundsätze eines Königs, welcher das Glück seines Herzens und den Ruhm seines Thrones nur von dem Glücke des Vaterlandes und von der Liebe seines Volkes empfangen will! – [. . .]

[1]) Volksvertretung

Titel II. [. . .]

§ 1. Der König ist das Oberhaupt des Staates, vereiniget in sich alle Rechte der Staatsgewalt, und übt sie unter den von Ihm gegebenen in der gegenwärtigen Verfassungs-Urkunde festgesetzten Bestimmungen aus. [. . .]

Titel VII. Von dem Wirkungskreise der Stände-Versammlung

[. . .]
§ 2. Ohne den Beirat und die Zustimmung der Stände des Königreichs kann kein allgemeines neues Gesetz, welches die Freiheit der Person oder das Eigentum des Staats-Angehörigen betrifft, erlassen, noch ein schon bestehendes abgeändert, authentisch erläutert oder aufgehoben werden.

§ 3. Der König erholt die Zustimmung der Stände zur Erhebung aller direkten Steuern, so wie zur Erhebung neuer indirekten Auflagen, oder zu der Erhöhung oder Veränderung der bestehenden. [. . .]

§ 19. Die Stände haben das Recht, in Beziehung auf alle zu ihrem Wirkungskreise gehörigen Gegenstände dem Könige ihre gemeinsamen Wünsche und Anträge in der geeigneten Form vorzubringen.

§ 20. Jeder einzelne Abgeordnete hat das Recht, in dieser Beziehung seine Wünsche und Anträge in seiner Kammer vorzubringen, (welche darüber: ob dieselben in nähere Überlegung gezogen werden sollen, durch Mehrheit der Stimmen erkennt, und sie im bejahenden Falle an den betreffenden Ausschuß zur Prüfung und Würdigung bringt).
Die von einer Kammer über solche Anträge gefaßten Beschlüsse müssen der andern Kammer mitgeteilt und können erst nach deren erfolgter Beistimmung dem Könige vorgelegt werden. [. . .]

§ 22. Der König wird wenigstens alle drei Jahre die Stände zusammenberufen. [. . .]
Die Sitzungen einer solchen Versammlung dürfen in der Regel nicht länger als zwei Monate dauern, und die Stände sind verbunden, in ihren Sitzungen die von dem Könige an sie gebrachten Gegenstände vor allen übrigen in Beratung zu nehmen.

§ 23. Dem Könige steht jederzeit das Recht zu, die Sitzungen der Stände zu verlängern, sie zu vertagen oder die ganze Versammlung aufzulösen.
In dem letzten Falle muß wenigstens binnen drei Monaten eine neue Wahl der Kammer der Abgeordneten vorgenommen werden.

Ernst Rudolf Huber (Hrsg.), Dokumente zur deutschen Verfassungsgeschichte, Band 1, Stuttgart, 3. Auflage 1978, S. 155 f., 166 ff.

1. *Welche Rechte werden dem einzelnen Bürger in der Präambel gewährt?*
2. *Überlegen Sie die Auswirkungen von Titel II § 1 auf die Stellung des Monarchen im Staat.*
3. *Welche Rechte hat die Volksversammlung? Worauf beruhen im wesentlichen ihre Einflußmöglichkeiten? Welche Möglichkeiten der positiven Mitgestaltung der politischen Verhältnisse hat sie? Wodurch ist sie möglicherweise behindert?*

Der Wiener Kongreß: Neuordnung Europas

Der Wiener Kongreß. Vorne links sitzend Hardenberg, daneben Metternich (stehend), an der linken Tischseite (sitzend) Castlereagh, an der rechten Tischseite (sitzend) Talleyrand, dahinter ganz außen Wilhelm von Humboldt (Kupferstich nach einem Aquarell von Isabey).

Das Ende der napoleonischen Vorherrschaft

Wachsender Widerstand der Völker

Nach seinem Sieg über Österreich (1809) bestimmte Napoleon über den größten Teil des europäischen Festlands. Alle Erfolge hatten ihn letztlich aber immer mehr zum Gefangenen seiner eigenen imperialen Pläne werden lassen. Um England in die Knie zu zwingen, unterwarf er sogar die iberische Halbinsel, um auch dort die Häfen den britischen Waren zu versperren. Den gegen die Fremdherrschaft entfachten Volksaufstand brachten die Franzosen allerdings nie unter Kontrolle. Die neue Form des Guerillakriegs[1]) ließ sich von regulären Truppen nicht wirksam bekämpfen. Europa horchte auf: Erstmals gelang es Napoleon nicht, militärischen Widerstand zu brechen.
Als Rußland, das auf den Warenaustausch mit England am meisten angewiesen war, aus der Kontinentalsperre ausscherte, sah sich Napoleon erneut zum Krieg gezwungen. 1812 marschierte er mit mehr als 600 000 Mann – darunter rund 200 000 Deutschen – in Rußland ein. Ohne eigentliche Entscheidungsschlacht verlor die „Grande Armée" durch Seuchen, Hunger und Kälte im russischen Winter rund eine halbe Million Menschen – ein Schlag, von dem sich das französische Heer nie mehr erholen sollte.

---

[1]) Guerilla: Kleinkrieg, von span. guerra

Zar *Alexander*[1]) beschloß, den Kampf zur Befreiung Europas fortzusetzen. Doch noch scheuten die von Napoleon unterworfenen Staaten den Austritt aus der französischen Allianz. Gegen den Willen seines Königs gab der preußische General *Yorck*[2]) Ende 1812 in der *Konvention von Tauroggen* den Russen den Weg nach Ostpreußen frei. Diesem Signal zum nationalen Befreiungskrieg und dem Druck von Adel und Bürgertum folgte die Regierung drei Monate später: Preußen erklärte Frankreich den Krieg. Eine „nationale Erhebung" brach aus. Das Volk, vor allem die Jugend, wollte den „Kreuzzug" für Glück und Freiheit der deutschen Nation (▷ M 1, M 2).

Volkskrieg oder Kabinettskrieg?

Doch das war nicht der Krieg, den der konservativ denkende Metternich wollte. Zwar hatte der österreichische Außenminister schon lange zielstrebig auf einen Kriegsanlaß gegen Napoleon hingearbeitet, doch der Vielvölkerstaat konnte sich einen Volkskrieg mit einem Aufbrechen nationaler Leidenschaften und einer ungewissen Nachkriegsordnung nicht leisten.
Österreichs Staatsinteresse gebot zwingend ein Ordnungssystem, in dem Verhandlungen der Kabinette die internationalen Beziehungen vernünftig regelten. Nicht Freiheit und nationale Einheit hießen die Kriegsziele Metternichs, sondern Begrenzung der Ansprüche und Wiederherstellung des alten Gleichgewichts. Erst als Rußland und Preußen dem zustimmten, trat Österreich in den Krieg ein (▷ M 3).
Die Entscheidung fiel in der Völkerschlacht von Leipzig im Oktober 1813. Die drei konservativen Monarchien standen in Allianz mit England und Schweden. Die meisten Rheinbundstaaten kämpften zunächst noch auf französischer Seite. Nur Bayern hatte im letzten Augenblick einen Bündniswechsel vollzogen und sich der neuen Übermacht angeschlossen. Napoleon wurde geschlagen und zum Rückzug gezwungen. Während die Alliierten vorrückten, unterbreiteten sie unter Metternichs Federführung zwei maßvolle Friedensangebote. Der österreichische Außenminister fürchtete, daß ein geschwächtes Frankreich den Zaren zu einer Hegemonialpolitik[3]) verleiten könnte. Als Napoleon ablehnte, war sein Schicksal besiegelt. Paris wurde erobert, der Kaiser mußte abdanken und erhielt im *Ersten Pariser Frieden* die Insel Elba als selbständiges Fürstentum.
Ein Jahr später, im März 1815, suchte Napoleon noch einmal die Herrschaft an sich zu reißen. Er landete in Frankreich, sammelte Truppen um sich, wurde aber in der Schlacht bei Waterloo endgültig geschlagen. 1821 starb Napoleon Bonaparte auf der Atlantikinsel St. Helena. 25 Jahre nach der Französischen Revolution hatten die alten Monarchien über Frankreich gesiegt. Europa mußte neu geordnet werden.

---

[1]) Alexander I., Pawlowitsch (1777–1825), Zar seit 1801
[2]) Johann Graf Yorck von Wartenburg (1759–1830), seit 1811 Generalgouverneur von Ost- und Westpreußen, ab 1821 Feldmarschall
[3]) Hegemonie: die auf überlegenen Machtverhältnissen beruhende Einfluß- und Kontrollmöglichkeit eines Staates gegenüber anderen Staaten

M 1

Fürs Vaterland

Zahlreiche Literaten traten in Gedichten und Schriften für vaterländische Gesinnung und die nationale Sache ein. Der Dichter Theodor Körner (1791–1813) kämpfte selber während der „Befreiungskriege" in einem Freikorps. Er fiel im August 1813 in einem Gefecht bei Gadebusch. Sein Gedicht „Aufruf", dessen erste drei Strophen hier abgedruckt sind, entstand kurz vor seinem Tod.

Aufruf

Frisch auf, mein Volk! Die Flammenzeichen rauchen,
Hell aus dem Norden bricht der Freiheit Licht.
Du sollst den Stahl in Feindes Herzen tauchen;
Frisch auf, mein Volk! – Die Flammenzeichen rauchen,
Die Saat ist reif; ihr Schnitter, zaudert nicht!
Das höchste Heil, das letzte, liegt im Schwerte!
Drück dir den Speer ins treue Herz hinein;
„Der Freiheit eine Gasse!" – Wasch die Erde
Dein deutsches Land, mit deinem Blute rein!

Es ist kein Krieg, von dem die Kronen wissen;
Es ist ein Kreuzzug, 's ist ein heil'ger Krieg!
Recht, Sitte, Tugend, Glauben und Gewissen
Hat der Tyrann aus deiner Brust gerissen;
Errette sie mit deiner Freiheit Sieg!
Das Winseln deiner Greise ruft: „Erwache!"
Der Hütte Schutt verflucht die Räuberbrut,
Die Schande deiner Töchter schreit um Rache,
Der Meuchelmord der Söhne schreit nach Blut.

Zerbrich die Flugschar, laß den Meißel fallen,
Die Leier still, den Webstuhl ruhig stehn!
Verlasse deine Höfe, deine Hallen!
Vor dessen Antlitz deine Fahnen wallen,
Er will sein Volk in Waffenrüstung sehn.
Denn einen großen Altar sollst du bauen
In seiner Freiheit ew'gem Morgenrot;
Mit deinem Schwert sollst du die Steine hauen,
Der Tempel gründe sich auf Heldentod.

Karl Otto Conrady (Hrsg.), Das große deutsche Gedichtbuch, Kronberg 1977, S. 399 f.

1. *An wen wendet sich der Aufruf Körners, von wem erwartet er offensichtlich keine Hilfe?*
2. *Welche Rolle spielte das Volk in den Kabinettskriegen des 18. Jahrhunderts?*

Rheinübergang der preußischen Truppen unter Blücher am 1. Januar 1814 bei Caub. Szenen wie diese mit dem populären „Marschall Vorwärts" erfreuten sich in der preußischen Historienmalerei besonderer Beliebtheit. Das Gemälde wurde erst 1859 von Wilhelm Camphausen geschaffen.

M 2

„An Mein Volk."

In der „Schlesischen Priviligirten Zeitung" gab der preußische König am 20. März 1813 den Abschluß eines Bündnisses mit dem russischen Zaren bekannt. Mit seinem Appell an das Volk bereitete er auf den Krieg gegen Frankreich vor, den er sieben Tage später erklärte.

So wenig für Mein treues Volk als für Deutsche, bedarf es einer Rechenschaft, über die Ursachen des Kriegs welcher jetzt beginnt. Klar liegen sie dem unverblendeten Europa vor Augen.

Wir erlagen unter der Übermacht Frankreichs. Der Frieden, der die Hälfte Meiner Untertanen Mir entriß, gab uns seine Segnungen nicht; denn er schlug uns tiefere Wunden, als selbst der Krieg. Das Mark des Landes ward ausgesogen, die Hauptfestungen blieben vom Feinde besetzt, der Ackerbau ward gelähmt so wie der sonst so hoch gebrachte Kunstfleiß unserer Städte. Die Freiheit des Handels ward gehemmt, und dadurch die Quelle des Erwerbs und des Wohlstands verstopft. Das Land ward ein Raub der Verarmung.

Durch die strengste Erfüllung eingegangener Verbindlichkeiten hoffte ich Meinem Volke Erleichterung zu bereiten und den französischen Kaiser endlich zu überzeugen, daß es sein eigener Vorteil sei, Preußen seine Unabhängigkeit zu lassen. Aber Meine reinsten Absichten wurden durch Übermut und Treulosigkeit vereitelt, und nur zu deutlich sahen wir, daß des Kaisers Verträge mehr noch wie seine Kriege uns langsam verderben mußten. Jetzt ist der Augenblick gekommen, wo alle Täuschung über unsern Zustand aufhört.

Brandenburger, Preußen, Schlesier, Pommern, Litauer! Ihr wißt was Ihr seit fast sieben Jahren erduldet habt, Ihr wißt was euer trauriges Los ist, wenn wir den beginnenden Kampf nicht ehrenvoll enden. [. . .]
Große Opfer werden von allen Ständen gefordert werden: denn, unser Beginnen ist groß, und nicht geringe die Zahl und die Mittel unserer Feinde. Ihr werdet jene lieber bringen, für das Vaterland, für Euren angebornen König, als für einen fremden Herrscher, der wie so viele Beispiele lehren, Eure Söhne und Eure letzten Kräfte Zwecken widmen würde, die Euch ganz fremd sind. Vertrauen auf Gott, Ausdauer, Mut, und der mächtige Beistand unserer Bundesgenossen, werden unseren redlichen Anstrengungen siegreichen Lohn gewähren.
Aber, welche Opfer auch von Einzelnen gefordert werden mögen, sie wiegen die heiligen Güter nicht auf, für die wir sie hingeben, für die wir streiten und siegen müssen, wenn wir nicht aufhören wollen, Preußen und Deutsche zu sein.
Es ist der letzte entscheidende Kampf den wir bestehen für unsere Existenz, unsere Unabhängigkeit, unsern Wohlstand; keinen andern Ausweg gibt es, als einen ehrenvollen Frieden oder einen ruhmvollen Untergang. Auch diesem würdet Ihr getrost entgegen gehen um der Ehre willen, weil ehrlos der Preuße und der Deutsche nicht zu leben vermag. Allein wir dürfen mit Zuversicht vertrauen: Gott und unser fester Willen werden unserer gerechten Sache den Sieg verleihen, mit ihm einen sicheren glorreichen Frieden und die Wiederkehr einer glücklichen Zeit.
Breslau, den 17. März 1813. Friedrich Wilhelm.

Schlesische Priviligirte Zeitung, Nr. 34, 20. März 1813, S. 1 f.

1. *An welchen Stellen wird deutlich, daß der preußische König sich nicht nur an seine Untertanen wendet?*
2. *Welche Hoffnungen könnte der Aufruf beim Volk für die Zeit nach dem Krieg geweckt haben?*

M 3 Die Taktik Metternichs

Henry A. Kissinger (geboren 1923 in Fürth) emigrierte 1938 in die USA, wo er 1954 mit der Arbeit „The world restored" promovierte. Er lehrte als Professor für politische Wissenschaften und war als Berater mehrerer amerikanischer Präsidenten tätig. Von 1973 bis 1977 war Kissinger Außenminister der Vereinigten Staaten.

Nur Österreich schien noch unentschlossen. Nicht ohne guten Grund verdächtigte Castlereagh[1]) Metternich weiterhin mangelnder Entschlußkraft. Denn Metternich war weiterhin weniger am Triumph als am Gleichgewicht, weniger an einem französischen Zusammenbruch als daran gelegen, die französische Macht zu beschneiden. Metternich, der danach trachtete, jede Vormachtstellung zu beseitigen, versuchte ein Vakuum zu verhindern, das russische Ambititonen geweckt hätte. Castlereagh, der nur die französische Vormacht fürchtete, versuchte die Koalition zu Höchstleistungen zu bewegen. Er war so sehr über die österreichische Entschlossenheit in Sorge, daß er eine ganze Flut von

[1]) Lord Robert Stuart Castlereagh (1769–1822), britischer Kriegsminister von 1805–1809, Außenminister von 1812–1822

Noten ausgoß, um aus dem Krieg einen Krieg der Nationen, nicht der Staaten zu machen. Er appellierte an die Begeisterung der Völker, kurz er tat all das, was zu verhindern Metternich so gründlich versuchte. An Cathcart[1]) schrieb er: „Es scheint mir völlig unmöglich, den wirklichen Kern der Dinge mißzuverstehen. Und je eher der österreichische Minister sich dazu bekennt, um so geringere Risiken wird er eingehen ... Das Ringen ist zu einem Volkskrieg geworden und nicht ein Spiel der Staatsmänner, und Metternich wird nur Napoleon in die Hände spielen, wenn er auf andere als diese Prinzipien baut." Die Sorge vor einem Abfall Österreichs ließ Castlereagh sogar so weit gehen, daß er eine soziale Grundlage für die internationale Ordnung aufstellte: „Es will scheinen", schrieb er an Aberdeen[2]), „daß Metternichs Ohren kaum noch das Kriegsgeschrei ertragen können und daß er lieber flüstert, als es in die Ohren der Nation zu schreien ... Die ganze militärische Geschichte der Revolution hat uns zu fürchten gelehrt, daß das Monster, sobald es auf französischem Boden Fuß gefaßt hat, losbrechen mag, um auch woanders zu hausen ... Die Völker sind heute die einzige Barriere. Sie sind gegen Frankreich, und hier bietet sich der beste Schild, den ein Staat zu seinem eigenen Schutz aufstellen sollte, besonders wenn er so wenig verteidigungsfähige Grenzen hat wie Österreich."

Henry A. Kissinger, Das Gleichgewicht der Großmächte. Metternich, Castlereagh und die Neuordnung Europas 1812–1822, Zürich 1986, S. 166 ff.

1. *Vergleichen Sie die Strategie Metternichs mit dem Aufruf des preußischen Königs. Welche Stellung nimmt das Volk in den jeweiligen Überlegungen ein?*
2. *Welche Politik dürfte Ihrer Ansicht nach auf lange Sicht erfolgreicher sein?*

Prinzipien der Neuordnung auf dem Wiener Kongreß

Die Ausgangslage

Dem Wiener Kongreß zugrunde lag der Erste Pariser Friede vom 30. Mai 1814, den die siegreichen Verbündeten mit Frankreich geschlossen hatten. In ihm war Frankreich in den Grenzen von 1792 belassen worden, um seinen Großmachtstatus nicht zu gefährden. Damit waren aber bei weitem nicht alle Probleme der Neugestaltung Europas gelöst. Um die Grundlagen einer europäischen Friedensordnung festzulegen, versammelten sich Herrscher und Diplomaten fast aller Staaten Europas vom September 1814 bis Juni 1815 in Wien. Auch Frankreich, das jetzt wieder vom Königshaus der *Bourbonen* regiert wurde, war vertreten. Die führenden Diplomaten waren der englische Außenminister *Castlereagh*, der Vertreter Frankreichs, Außenminister *Talleyrand*[3]), und der österreichische Außenminister Fürst Metternich, der die Verhandlungen virtuos zu lenken verstand.

[1]) britischer Gesandter am Zarenhof
[2]) britischer Botschafter in Wien
[3]) Charles Maurice de Talleyrand (1754–1838), ursprünglich Bischof, 1789 Mitglied der französischen Nationalversammlung, von 1797–1807 Außenminister Napoleons; nach der Niederlage Napoleons 1814/15 erneut Außenminister und zeitweise Präsident des Ministerrates, mußte auf Druck konservativer Kreise zurücktreten.

Restauration und Legitimität

Der Schweizer Staatswissenschaftler *Carl Ludwig von Haller* lieferte mit seinem Werk *„Restauration*[1]) *der Staatswissenschaft"* (erschienen ab 1816) das Stichwort zur Bezeichnung einer ganzen Epoche (▷ M 1). Die Französische Revolution hatte das Prinzip der *Volkssouveränität* propagiert, wonach das Volk der wahre *Souverän* im Staate sei und alle Staatsgewalt von ihm ausgehen müsse. Man hatte gesehen, so die konservative Staatslehre, wohin das führte: Recht und Ordnung, innere und äußere Stabilität waren erschüttert worden. Deshalb könne wahrer Souverän nur der Monarch sein, der sich auf einen göttlichen, jedenfalls nicht von Menschen abgeleiteten Auftrag berufen könne. In diesem Sinne sah es der Kongreß als seine Aufgabe, nach 25 Jahren revolutionärer Entwicklung die wahren Souveräne wieder einzusetzen als Garanten für Sicherheit und Frieden.

Doch ging es in Wien wirklich nur um die Restauration der dynastischen Verhältnisse von 1789? Sicher, all diejenigen, die eine freiheitlich-nationalstaatliche Ordnung oder gar politische Mitbestimmungsrechte der Völker erwartet hatten, wurden enttäuscht. Über solche Hoffnungen setzte sich die Kabinettspolitik der Großmächte hinweg. Und in Frankreich kehrte tatsächlich die Dynastie der Bourbonen mit *Ludwig XVIII.*[2]) auf den Thron zurück.

Und dennoch blieb nicht alles beim alten: Immerhin herrschte der französische König nun nach einer neuen Verfassung. Diese ließ die innenpolitischen Verhältnisse, wie sie sich unter Napoleon entwickelt hatten, weitgehend unverändert. In Deutschland wurden die Kirchen und die zahlreichen kleinen Landesherren, die in Säkularisation und Mediatisierung ihre Territorien verloren hatten, nicht mehr in ihre früheren Herrschaftsrechte eingesetzt. In den Grenzen des untergegangenen Deutschen Reiches hatten knapp 300 selbständige Reichsstände bestanden, übrig geblieben waren noch 41 Flächen- und Stadtstaaten.

Der Gedanke der Restauration wurde somit ergänzt durch das Prinzip der *Legitimität*. Legitim, das heißt rechtmäßig, war aber nicht nur diejenige Staatsgewalt, die auf unbestrittener monarchischer Autorität alter Dynastien beruhte. Legitimiert waren jene Staaten, die in den Wirren der Napoleonischen Ära überlebt und sich dadurch einen Anspruch auf völkerrechtliche Anerkennung erworben hatten. So bestätigte der Kongreß manch revolutionäre Veränderung der europäischen Landkarte im nachhinein und legitimierte sie damit für das neu entstehende Ordnungssystem.

Fragen der Gesellschaftspolitik ließ der Kongreß unberührt. Zu unterschiedlich waren beispielsweise die Strukturen im England der beginnenden Industrialisierung und im rückständigen Agrarstaat Rußland, als daß gemeinsame Lösungen zu finden gewesen wären. Die innere Struktur der europäischen Staaten wurde deshalb aus den Verhandlungen ausgeklammert und sollte der künftigen Entwicklung vorbehalten bleiben.

---

[1]) Restauration: Wiederherstellung (vorrevolutionärer Verhältnisse)

[2]) Ludwig XVIII. (1755–1824), Bruder und legitimer Thronfolger des während der Französischen Revolution hingerichteten Ludwig XVI.

Das Ziel der Großmächte in Wien hieß Beendigung der Revolution und Schaffung einer zwischenstaatlichen Friedensordnung, die künftigen Wandel nicht ausschließen sollte, ihn aber von allgemeiner Billigung abhängig machte.

Solidarität

Wenn die sich an den Wiener Kongreß anschließende Epoche mit „Restauration" umschrieben wird, so ist dies unter anderem zwei Verträgen zuzuschreiben, die von den Siegermächten nach der endgültigen Niederwerfung Napoleons im Herbst 1815 unterzeichnet wurden: die *Heilige Allianz* und die *Quadrupelallianz*[1]).
Die Ursache von Revolutionen sah Metternich weniger in der Rechtmäßigkeit der ihnen zugrunde liegenden Forderungen als in der Unfähigkeit der legitimen Regierungen zu entsprechender Abwehr. Deshalb galt es, die Solidarität der Monarchien festzuschreiben und aus der Kriegsallianz der Sieger ein Instrument zur Sicherung gegen innere und äußere Gefährdung ihrer Herrschaft zu formen. Metternich griff den Vorschlag des Zaren auf, die Monarchen feierlich auf eine christliche Staatenordnung zu verpflichten. Die Brüderlichkeit der Monarchen sollte Grundlage der neuen alten Ordnung in Europa werden und die gegenseitige Unterstützung bei Abwehr revolutionärer Angriffe garantieren. Damit hatte Metternich sein Bollwerk gegen alle Störungen der Nachkriegsordnung gefunden. Außer dem englischen König, dem türkischen Sultan und dem Papst traten alle Regenten Europas der Heiligen Allianz bei. Zeitgenossen sahen in ihr das Symbol der Reaktion (▷ M 2).

Allegorie auf die Stiftung der Heiligen Allianz der Herrscher von Österreich, Rußland und Preußen (Gemälde von Heinrich Olivier aus dem Jahre 1815).

[1]) Bündnis von vier Staaten, von Quadrupel: vier zusammengehörende Größen

In der Quadrupelallianz vom November 1815 bekräftigten die vier Siegermächte ihr Bündnis gegen Frankreich. Zugleich sahen sie die Einrichtung von Konferenzen zur Regelung internationaler Fragen vor. Schon 1818 wurde Frankreich in die Allianz aufgenommen und erhielt damit seinen Großmachtstatus zurück. Bald wurde jedoch deutlich, daß die *Pentarchie*[1]) häufig kein Einvernehmen über die europäischen Krisenherde erzielen konnte. Eigene machtpolitische Interessen überwogen, und die englische Diplomatie lehnte es strikt ab, sich an der Unterdrückung nationaler Erhebungen in einzelnen Ländern zu beteiligen.

M 1 Restaurative Staatstheorie

Carl Ludwig von Haller (1768–1854) aus Bern in der Schweiz war der bedeutendste deutschsprachige Staatsrechtslehrer seiner Zeit. Den Ideen der Französischen Revolution stellte er eine altständische, legitimistische und klerikale Staatsauffassung entgegen, mit der er stark die politische Romantik in Deutschland beeinflußte.

Das erste und wesentliche Recht eines Fürsten [. . .] ist das seiner *Unabhängigkeit* oder *vollendeten Freiheit.* Kraft derselben ist er auf seinem Gebiet der einzige ganz Freie und niemandem auf Erden dienstbar; [. . .] er hat also nicht menschliche Befehle, die niemand ihm zu geben befugt ist, niemand gegen ihn zu vollziehen vermöchte, sondern nur allein Gott oder die göttlichen Gesetze über sich zu erkennen, das heißt die Gesetze der Naturnotwendigkeit, deren Einsicht und kluge Befolgung Weisheit genennt wird, und die Gesetze der ins Herz geschriebenen Pflicht, die in Gerechtigkeit und tätigem Wohlwollen besteht. Verträge sind die einzige positive Vorschrift, denen die Fürsten unterworfen sind, und diese sollen sie halten, nicht weil ihr Wille sie geschlossen hat – denn dieser Wille könnte geändert werden –, sondern weil durch solchen Vertrag der andere Teil ein Recht erworben hat, was ihm ohne Beleidigung nicht entrissen werden kann, und mithin die Pflicht, Verträge zu halten, schon aus dem göttlichen Gesetze fließt.
Die Könige stehen also freilich unter einem Gesetz, aber nicht unter einem menschlichen, sondern nur unter dem göttlichen oder natürlichen. Gott ist der König der Könige, sein Gesetz das höchste aller Gesetze. [. . .] Es legt den Fürsten mehrere und zweckmäßigere Pflichten auf, als alle Menschensatzungen es tun könnten. Denn die menschlichen Gesetze haben immer viele Lücken, die natürlichen keine; [. . .] jene sind wandelbar wie der Wille und die Launen der Menschen, diese ewig die gleichen. [. . .] Also ist für die Völker nichts zu besorgen, wenn auch die Fürsten nicht unter menschlichen Gesetzen stehen, die man ohnedem nicht gegen sie zu vollziehen vermöchte. [. . .] Und wenn man also die Fürsten in älteren Zeiten Statthalter Gottes nannte, so lag diesem Ausdruck gar kein Stolz, sondern ein schöner und tiefer Gedanke zum Grund. Denn die Macht oder die Glücksgüter [. . .] haben sie doch nur von ihm. [. . .] Tun sie aber seinen Willen nicht, üben sie weder Gerechtigkeit noch Liebe, so sind sie auch nicht mehr seine Statthalter, sondern undankbare Söhne, die sich gegen den obersten Herren und Gesetzgeber auflehnen. Jener Titel, weit entfernt, den Hochmut zu begünstigen, legt also den Fürsten eine schwere, ja

[1]) Herrschaft von fünf Mächten, von griech. pente: fünf

Demut erweckende Last auf, und die neueren Sophisten[1]), welche ihn verwerfen, die Religion abschaffen, für schädlich ausgeben oder wenigstens als eine dem Staat gleichgültige Privatmeinung betrachten wollten, haben auch hierdurch der Welt unglaublich geschadet, und statt der milden, jedermann schützenden göttlichen Gesetze nur physische Gewalt, menschliche Willkür und grenzenloses Unrecht herbeigeführt.

Carl Ludwig von Haller, Restauration der Staatswissenschaft oder Theorie des natürlich-geselligen Zustands, der Chimäre des künstlich-bürgerlichen entgegengesetzt, Band 2, Winterthur, 2. Auflage 1820, S. 64 ff.

1. *Wie umreißt Haller die Stellung des Fürsten in Gesellschaft und Staat?*
2. *Vergleichen Sie Hallers Aussagen mit den Inhalten der Heiligen Allianz (M 2). Welche Übereinstimmungen erkennen Sie?*

Die Heilige Allianz

M 2

Der russische Zar plante nach dem Sieg über Napoleon, die Monarchen Europas zu einer Deklaration abendländisch-christlicher Einheit zu veranlassen. Metternich redigierte den russischen Entwurf, entkleidete ihn seiner theologischen Überschwenglichkeiten und ersetzte die postulierte Einheit christlicher Völker durch die Solidarität patriarchalisch denkender Monarchen. In dieser Form schlossen Rußland, Österreich und Preußen am 26. (nach altrussischem Kalender am 14.) September 1815 die Heilige Allianz.

Art. I. In Gemäßheit der Worte der Heiligen Schrift, welche allen Menschen befiehlt, sich als Brüder zu betrachten, werden die drei Monarchen vereinigt bleiben durch die Bande einer wahren und unauflöslichen Brüderlichkeit, sich als Landsleute ansehen, und sich bei jeder Gelegenheit Hilfe und Beistand leisten; sie werden sich ihren Untertanen und Armeen gegenüber als Familienväter betrachten und dieselben im Geiste der Brüderlichkeit lenken, um Religion, Frieden und Gerechtigkeit zu schützen.

Art. II. Infolgedessen soll als der einzige Grundsatz, sei es zwischen den genannten Regierungen, sei es zwischen ihren Untertanen, gelten, sich gegenseitige Dienste zu erweisen, durch ein unveränderliches Wohlwollen die Zuneigung zu bezeugen, zu der sie sich verpflichtet haben, sich nur als Glieder der einen christlichen Nation zu betrachten. Die drei verbündeten Fürsten sehen sich nur an als die Bevollmächtigten der Vorsehung, um drei Zweige einer und derselben Familie zu regieren: Österreich, Preußen und Rußland, damit bekennend, daß die christliche Nation, zu der sie und ihre Völker gehören, in Wahrheit keinen andern Souverän hat als den, dem allein die Macht gehört, weil in ihm allein alle Schätze der Liebe, der Erkenntnis und der unbegrenzten Weisheit liegen, d. h. Gott, unsern göttlichen Erlöser Jesus Christus, das Wort des Höchsten, das Wort des Lebens. Ihre Majestäten empfehlen daher ihren Völkern mit der pünktlichsten Sorgfalt als das einzige Mittel dieses Friedens teilhaftig zu werden, welcher aus dem guten Gewissen entspringt und allein von Dauer ist, sich täglich mehr zu befestigen in den Grundsätzen und der Erfüllung der Pflichten, welche der göttliche Heiland die Menschen gelehrt hat.

[1]) Griechische Philosophenschule. Die Sophisten stellten herkömmliche Wertvorstellungen in Frage und verneinten die Existenz einer objektiven Wahrheit.

Art. III. Alle Mächte, welche sich feierlich zu diesen heiligen Grundsätzen bekennen wollen und erkennen, von welchem Einfluß es auf das Glück der so lange beunruhigten Nationen ist, daß diese Wahrheiten fortan ihren ganzen gebührenden Einfluß auf die menschlichen Geschicke ausüben, werden mit großer Freude in diese Heilige Allianz aufgenommen werden.
Paris im Jahre der Gnade 1815, den 14./26. September.

Franz – Friedrich Wilhelm – Alexander

Günter Schönbrunn, Geschichte in Quellen. Das bürgerliche Zeitalter 1815–1914, München 1980, S. 27

1. *Welchen Eindruck erweckt in Ihnen die Sprache des Vertragstextes. Lösen Sie aus der Deklaration ihren konkreten Inhalt heraus.*
2. *Welcher Herrschaftsauffassung sind die Vertragschließenden verpflichtet?*
3. *Überlegen Sie, warum als einzige europäische Herrscher der türkische Sultan, der Papst und der englische König der Heiligen Allianz nicht beigetreten sind.*

Das Gleichgewicht der Mächte – Ziel der territorialen Neuordnung

So sehr die Prinzipien der Neuordnung Europas allgemein anerkannt waren, so schwierig war doch die Lösung territorialer Machtfragen im einzelnen. Keine Diskussionen gab es lediglich über die Auflösung der von Napoleon neu gebildeten Satellitenstaaten.

Rußland: Am längsten und härtesten gerungen wurde um die Ansprüche Rußlands, das sich als Befreier Europas fühlte und als Anerkennung Finnland bereits annektiert hatte. Außerdem forderte der Zar ganz Polen. Dagegen waren aber alle übrigen Mächte: England und Österreich, weil sie ein russisches Übergewicht auf dem Festland verhindern wollten, Preußen und Österreich, weil sie ihre Erwerbungen aus den polnischen Teilungen des ausgehenden 18. Jahrhunderts gefährdet sahen, und Frankreich, weil es in jeder Gebietserweiterung einer europäischen Großmacht seinen eigenen Status beeinträchtigt sah. Trotz bis zur Kriegsbereitschaft gesteigerter Hartnäckigkeit kam schließlich ein Kompromiß zustande: Der Zar erhielt das um Teile des ehemaligen preußischen Besitzes vergrößerte sogenannte „Kongreßpolen". Es wurde in Personalunion mit Rußland verbunden, das heißt der russische Zar war gleichzeitig König von Polen. Nach einem Aufstand (1830) verlor Polen wieder seine relative Unabhängigkeit. Österreich durfte seine polnischen Territorien behalten.

Preußen: Für seine polnischen Verluste beanspruchte Preußen das Königreich Sachsen, das sich vor der Völkerschlacht von Leipzig nicht mehr aus dem zerfallenden Rheinbund hatte lösen können und als erobertes Land galt. Gegen diese Forderung schlossen Österreich, England und Frankreich eine Allianz. Nichts zeigt deutlicher, welche Rolle der Kriegsverlierer Frankreich bereits wieder im Reigen der Großmächte spielte: Um die Spannungen in der Siegerkoalition auszugleichen und den Gleichgewichtsgedanken zu retten, sahen

Metternich und Castlereagh keinen anderen Weg als das Arrangement mit Talleyrand. Am Ende erhielt Preußen etwa zwei Fünftel Sachsens, dazu Gebiete im Rheinland und in Westfalen. Diese Territorien blieben ohne direkte Verbindung mit dem preußischen Stammland und wiesen damit der künftigen Politik Preußens in Deutschland den Weg.

Österreich: Die Habsburger Monarchie vervollständigte ihr Territorium im Osten (Galizien), Süden (Dalmatien, Triest, Norditalien) und Westen (Tirol, Salzburg). Andererseits gab sie ihre Exklaven[1]) am Rhein und vor allem den habsburgischen Teil der Niederlande ab. Dank dieses Ländertauschs erhielt Österreich ein zusammenhängendes Staatsgebiet, wuchs aber aus Deutschland heraus. In der Folgezeit wurde die österreichische Politik in Italien in nationale Befreiungskriege verstrickt.

England: Die gesamte europäische Neuordnung entsprach in besonderer Weise den Interessen Englands. Es hatte gemeinsam mit Österreich ein System des europäischen Mächtegleichgewichts durchgesetzt, und seine zur Zeit Napoleons gefestigte Seeherrschaft blieb unangetastet. Es behielt seine Eroberungen Helgoland, Malta, die Kapkolonie und Ceylon; seine Souveränität über Indien wurde von Frankreich bestätigt. Die Gegenküste auf dem Kontinent kam in den Besitz des vergrößerten Königreichs der Niederlande, das auf England angewiesen blieb und zusammen mit dem nach Westen verschobenen Preußen ein Gegengewicht gegen französisches Expansionsstreben darstellte. Die Ausbalancierung der Kräfte auf dem Kontinent stellte sicher, daß die Briten ungefährdet in anderen Erdteilen Weltmachtpolitik treiben konnten.

Frankreich: Obwohl von Frankreich die revolutionäre Störung Europas ausgegangen war, sollte es im Sinne der Gleichgewichtspolitik als Großmacht erhalten bleiben. Im Ersten Pariser Frieden wurde es auf die Grenzen von 1792 beschränkt. Auch nach dem neuerlichen Auftauchen Napoleons auf dem Kriegsschauplatz und dessen endgültiger Niederlage wollte man die legitime Herrschaft des neuen Königs nicht durch starke Gebietsverluste belasten. Im *Zweiten Pariser Frieden* verlor Frankreich keines seiner alten Territorien. Nur das Saargebiet fiel an Preußen, Landau an Bayern, und einen Teil Savoyens erhielt das Königreich Piemont-Sardinien.

Insgesamt war die Neuordnung von pragmatischen Kompromissen bestimmt. Vor allem gelang es, jedes neue Hegemonialmachtstreben im Ansatz zu unterbinden. Deshalb wurden die Verhältnisse in Deutschland und Italien auch so eingerichtet, daß die Zusammenfassung der Kräfte dieser Räume verhindert war, von dort also keine Störung des Gleichgewichts erfolgen konnte.

Es herrschte in Wien der Wille zu einem vernünftigen Ausgleich und zur Mäßigung. Die Politik der Monarchen machte einen Versöhnungsfrieden möglich, was 100 Jahre später, als die Völker am Konferenztisch saßen, nicht gelang. Die geschaffene Ordnung blieb Grundlage des Friedens in Europa über die Revolutionen von 1830 und 1848, den Krimkrieg (1854–56) und die deutschen Einigungskriege 1866 und 1870/71 hinweg bis 1914.

[1]) von fremdem Staatsgebiet eingeschlossene Teile des eigenen Staatsgebiets

M 1 **Europa 1815**

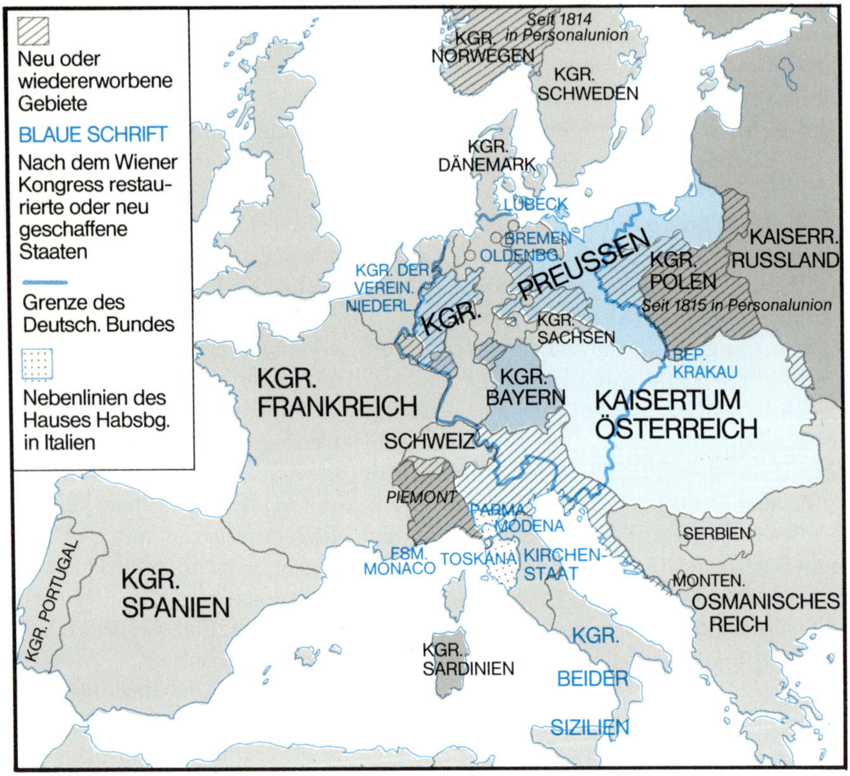

1. *Versuchen Sie anhand der Karte nachzuvollziehen, welche territorialen Verschiebungen das Gleichgewicht in Europa sichern sollen.*
2. *Diskutieren Sie, inwieweit Gebietserwerbungen oder -verluste die Geltung eines Staates verändern. Welche Kriterien können den Großmachtstatus eines Landes berühren?*

Der Deutsche Bund

Kein neues Reich in Europas Mitte

Ebenso schwierig wie die territoriale Neuordnung war die Regelung der deutschen Verfassungsfrage. Trotz des erkennbar geringen Gestaltungsspielraumes waren die Verhandlungen langwierig. Ein Mächtegleichgewicht, wie es sich die Staatsmänner in Wien vorstellten, ging von einer Pufferzone in Mitteleuropa aus. Diese sollte stark genug sein, um Begehrlichkeiten Frankreichs oder Rußlands abzuwehren, sie sollte andererseits nicht die Möglichkeit einer eigenen Hegemonialpolitik in sich bergen. Diese Tendenz unterstützten die 1806 zu völkerrechtlicher Eigenständigkeit gelangten deutschen Mittelstaaten, die sich nicht wieder einer neuen Zentralgewalt beugen wollten. Auch Metternich schreckte vor einer Zusammenfassung der nationalen Kräfte zurück. Ihm genügte ein indirekter Einfluß, damit kam er den Mittelstaaten entgegen. Vor diesem Hintergrund hatten alle Bemühungen deutscher Patrioten, die sich ein neues starkes „Reich" erhofft hatten, keine Aussicht auf Erfolg. Für einen Nationalstaat war die Zeit 1815 noch nicht reif.

Die Verfassung des Deutschen Bundes

Ein Ausgleich aller Interessen wurde schließlich in der *Deutschen Bundesakte* vom 8. Juni 1815 gefunden, die als Teil der *Wiener Kongreßakte* 1820 bestätigt wurde. 37 souveräne Fürsten und die vier freien Städte Bremen, Frankfurt, Hamburg und Lübeck schlossen sich zum *Deutschen Bund* zusammen (▷ M 1). Für den Deutschen Bund galten die Grenzen des 1806 untergegangenen Deutschen Reiches. Große Gebiete Preußens und Österreichs waren somit nicht Bestandteil seines Territoriums, andererseits gehörten die Könige Englands, Dänemarks und der Niederlande ihm als deutsche Fürsten in Hannover, Holstein und Luxemburg an.

Der Deutsche Bund beruhte in mehrfacher Hinsicht auf einem Minimalkonsens. Es gab keine Regierung und damit keine handlungsfähige Exekutive, es gab keine Kreiseinteilung und damit keine Grundlage einer gemeinsamen Militärverfassung. Der Plan eines für alle Staaten verbindlichen Bundesgerichts wurde auf Bayerns Einspruch hin fallengelassen. Jeder Mitgliedsstaat war innenpolitisch unabhängig. Und schließlich wurde für alle Beschlüsse über Verfassung und Institutionen des Bundes Einstimmigkeit festgeschrieben, um ein Erstarken der Bundesgewalt von vornherein auszuschließen.

Das einzige Organ war die *Bundesversammlung*, die in Frankfurt tagte. Dieser Bundestag war ein ständiger Gesandtenkongreß, ähnlich dem alten Reichstag in Regensburg. Österreich hatte den geschäftsführenden Vorsitz inne. Die größeren Staaten besaßen maximal vier von insgesamt 69 Stimmen. Entscheidungen wurden mit Zwei-Drittel-Mehrheit getroffen. Ein engerer Rat, in dem die elf größeren Staaten je eine und die übrigen insgesamt sechs Stimmen hatten, bereitete alle Entscheidungen zur Abstimmung vor.

Als Bürgerrechte gewährleistet wurden lediglich Religionsfreiheit, Freiheit des Grunderwerbs und eine gewisse Freizügigkeit. Die Ankündigung „landständischer Verfassungen" in den Bundesstaaten wurde nur von Sachsen-Weimar, Bayern, Baden, Württemberg und Hessen verwirklicht.

Ohne souveräne eigenständige Staatsgewalt war der Deutsche Bund kein *Bundesstaat*. Er war gedacht als wenig handlungsfähiger *Staatenbund*, dessen Mitglieder sich lediglich zur Friedenswahrung nach innen und gegenseitigem Beistand nach außen verpflichteten. Diese Aufgabe erfüllte er zumindest so lange, bis der Nationalstaatsgedanke die alte Ordnung überwand. Bis dahin blieb der Deutsche Bund ein Element der Stabilisierung Europas und in besonderem Maße Ausdruck dessen, was der Wiener Kongreß erstrebte (▷ M 2).

M 1

Die Deutsche Bundesakte

Nach zähen Verhandlungen seit dem Herbst 1814 wurde die Deutsche Bundesakte auf dem Wiener Kongreß am 8. 6. 1815 abgeschlossen.

Im Namen der allerheiligsten und unteilbaren Dreieinigkeit.
Die souveränen Fürsten und freien Städte Deutschlands [. . .], von den Vorteilen überzeugt, welche aus ihrer festen und dauerhaften Verbindung für die Sicherheit und Unabhängigkeit Deutschlands, und die Ruhe und das Gleichgewicht Europas hervorgehen würden, sind übereingekommen, sich zu einem beständigen Bunde zu vereinigen, [. . .].

Art. 1. Die souveränen Fürsten und freien Städte Deutschlands mit Einschluß Ihrer Majestäten des Kaisers von Österreich und der Könige von Preußen, von Dänemark und der Niederlande, und zwar
Der Kaiser von Österreich, der König von Preußen, beide für ihre gesamten vormals zum deutschen Reich gehörigen Besitzungen,
der König von Dänemark für Holstein, der König der Niederlande für das Großherzogtum Luxemburg,
vereinigen sich zu einem beständigen Bunde, welcher der deutsche Bund heißen soll.

Art. 2. Der Zweck desselben ist Erhaltung der äußeren und inneren Sicherheit Deutschlands und der Unabhängigkeit und Unverletzbarkeit der einzelnen deutschen Staaten.

Art. 3. Alle Bundes-Glieder haben als solche gleiche Rechte; sie verpflichten sich alle gleichmäßig die Bundes-Akte unverbrüchlich zu halten.

Art. 4. Die Angelegenheiten des Bundes werden durch eine Bundesversammlung[1]) besorgt, in welcher alle Glieder desselben durch ihre Bevollmächtigten teils einzelne, teils Gesamtstimmen folgendermaßen, jedoch unbeschadet ihres Ranges führen:
[Es folgen die Mitgliedstaaten des Bundes.]

Art. 5. Österreich hat bei der Bundesversammlung den Vorsitz, jedes Bundes-Glied ist befugt, Vorschläge zu machen und in Vortrag zu bringen, [. . .].

Art. 6. Wo es auf Abfassung und Abänderung von Grundgesetzen des Bundes, auf Beschlüsse, welche die Bundes-Akte selbst betreffen, auf organische Bundes-Einrichtungen und auf gemeinnützige Anordnungen sonstiger Art ankommt, bildet sich die Versammlung zu einem Plenum, wobei jedoch mit Rücksicht auf die Verschiedenheit der Größe der einzelnen Bundesstaaten folgende Berechnung und Verteilung der Stimmen verabredet ist:
[Es folgt die Verteilung der Stimmen auf die Mitgliedstaaten.]

Art. 7. [. . .] Wo es aber auf Annahme oder Abänderung der Grundgesetze, auf organische Bundes-Einrichtungen, auf jura singulorum[2]) oder Religions-Angelegenheiten ankommt, kann weder in der engern Versammlung noch in Pleno ein Beschluß durch Stimmenmehrheit gefaßt werden.
Die Bundesversammlung ist beständig, [. . .].

[1]) Gemeint ist der engere Rat.
[2]) Rechte einzelner (Staaten)

Art. 11. Alle Mitglieder des Bundes versprechen sowohl ganz Deutschland als jeden einzelnen Bundesstaat gegen jeden Angriff in Schutz zu nehmen und garantieren sich gegenseitig ihre sämtlichen unter dem Bunde begriffenen Besitzungen.
Bei einmal erklärtem Bundeskrieg darf kein Mitglied einseitige Unterhandlungen mit dem Feinde eingehen, noch einseitig Waffenstillstand oder Frieden schließen.
Die Bundes-Glieder behalten zwar das Recht der Bündnisse aller Art; verpflichten sich jedoch, in keine Verbindungen einzugehen, welche gegen die Sicherheit des Bundes oder einzelner Bundesstaaten gerichtet wären.
Die Bundes-Glieder machen sich ebenfalls verbindlich, einander unter keinerlei Vorwand zu bekriegen, noch ihre Streitigkeiten mit Gewalt zu verfolgen, sondern sie bei der Bundesversammlung anzubringen. [. . .]
Art. 13. In allen Bundesstaaten wird eine Landständische Verfassung statt finden.

Ernst Rudolf Huber (Hrsg.), Dokumente zur deutschen Verfassungsgeschichte, Band 1, Stuttgart, 3. Auflage 1978, S. 84 ff.

1. *Welche Absichten drückt die Präambel aus? Durch welche Bestimmungen der Bundesakte sollen diese erreicht werden?*
2. *Bewerten Sie Artikel 6 und 7 im Hinblick auf Minderheitenschutz und Handlungsfähigkeit des Bundes.*

Der Deutsche Bund im Urteil der Historiker

M 2

Heinrich von Treitschke (1834–1896) war Professor für Geschichte und führender Vertreter einer „borussischen Geschichtsschreibung".

Am 10. Juni versammelte man sich noch einmal, um die Bundesakte zu unterzeichnen und die Leiche der deutschen Einheit mit allen diplomatischen Ehren feierlich zu verscharren. Wann sollte sie auferstehen? [. . .]
So entstand die Bundesakte, die unwürdigste Verfassung, welche je einem großen Kulturvolke von eingeborenen Herrschern auferlegt ward, ein Werk, in mancher Hinsicht noch kläglicher als das Gebäude des alten Reiches in den Jahrhunderten des Niedergangs. Ihr fehlte jene Majestät der historischen Größe, die das Reich der Ottonen noch im Verfalle umschwebte. Blank und neu stieg dies politische Gebilde aus der Grube, das Werk

Thomas Nipperdey (1927–1992) war Professor für Neuere Geschichte an der Universität München. Er galt als besonderer Kenner der deutschen Geschichte des 19. Jahrhunderts.

Gewiß ist es abwegig und anachronistisch, die Souveränitätspolitik der süddeutschen Regierungen und Fürsten oder die Gleichgewichts- und Stabilitätspolitik Metternichs an der Elle nationaler Maßstäbe zu messen oder sie zu verurteilen – solche Maßstäbe galten für diese Politiker nicht: ein Nationalstaat, gegründet auf der Selbstbestimmung der Nation, war zur diesem Zeitpunkt unmöglich. Und der Bund war für ein halbes Jahrhundert ein Instrument einer deutschen und europäischen Friedensordnung; er hat die deutschen Staaten untereinander befriedet und ihre Kräfte in Europa zugleich neutralisiert und beruhigt, für Europa erträglich gehalten, ja er hat – passiv von der

einer kurzlebigen, in sich selbst verliebten Diplomatie, die alle Erinnerungen des eigenen Volkes vergessen hatte; kein Rost der Jahrhunderte verhüllte die dürftige Häßlichkeit der Formen. Von Kaiser und Reich sang und sagte das Volk; bei dem Namen des Deutschen Bundes hat niemals ein deutsches Herz höher geschlagen. [. . .]
Die neue Bundesakte wußte gar nichts mehr von einem deutschen Volke, sie kannte nur Bayern, Waldecker, Schwarzburg-Sondershausener Untertanen jener deutschen Fürsten, welche nach Gefallen zu einem völkerrechtlichen Vereine zusammengetreten waren. Die Nation mußte den Becher der Demütigung bis zur Hefe leeren; jene württembergische Mahnung: „Man werde doch nicht aus verschiedenen Völkerschaften sozusagen eine Nation bilden wollen!", hatte vollständig Recht behalten. Die Deutschen standen außer jeder Beziehung zu der Bundesgewalt, waren nicht einmal verpflichtet, ihr zu gehorchen; nur wenn ein Souverän einen Bundesbeschluß als Landesgesetz zu verkündigen geruhte, mußten seine Untertanen diesem Landesgesetze sich fügen. Die Nation war mediatisiert durch einen Fürstenbund. Wie die Revolution von 1803 so ward auch diese neue Verfassung Deutschlands ausschließlich durch die Dynastien geschaffen.

Heinrich von Treitschke, Deutsche Geschichte im 19. Jahrhundert, 1. Teil, 1. Auflage 1879, Leipzig 1928, S. 690 f.

Machtlage Europas begünstigt – auch die deutschen Grenzen vor dem Druck von außen gesichert; er wurde ein Faktor der Stabilität. Dennoch, der Bund war keine Ordnung der Freiheit und keine der nationalen Einheit; er war eine Barriere gegen die liberal-nationale Bewegung der Zukunft, war ein Sieg der partikularstaatlichen Restauration. Gerade deshalb ist er die Basis für die beiden deutschen Revolutionen gewesen, die von 1848 wie die von 1866/1871. Von hinterher gesehen, war das Ergebnis der Gründungsverhandlungen, der lockere Bund von 1815, vielleicht ein Unglück für die deutsche Geschichte. Man kann sich fragen, ob nicht ein strafferer Bund, wie er ursprünglich auf der Tagesordnung stand, ein Bund, der mehr Raum für eine gemeinsame Politik geboten hätte, eine andere, weniger eruptive, stärker liberale und stärker gesamtdeutsche Entwicklung ermöglicht hätte. [. . .] Und man kann fragen, ob für die Menschen, die aus dem regional-partikularen und ständischen alten Reich kamen, der nationale Bundesstaat nicht etwas Unzeitgemäßes war, der moderne Partikularstaat dagegen, der trotz aller Bürokratie dem einzelnen noch nah und anschaulich war, eine notwendige Übergangsstufe zum modernen Staat, ob die partikulare und egoistische Souveränitätsräson der süddeutschen Fürsten nicht, jenseits ihrer Absicht, eine allein zeitgemäße Entwicklungsstufe hervorbrachte, ob hier eine List der Vernunft waltete. Wir können es überlegen. Wissen können wir es nicht.

Thomas Nipperdey, Deutsche Geschichte 1800–1866. Bürgerwelt und starker Staat, München, 2. Auflage 1984, S. 97 f.

1. *Welche unterschiedlichen Bewertungen erfährt der Deutsche Bund in der Geschichtsschreibung des 19. und 20. Jahrhunderts? Überlegen Sie, welche historischen Erfahrungen beider Autoren ihrem Urteil zugrunde liegen.*
2. *Können Sie sich vorstellen, daß die Beurteilung Nipperdeys aus heutiger Sicht eines Tages ebenfalls überholt ist? Diskutieren Sie das Problem der „Relativität" von Geschichtsschreibung.*

Freiheit und Einheit – liberale und nationale Grundsätze und Forderungen

Der Denkerclub. Zeitgenössische Karikatur von der Knebelung der Meinungsfreiheit im Deutschen Bund. Rechts an der Wand hängen die Gesetze des Denkerclubs: „Schweigen ist das erste Gesetz dieser gelehrten Gesellschaft. – Auf daß kein Mitglied in Versuchung geraten möge, seiner Zunge freien Lauf zu lassen, so werden beim Eintritt Maulkörbe ausgeteilt. – Der Gegenstand, welcher in jeweiliger Sitzung durch ein reifes Nachdenken gründlich erörtert werden soll, befindet sich auf einer Tafel mit großen Buchstaben deutlich geschrieben."

Liberalismus

Der Liberalismus als Weltanschauung

Die Grundlagen des *Liberalismus*[1]) fußen auf der geistesgeschichtlichen Epoche der *Aufklärung*. Die Vertreter der Aufklärung nahmen die menschliche Vernunft als Richtschnur aller Erkenntnis und allen Handelns. Eingebettet in diese Bewegung entwickelte sich die Lehre vom *Naturrecht:* Danach besitzt der Mensch angeborene, „natürliche" Menschenrechte, die für den Staat unantastbar sind. Alle Formen von Herrschaft beruhen auch nicht auf göttlichem Ursprung, sondern auf einem von freien und gleichen Menschen geschlossenen Gesellschaftsvertrag.

Auf der Basis dieses Gedankenguts entwickelte der Liberalismus eine Staats-, Gesellschafts- und Wirtschaftslehre, in der das Verhältnis zwischen Individuum und Staat neu bestimmt wurde. Grundlage aller Überlegungen war der vernunftgeleitete, selbstverantwortlich handelnde Mensch. Man ging dabei davon aus, daß nicht nur das Einzelinteresse, sondern auch das Allgemeininteresse dann am besten gefördert werde, wenn jeder in Freiheit nach seinen Vorstellungen leben kann: „Jeder darf seine Glückseligkeit auf dem Wege suchen, welcher ihm selbst gut dünkt, wenn er nur der Freiheit anderer, einem ähnlichen Zwecke nachzustreben, [. . .], nicht Abbruch tut" *(Immanuel Kant)*.

---

[1]) liberalis (lat.): freiheitlich, eines freien Mannes würdig

Größtmögliche Freiheit für den einzelnen, auch und gerade gegenüber der Übermacht des Staates, war also das grundlegende Prinzip des Liberalismus. Folglich mußte die staatliche Gewalt ihre Macht gegenüber dem Individuum beschränken, um ihm größtmöglichen Spielraum für eine ungehinderte Entfaltung zu belassen. Dafür war es auch notwendig, daß sich der Staat an bestimmte, für alle Menschen einsehbare Regeln band.
Aus dieser sich allmählich entwickelnden Weltsicht entstanden am Anfang des 19. Jahrhunderts konkrete politische Forderungen (▷ M 1).

Die liberale Bewegung

Als zentrale liberale Zielvorstellungen kristallisierten sich heraus:
- Abschaffung der feudalen Gesellschaftsordnung
- Errichtung eines Verfassungsstaates mit Anerkennung von Grund- und Menschenrechten sowie Teilung und Kontrolle der staatlichen Gewalten (Gesetzgebung, Rechtsprechung und Verwaltung)
- Mitwirkung der Staatsbürger am Staat durch gewählte Vertreter
- gleichmäßige und freie Entfaltung der Wirtschaft.

Eng verbunden damit war der Wunsch nach einem Nationalstaat. Die Schlüsselbegriffe für alle diese Forderungen waren *„Freiheit"* und *„Einheit"*.
Träger des Liberalismus war anfangs vor allem das städtische Besitz- und Bildungsbürgertum. Nach den 30er Jahren veränderte sich die soziale Basis der Bewegung, die bereits in einigen deutschen Gebieten zu einer Massenbewegung geworden war. Die Führungsrolle blieb bei Professoren, Verwaltungsbeamten, Anwälten, Journalisten und Fabrikanten, denen es möglich war, durch Bildung, Amt und Vermögen politische Auseinandersetzungen zu führen. Hinzu kamen nun auch Anhänger aus dem Kreis der Handwerker, Kleinhändler, Gastwirte und Bauern.
Kennzeichnend für die liberale Bewegung war unter anderem der historische Entwicklungsgedanke. Der Fortschritt sollte evolutionär und nicht revolutionär stattfinden. Diese Einstellung war letztlich eine Reaktion des Bürgertums auf die Auswirkungen der Französischen Revolution, die zunächst in einer Schreckensherrschaft und schließlich in der Militärdespotie Napoleons geendet hatte. Der Frühliberalismus nahm deshalb eine Position der „Mitte" ein, zwischen Revolution und Restauration, zwischen Konservatismus und Radikalismus. Mit der breiter werdenden sozialen Basis der Bewegung differenzierten sich bald die liberalen Positionen (▷ M 2).

M 1 Was heißt liberal?

Unter dem Titel „Was heißt liberal?" erschien 1816 ein Aufsatz des bayerischen Juristen und Publizisten Johann Christoph Freiherr von Aretin (1773–1824).

Ein politischer Grundsatz ist *liberal*, wenn er die freie Entwicklung der Geisteskräfte begünstigt, die öffentliche Freiheit sichert, die Rechte des Bürgers gegen gesetzwidrige Willkür in Schutz nimmt, das allgemeine Beste befördert, den edlen patriotischen Gesinnungen hold, den Ausbrüchen der Ehrfurcht, der Habgier und der Nullität[1]) abgünstig ist, mit einem Wort, wenn er den Wünschen nicht des Höflings, des Schmeichlers und des Sklaven, sondern des Staatsbürgers, des unabhängigen und tätigen Mitglieds der großen politischen Familie entspricht. [...]

Eine Verfassung ist *liberal*, wenn sie der Nation nicht nur alle Gattungen von Freiheit gewährt, deren ihr Bildungsstand fähig ist, sondern auch die Freiheit unter den Schutz der edlen und großmütigen Gesinnungen stellt. Wesentliche Bestandteile einer solchen Verfassung sind daher gegenseitiges Zutrauen der Regierung und der Regierten, ehrenvolle Auszeichnung des Verdienstes und des Talents, Wohlwollen gegen alle Menschen ohne Unterschied des Standes und des Bekenntnisses. [...]

Eins der ersten Kennzeichen einer *liberalen* Regierung ist, daß sie öffentliche Verhandlungen über die den Staat und das Volk zunächst angehenden Gegenstände gestattet. Mit der Verhandlung wird auch der Widerspruch zugelassen. Jede liberale Regierung erlaubt also die Kritik ihrer Verfügungen: ja sie wünscht sie sogar, einmal weil die freie Diskussion allein dem Volke seine politische Freiheit beweist, und dann, weil sie die Regierung von dem Zustand der Volksstimmung unterrichtet, und ihr Gelegenheit gibt, jene ungeheure moralische Kraft, genannt öffentliche Meinung, zu leiten und in Bewegung zu bringen; ein Vorteil, den der Despotismus gänzlich entbehrt. Freilich wird jene Freiheit der Diskussion oft von unlöblichen Absichten mißbraucht, bedient sich oft unerlaubter Waffen, artet nicht selten in Verleumdung und Frechheit aus; allein bei einer Regierung, die ihrer reinen Absichten sich bewußt ist, und mit Güte Tatkraft verbindet, wird alles dieses vergebens sein. [...]

Man kann vor dem Mißbrauch der liberalen Ideen nicht genug warnen, aber man muß wegen des Mißbrauchs die Sache nicht selbst verdammen. [...]

Die Revolution[2]) mußte scheitern, weil das Volk noch nicht reif war für die liberalen Ideen, die ihr zum Grunde lagen. [...]

Da übrigens die *liberalen* Ideen allen guten Köpfen und rechtschaffenen Gemütern gleichsam angeboren sind, so könnte man sie auch im politischen Sinn die *natürlichen* heißen, [...]. Daher hat auch jede Verfassung nur insofern Kraft und Dauerhaftigkeit, als sie die liberalsten Grundsätze *der Zeit, in welcher sie entstanden ist,* zu positiven Gesetzen macht; außerdem kann sie nicht mit der Bildung der Nation und des ganzen Europas gleichen Schritt halten. Die Ideen bleiben nicht stille stehen. Eine *freie* Verfassung kann mit der Zeit illiberal werden; eine *freiische* muß sich alle Fortschritte der Bildung aneignen, sie muß perfektibel sein.

Johann Christoph Freiherr von Aretin, in: Neue Allemannia. Für Recht und Wahrheit, 1 (1816), S. 168 ff.

1. *Nennen Sie die Grundsätze eines liberalen Staatslebens. Wie kann die Freiheit geschützt werden?*
2. *Welche Bedeutung hat der Gedanke einer evolutionären historischen Entwicklung bei Aretin?*
3. *Arbeiten Sie die unterschiedlichen Positionen von Aretin und Haller (M 1, Seite 52 f.) heraus.*

---

[1]) Bedeutungslosigkeit, Nichtigkeit

[2]) Gemeint ist die Französische Revolution von 1789.

M 2

Kritik am Liberalismus

Georg Wilhelm Friedrich Hegel (1770–1831) war einer der bedeutendsten Philosophen des deutschen Idealismus. Er vertrat die Ansicht, daß Geschichte ihrem Wesen nach „Fortschritt im Bewußtsein der Freiheit" ist. Doch setzte er sich in seinen „Vorlesungen über die Philosophie der Geschichte" vom Liberalismus ab.

Nicht zufrieden, daß vernünftige Rechte, Freiheit der Person und des Eigentums gelten, daß eine Organisation des Staates und in ihr Kreise des bürgerlichen Lebens sind, welche selbst Geschäfte auszuführen haben, daß die Verständigen Einfluß haben im Volke und Zutrauen in demselben herrscht; setzt der Liberalismus allem diesen das Prinzip der Atome, der Einzelwillen entgegen: Alles soll durch ihre ausdrückliche Macht und ausdrückliche Einwilligung geschehen. Mit diesem Formellen der Freiheit, mit dieser Abstraktion lassen sie nichts Festes von Organisation aufkommen. Den besonderen Verfügungen der Regierung stellt sich sogleich die Freiheit entgegen, denn sie sind besonderer Wille, also Willkür. Der Wille der Vielen stürzt das Ministerium, und die bisherige Opposition tritt nunmehr ein; aber diese, insofern sie jetzt Regierung ist, hat wieder die Vielen gegen sich. So geht die Bewegung und Unruhe fort. Diese Kollision, dieser Knoten, dieses Problem ist es, an dem die Geschichte steht, und den sie in künftigen Zeiten zu lösen hat.

Werner Pöls (Hrsg.), Historisches Lesebuch, Band 1, 1815–1871, Frankfurt am Main 1966, S. 99

1. *Wogegen richtet sich Hegels Kritik? Welche Gefahr sieht er?*
2. *Vergleichen Sie Hegels Befürchtungen mit der Wirklichkeit in parlamentarisch-demokratischen Systemen der Gegenwart. Welchen Vorteil (welchen Nachteil) hat er offensichtlich erkannt?*

Konstitutionalismus

Staatspolitisches Hauptanliegen der Liberalen war eine geschriebene Verfassung (Konstitution) als Grundlage des staatlichen Lebens. Die Vorstellungen darüber, wie das Verhältnis zwischen Staatsgewalt und Staatsbürger zu regeln sei, basierten weitgehend auf den Staatstheorien von *Locke*[1]), *Montesquieu*[2]) und Rousseau. Diese hatten auch die amerikanische Verfassung von 1787 und die französische Revolutionsverfassung von 1791 beeinflußt. Beide Konstitutionen betonten die *Grund- und Menschenrechte*, die Kontrolle bzw. *Teilung der Staatsgewalten* sowie vor allem die *Mitwirkung des Volkes* am Staatsleben durch gewählte Repräsentanten. Sie waren damit Vorbild der konstitutionellen Bewegung in Deutschland (▷ M 1). Allerdings wurde die Verfassungsentwicklung im Deutschen Bund eingeengt durch Artikel 57 der Wiener Schlußakte von 1820: „Die gesamte Staatsgewalt bleibt in dem Oberhaupte des Staats vereinigt, und der Souverän ist durch eine landständische Verfassung nur in der Ausübung bestimmter Rechte an die Mitwirkung der Stände gebunden."

[1]) John Locke (1632–1704), englischer Philosoph, dessen Werk „Zwei Abhandlungen über die Regierung" (1690) die Verfassungsentwicklung beeinflußte.

[2]) Charles-Louis de Secondat, Baron de Montesquieu (1689–1755), französischer Schriftsteller und Politiker, dessen Werk „Über den Geist der Gesetze ..." (1748) besonders die Diskussion um die Gewaltenteilung beeinflußte.

Der Antizeitgeist ist gekennzeichnet durch Eselsgestalt, Staatsrock, Perücke, alte Rechte und Stammbaum. Er tritt die Mütze der Freiheit, die Waage der Gerechtigkeit und das Licht der Aufklärung mit Füßen. Die Radierung von J. M. Voltz stammt aus dem Jahr 1819.

Damit bildete das *monarchische Prinzip* weiterhin die Grundlage einer Verfassung: Souverän des Staats war der Monarch und nicht das Volk. Entsprechend wurden die meisten Verfassungen nicht zwischen den „konstituierenden Gewalten" (Herrscher und repräsentativen Nationalversammlungen) beraten und vereinbart, sondern von den Monarchen einseitig verliehen, *oktroyiert.* Immerhin waren die Regenten damit an ihre Verfassung gebunden und durften sie nicht mehr einseitig ändern.

Etwa zehn Jahre nach den süddeutschen Ländern erhielten auch die mittel- und norddeutschen Staaten Konstitutionen. Nur die beiden Großmächte Preußen und Österreich entzogen sich dieser Entwicklung.

„Konstitution" M 1

Das ab 1834 erscheinende 15bändige „Staats-Lexikon" der Freiburger Professoren von Rotteck und Welcker gilt als das klassische Handbuch des liberalen Bildungsbürgertums. Der Artikel „Konstitution" geht davon aus, daß jede Regierung „die Herrschaft des wahren Gesamtwillens möglichst getreu und zuverlässig" verwirklichen müsse.

2. Zu diesem Behufe ist das erste und unerläßlichste Erfordernis eine [. . .] frei gewählte *Repräsentation.*

3. Zwischen dieser Landes- oder Volks*repräsentation* und der aufgestellten Landes*regierung* muß eine solche *Verteilung der Gewalten* oder ein solches Verhältnis der Tätigkeits- und Widerstandskräfte bestehen, daß dadurch, so viel irgend möglich, die Herrschaft des *wahren, besonnenen* und *beharrenden Gesamtwillens* verbürgt und jene was irgend für eines Einzelwillens, so wie auch die eines bloß augenblicklich irregeleiteten oder auch nur scheinbaren Gesamtwillens hintangehalten werden.

4. Hierzu führt aufs Zuverlässigste die Übertragung oder Überlassung des überwiegenden Teiles der *gesetzgebenden* Gewalt mit Inbegriff des *Steuerverwilligungsrechts* an die *Nationalrepräsentation,* und dagegen jene der *Verwaltungsgewalt* an die aufgestellte *Regierung,* [. . .].
5. Neben der gesetzgebenden und der Verwaltungsgewalt, überhaupt unabhängig von allen *Inhabern* der Gewalt, muß eine Autorität bestehen, welche über das in konkreten Fällen streitige oder zweifelhafte Recht entscheide [. . .]. Die Errichtung *unabhängiger,* möglichst zuverlässiger *Gerichte* ist hiernach ein weiterer Hauptartikel einer konstitutionellen Verfassung.
6. Zur Erhaltung der Lauterkeit der Volksrepräsentation sowie der dem Zweck ihrer Aufstellung gemäßen Richtung der Regierung muß dem Volk und jedem Einzelnen im Volke die Kenntnisnahme von den öffentlichen Angelegenheiten und auch die Meinungs- oder Urteilsäußerung über den Gang ihrer Verwaltung unbedingt frei stehen. Die *öffentliche Meinung,* welche fast gleichbedeutend ist mit dem vernünftigen Gesamtwillen, soll überall ungehindert sich entfalten und aussprechen dürfen, und es sollen ihr die Tatsachen, worüber sich auszusprechen sie das Recht und den Beruf hat, unverschleiert und unverfälscht zur Kenntnis gebracht werden. *Öffentlichkeit der Regierungsbeschlüsse,* sowie der *landständischen* oder *Volksvertretungsverhandlungen* und *Freiheit der Presse* sind daher wesentliche Artikel einer konstitutionellen Verfassung.

Carl von Rotteck und Carl Welcker (Hrsg.), Staats-Lexikon. Encyklopädie der sämmtlichen Staatswissenschaften für alle Stände, 3. Band, Altona, neue durchaus verbesserte und vermehrte Auflage 1846, S. 522 f.

Stellen Sie die Anforderungen zusammen, denen ein konstitutioneller Staat gerecht werden muß.

M 2 Konstitution – eine Satire

Adolf Glasbrenner (1810–1876), seit 1830 freier Schriftsteller, verfaßte 1845 „Herrn Buffeys Wallfahrt nach dem heiligen Rock"[1]).

Heute habe ich meinem Sohn Willem erklärt, was Konschtitution is, des heeßt: in höherem Stil nennt man des, un ich jloobe, deß ich mir dabei wirklich staatsmänn'sch ausjedrückt habe. Ich sagte ihm nämlich: Konschtitution, des is Teilung der Gewalt. Der König dhut, wat er will, un dajejen das Volk, des dhut, was der König will. – Die Minister sind dafür verantwortlich, deß nischt jeschieht. – Der König rejiert janz unverantwortlich. – Die Rejierung wählt mittelst eines Wahljesetzes die Vertreter des Volkes. – Zu jedem Jesetz is es notwendig, deß es zustande kommt. – Jedes Jesetz hat nur Jültigkeit, wenn es zustande gekommen is. – Die Vertreter des Volkes kommen in zwee Kammern zusammen un halten Reden. – Die erste Kammer besteht aus reichen Bedienten un die zweite aus Nachtwächtern – die Kammern müssen jedenfalls anjehört werden. – Sollten die Kammern jar nich mehr anzuhören sein, so hat die Krone das Recht, sie aufzulösen, jedoch immer nur auf drei Monate, im Fall es nicht länger dauern sollte. – Für den Fall, deß eine fortdauernde Uneinigkeit zwischen Krone und Kammer besteht, wird der alte Landtag einberufen, der

[1]) Der heilige Rock ist eine in Trier verwahrte Reliquie. Sie wurde 1844 für 50 Tage zur Verehrung ausgestellt und zog in dieser kurzen Zeit etwa eine Million Pilger an. Dies konnte als Demonstration gegen den preußischen Staat und den areligiösen Liberalismus gewertet werden.

dadurch in sämtliche Pflichten der Kammern tritt. – Die Kammern können auch neue Steuern bewilligen. Ein Jesetz stellt die Strafe für Steuerverweigerung fest, welche nicht unter zehn Jahre Zuchthaus sein soll. – Über die Jelder des Volkes (Finanzen) muß alle drei Monat eine Rechnung abjelegt werden, in welcher Einnahme und Ausjabe stimmt. – Sollten jährlich mehrere Millionen fehlen, so sind diese als ausjejeben zu betrachten. – Sollten die Bürjer an den Bettelstab kommen oder verhungern, so is der König verpflichtet, durch eine Proklamation zu erklären, deß es ihm leid dhut. – Die Justiz is janz unabhängig; die Richter aber können ver- und abjesetzt werden. – Vor dem Jesetz is alles jleichgültig. Jeder Untertan hat das Recht, seine Meinung für sich zu haben un unter jleicher Bedingung sich zu versammeln. – Das Militär beschwört die Verfassung nich, weil man nich wissen kann, was vorfällt. – Die Staatsform ist die monarchisch-pulcinelle[1]). Ohne Junker, Polizei, Kanonen un Mucker is keine Freiheit möglich.
Der dumme Junge stand mit offenem Maule da, wie ick ihm die Konschtitution erklärte. „Weeßt et nu?" fragte ich ihm. „Nee, noch nich janz!" sagte er heulend. Des ärgerte mir so, deß ich ihm in der Entrüstung eine derbe Ohrfeige jab, indem ich dabei äußerte: „Schafskopp, nu weeßte, wat Konschtitution is!"

Jost Hermand, Der deutsche Vormärz – Texte und Dokumente, Stuttgart 1967, S. 95 f.

1. *Welche Mißstände greift Glasbrenner an?*
2. *Welche Vorstellungen des Verfassers vom unverzichtbaren Inhalt einer Verfassung werden dadurch greifbar?*

Bürgerliche Freiheiten

Pressefreiheit

Ein unverzichtbarer Bestandteil jeder Verfassung mußte neben den unveräußerlichen, „vorstaatlichen" *Menschenrechten* (Recht auf Leben, Unversehrtheit der Person, Recht auf Eigentum) die Sicherung der *bürgerlichen Freiheiten* sein. Diese *Grundrechte* sollten als Abwehrrechte den Bürger vor staatlichen Übergriffen schützen.
Ein wesentliches Anliegen der liberalen Bewegung war das Recht auf *freie Meinungsäußerung* und – mit ihr verbunden – das Recht auf *Pressefreiheit.* Dahinter stand der Glaube, daß sich am Ende eines öffentlich ausgetragenen Meinungsbildungsprozesses die Wahrheit durchsetzen würde. Dahinter stand weiterhin die Überzeugung, daß nur eine freie, auch der Opposition zugängliche Presse die Öffentlichkeit umfassend informieren könne.
Wie sehr Politik über die öffentliche Meinung beeinflußbar ist, wußten aber auch die Monarchen und ihre Regierungen, die sich mit Kritik und Widerspruch auseinandersetzen mußten. Hauptsächlich auf Betreiben Metternichs wurde deshalb ab 1819 im Deutschen Bund die *Zensur* festgeschrieben. Die Gründung von Zeitungen mußte genehmigt werden, alle Druckartikel wurden einer staatlichen Prüfung unterzogen.

---

[1]) Pulcinella: Hanswurst der neapolitanischen Stegreifkomödie

Die unartigen Kinder (Karikatur aus dem Jahre 1849).

Die Zensur bezog sich nicht nur auf die politischen Zeitungen der Oppositionellen, sondern auch auf alle literarischen, religiösen und philosophischen Schriften. 1835 wurden alle Schriften des „Jungen Deutschland“ von einem Veröffentlichungsverbot hart getroffen. Schriften von *Heine*[1]) und vielen anderen wurden verboten. Damit versuchte man, die kritische Intelligenz, die zum Teil schon freiwillig oder gezwungenermaßen in die Emigration gegangen war, mundtot zu machen (▷ M 1).

Versammlungsfreiheit

Die liberale Idee verlangte auch die Durchführung freier Versammlungen. Die Möglichkeit gegenseitigen Informationsaustausches war für die beginnende Politisierung des Bürgertums von zentraler Bedeutung. Aus den gleichen Gründen wie die Pressefreiheit unterlag die *Versammlungsfreiheit* deshalb einer strengen Kontrolle der Regierungen (▷ M 2).

Einen wichtigen Schritt hin zu einem bürgerlichen politischen Leben bedeutete das *Vereinswesen*. Die traditionelle Gesellschaft mit ihren Korporationen, Ständen und Zünften war in Auflösung begriffen. Eine gebildetere und mobiler gewordene Gesellschaft verlangte nach neuen Formen des organisierten Zusammenlebens. Ausdruck dieser Entwicklung, die bis 1848 zu einer Massenbewegung wurde, waren die Gründungen zahlreicher Gesangs-, Turn-,

[1]) Heinrich Heine (1797–1856), literarisch bedeutendster Vertreter der jungdeutschen Bewegung, deren politische Dichtung für eine Neugestaltung Deutschlands und gegen den restaurativen Staatsgedanken kämpfte; Heine starb in Paris im Exil.

Schützen- und Wohltätigkeitsvereine, städtischer Honoratiorengesellschaften sowie wissenschaftlicher, kultureller und wirtschaftlicher Vereinigungen. In diesen zum größten Teil schichtenübergreifenden Vereinen fand, wenn auch zunächst nur indirekt, über die Wahl der Vorstände, die Selbstfinanzierung und die Übernahme von Verantwortung eine Politisierung statt. Sie äußerte sich später, beispielsweise bei den Turn- und Gesangsvereinen, in offenen politischen Kundgebungen. Zum Teil erwarteten die Liberalen auch die Lösung der sozialen Probleme von den Vereinen.

Gewerbefreiheit

Die absolutistische Wirtschaft war auf der einen Seite durch die Zunftrechte und auf der anderen Seite durch staatliche Reglementierungen (Erteilung von Konzessionen für bestimmte Gewerbe) beschränkt. Nicht jeder Staatsbürger konnte seinen Fähigkeiten und seinem Vermögen entsprechend jedes Gewerbe betreiben. Daraus entwickelte sich die Forderung nach *Gewerbefreiheit*. Die Liberalen gingen dabei von zwei Voraussetzungen aus: Der Gebrauch des Eigentums ist frei; der Staat hat sich aus seiner wirtschaftsregulierenden Funktion zurückzuziehen und setzt nur noch die Rahmenbedingungen.
Diese beiden Prämissen können als Ausgangspunkt für die Industrialisierung, den Wirtschaftsliberalismus und den Kapitalismus gesehen werden. Doch waren die frühliberalen Vorstellungen über die Gewerbefreiheit noch vorindustriell geprägt. Entsprechend dem Ideal einer „Bürgergesellschaft" aus Handwerkern, Produzenten, Bauern, Händlern und Akademikern konnte die Gewerbefreiheit verstanden werden als ein Mittel zur Beförderung einer gleichmäßigen und selbständigen Vervollkommnung des Wirtschaftslebens. Daß diese Vorstellungen durch die Industrialisierung überholt werden würden, war zu dieser Zeit den Liberalen noch nicht klar.

Rechtsgleichheit

Neben den Freiheitsrechten war die Gleichheit aller vor dem Gesetz ein weiteres Postulat der Liberalen. Die *Rechtsgleichheit* sollte neben allgemeiner Gerechtigkeit vor allem Chancengleichheit gewährleisten, deren Abhängigkeit von den sozialen Voraussetzungen allerdings noch nicht erkannt wurde. Für ein *gleiches Wahlrecht* schien den Liberalen das Volk noch nicht „reif" zu sein. Den noch ungebildeten und nichts besitzenden Mitgliedern der Gesellschaft, dazu zählte man alle „Nichtselbständigen" (Gesellen, Tagelöhner), sollte bis zu ihrer „Emanzipation" nur beschränkte politische Mitwirkung zugestanden werden. Frauen waren von politischen Rechten gänzlich ausgeschlossen.

Aus der Geschichte der Presse- und Meinungsfreiheit von 1791 bis 1835 — M 1

[. . .] die Freiheit jedes Menschen zu reden, zu schreiben, zu drucken und seine Gedanken zu veröffentlichen, ohne daß seine Schriften irgendeiner Zensur oder Aufsicht vor ihrer Veröffentlichung unterworfen sein dürfen [. . .].

Französische Revolutionsverfassung vom 3. 9. 1791

Art. 18 d). Die Bundesversammlung wird sich bei ihrer ersten Zusammenkunft mit Abfassung gleichförmiger Verfügungen über die Preßfreiheit [. . .] beschäftigen.

Deutsche Bundesakte vom 8. 6. 1815

Das Recht, in freier Rede und Schrift seine Meinung über öffentliche Angelegenheiten zu äußern, ist ein unveräußerliches Recht jedes Staatsbürgers, das ihm unter allen Umständen zustehen muß. [. . .] Wo Rede und Schrift nicht frei sind, da ist überhaupt keine Freiheit, da herrscht nicht das Gesetz, sondern die Willkür. [. . .] Über den Mißbrauch der Freiheit in Rede und Schrift kann kein Buchstabe entscheiden und kein gewöhnlicher Staatsdiener, sondern nur ein Geschworenengericht, das aus gelehrten, unabhängigen und vaterländisch gesinnten Männern besteht und öffentlich vor dem Volk seine Sitzungen hält, seine Gründe entwickelt, seinen Ausspruch tut.

Grundsätze der Burschenschaft vom Ende des Jahres 1817

§ 1. So lange als der gegenwärtige Beschluß in Kraft bleiben wird, dürfen Schriften, die in der Form täglicher Blätter oder heftweise erscheinen, desgleichen solche, die nicht über 20 Bogen[1]) im Druck stark sind, in keinem deutschen Bundesstaate ohne Vorwissen und vorgängige Genehmigung der Landesbehörden zum Druck befördert werden.

Bundes-Preßgesetz vom 20. 9. 1819 (Karlsbader Beschlüsse)

Art. 1. Keine in einem nicht zum Deutschen Bunde gehörigen Staate in Deutscher Sprache im Druck erscheinende Zeit- oder nicht über zwanzig Bogen betragende sonstige Druckschrift politischen Inhalts darf in einem Bundesstaate, ohne vorgängige Genehmhaltung der Regierung desselben, zugelassen und ausgegeben werden: gegen die Übertreter dieses Verbots ist eben so, wie gegen die Verbreiter verbotener Druckschriften zu verfahren.

Bundesmaßnahme zur Erhaltung der Sicherheit und Ordnung vom 5. 7. 1832
(Die Zehn Artikel)

Art. 29. Von den Nachteilen einer übermäßigen Anzahl politischer Tagblätter überzeugt, werden die Regierungen auf eine allmählich herbeizuführende Verminderung solcher Blätter, soweit dies ohne Kränkung erworbener Rechte tunlich ist, Bedacht nehmen.
Art. 30. Kraft der ihnen zustehenden oberpolizeilichen Aufsicht werden die Regierungen die Herausgabe neuer politischer Tagblätter ohne die vorgängige Erwirkung einer diesfälligen Konzession nicht gestatten.

Die Geheimen Wiener Beschlüsse vom 12. 6. 1834 (Die Sechzig Artikel)

Nachdem sich in Deutschland in neuerer Zeit, und zuletzt unter der Benennung „das junge Deutschland" oder „die junge Literatur", eine literarische Schule gebildet hat, deren Bemühungen unverhohlen dahin gehen, in belletristischen, für alle Klassen von Lesern zugänglichen Schriften die christliche Religion auf die frechste Weise anzugreifen, die bestehenden sozialen Verhältnisse herabzuwürdigen und alle Zucht und Sittlichkeit zu zerstören: so hat die deutsche Bundesversammlung – in Erwägung, daß es dringend notwendig sei, diesen

[1]) 320 Seiten

verderblichen, die Grundpfeiler aller gesetzlichen Ordnung untergrabenden Bestrebungen durch Zusammenwirken aller Bundesregierungen sofort Einhalt zu tun [. . .] sich zu nachstehenden Bestimmungen vereiniget.

Bundesbeschluß vom 10. 12. 1835 (Verbot der Schriften des Jungen Deutschland)

Walter Grab (Hrsg.), Die Französische Revolution. Eine Dokumentation, München 1973, S. 61
Herman Haupt (Hrsg.), Quellen und Darstellungen zur Geschichte der Burschenschaft und der deutschen Einheitsbewegung, Band IV, Heidelberg 1913, S. 124 f.
Ernst Rudolf Huber, Dokumente zur deutschen Verfassungsgeschichte, Band 1, Stuttgart, 3. Auflage 1978, S. 90, 102, 134, 142 und 151

1. *Warum war gerade die Pressefreiheit Gegenstand besonders intensiver Konflikte?*
2. *Wie sind in unserem Grundgesetz Meinungs- und Pressefreiheit geregelt?*

Ein Dokument aus der Geschichte der Vereins- und Versammlungsfreiheit

M 2

Die allgemeine Unruhe, die von der französischen Juli-Revolution 1830 und vom Hambacher Fest 1832 ausgelöst wurde (siehe Seite 80 ff.), veranlaßte die Regierungen des Deutschen Bundes am 5. Juli 1832 zu einem Verbot aller politischen Vereine („Zehn Artikel“).

Art. 2. Alle Vereine, welche politische Zwecke haben, oder unter anderm Namen zu politischen Zwecken benutzt werden, sind in sämtlichen Bundesstaaten zu verbieten und ist gegen deren Urheber und die Teilnehmer an denselben mit angemessener Strafe vorzuschreiten.

Art. 3. Außerordentliche Volksversammlungen und Volksfeste, nämlich solche, welche bisher hinsichtlich der Zeit und des Ortes weder üblich noch gestattet waren, dürfen, unter welchem Namen und zu welchem Zwecke es auch immer sei, in keinem Bundesstaate ohne vorausgegangene Genehmigung der kompetenten Behörde, stattfinden.

Diejenigen, welche zu solchen Versammlungen oder Festen durch Verabredungen oder Ausschreiben Anlaß geben, sind einer angemessenen Strafe zu unterwerfen.

Auch bei erlaubten Volksversammlungen und Volksfesten ist es nicht zu dulden, daß öffentliche Reden politischen Inhalts gehalten werden; diejenigen, welche sich dies zu Schulden kommen lassen, sind nachdrücklich zu bestrafen, und wer irgend eine Volksversammlung dazu mißbraucht, Adressen oder Beschlüsse in Vorschlag zu bringen und durch Unterschrift oder mündliche Beistimmung genehmigen zu lassen, ist mit geschärfter Ahndung zu belegen.

Art. 4. Das öffentliche Tragen von Abzeichen in Bändern, Kokarden oder dergleichen, sei es von In- oder Ausländern, in andern Farben, als jenen des Landes, dem der, welcher solche trägt, als Untertan angehört, – das nicht autorisierte Aufstecken von Fahnen und Flaggen, das Errichten von Freiheitsbäumen und dergleichen Aufruhrzeichen – ist unnachsichtlich zu bestrafen.

Ernst Rudolf Huber, Dokumente zur deutschen Verfassungsgeschichte, Band 1, Stuttgart, 3. Auflage 1978, S. 134

1. *Fassen Sie die Beschränkungen zusammen und versuchen Sie, die Auswirkungen für den einzelnen und für das öffentliche Leben zu bestimmen.*
2. *Wie hat das Grundgesetz die Versammlungsfreiheit geregelt? Lesen Sie dazu auch Artikel 2 des Grundgesetzes.*

Nationale Einheit

Entstehen des Nationalbewußtseins: das Vorbild Frankreich

Grundlage jeder Nation ist ein Nationalbewußtsein in der Bevölkerung. Das deutsche Nationalbewußtsein entwickelte sich seit dem Ende des 18. Jahrhunderts in drei parallel verlaufenden und sich zum Teil überschneidenden Prozessen:
1. die Entdeckung, einer Kulturnation anzugehören
2. der Kampf gegen die französische Fremdherrschaft
3. der Aufstieg des Bürgertums zu einer politischen Macht.

Vorbildfunktion für die Bildung der europäischen Nationen hatte die Französische Revolution. Der nationale Staat war hier Ausdruck des politischen Willens des Volkes geworden. Das Bewußtsein, eine Nation zu sein, wurde zum Ausgangspunkt des politischen Lebens in Frankreich und Grundvoraussetzung für die Mobilisierung der Massen. Die weitgehende Übereinstimmung der Volks- und Staatsgrenze sowie die gemeinsame Sprache und Kultur erleichterten diese Entwicklung.

Ausdrucksformen der „Liebe zum Vaterland" *(Patriotismus[1]))* waren, neben der Opferbereitschaft für die Nation, die identitätsstiftenden, allgemein anerkannten Symbole, wie Nationalfarben, Nationalhymne und Nationalfeiertage.

Die „Entdeckung" der Kulturnation in Deutschland und die Fremdherrschaft

Die Zersplitterung des Deutschen Reiches und die noch schwache Position des Bürgertums in den deutschen Staaten hatten, neben einem weltbürgerlichen Bewußtsein bei den Intellektuellen, zu einem mehr territorialen Patriotismus geführt. Dies änderte sich auf der einen Seite durch die geistesgeschichtliche „Entdeckung" der Kulturnation und auf der anderen Seite durch die napoleonische Fremdherrschaft. Ausgehend von der Auffassung *Herders*[2]), daß ein Volk durch seine Sprache, Religion und Tradition eine gemeinsame Identität und damit eine nationale Rechtfertigung besitze, entstand ein Nationalbewußtsein, das sich an der gemeinsamen Sprache und den kulturhistorischen Leistungen orientierte. Dieser Gedanke wurde während der französischen Besatzung von einigen Intellektuellen, Schülern, Studenten und Professoren aufgenommen und verbreitet. Es entstand ein noch stark religiös geprägter, romantischer *Nationalismus*[3]), der sich gegen kulturelle und militärische Unterdrückung und für ein „Deutsches Volkstum" einsetzte (▷ M 1).

---

[1]) patriotique (franz.): vaterländisch

[2]) Johann Gottfried von Herder (1744–1803), Dichter, Theologe, Kritiker und Philosoph. Der Gedanke an eine Kulturnation wurde durch seine „Abhandlung über den Ursprung der Sprache" von 1772 entwickelt.

[3]) Nationalismus: Bekenntnis zur eigenen Nation, oftmals Überbewertung der eigenen Nation

Etappen der nationalen Bewegung

Im Freiheitskampf wurden die Wörter „Vaterland", „Volk" und „Patriotismus" zu propagandistischen Leitbegriffen. Freiheit nach außen und Selbstbestimmung der Völker waren die ersten Ziele des deutschen Nationalismus. Die von der Reformpolitik der „Revolution von oben" geförderte individuelle Selbstbestimmung sollte auch in einer nationalen Selbstbestimmung deutlich werden. Liberale und nationale Ziele gingen eine enge Verbindung ein. Die territorialen und politischen Verhältnisse, die der Wiener Kongreß dann schuf, befriedigten die Patrioten nicht.

Die nationalen Forderungen fanden ihre publizistische Rechtfertigung in zahlreichen Sammlungen von Volksliedern, Märchen, Sagen und Legenden sowie historischen Büchern. Vor allem aber wurden sie motiviert durch die nationalen Befreiungskriege und Einigungsbewegungen in anderen Teilen Europas: Griechenland, Spanien, Italien und Polen. Zum Teil hatte sich das Bürgertum in Griechen- und Polenvereinen um die Unterstützung der Freiheitskämpfer bemüht. Die Folgen der Juli-Revolution von 1830 in den europäischen und deutschen Staaten (siehe Seite 80 f.) ließen die nationale Begeisterung in der Bevölkerung wachsen. Die nachfolgenden Einschränkungen der bürgerlichen Freiheiten durch den Deutschen Bund verstärkten nur noch den oppositionellen Gedanken, daß die Einlösung der liberalen Forderungen allein über eine gemeinsame Nationalrepräsentation, einen Nationalstaat, Wirklichkeit werden könnte. Anregungen für eine nationale Einigung gingen auch von der wirtschaftlichen Entwicklung, besonders der Gründung des *Zollvereins*, aus (siehe Seite 151 f.).

Träger und Ziele der nationalen Bewegung

Liberale und nationale Bewegung entwickelten sich von einer Eliten- zu einer Massenbewegung. Ihre organisatorische Grundlage fand sie vor allem in den Turn- und Gesangsvereinen, deren nationale Neigungen gegen Ende der 40er Jahre durch die jährlich stattfindenden „Deutschen" Turn- und Sängerfeste deutlich wurden. 1848 gab es in Deutschland ungefähr 300 Turnvereine mit insgesamt rund 90 000 Mitgliedern und ungefähr 1100 Gesangsvereine mit etwa 100 000 Mitgliedern. Auffallende Befürworter der nationalen Bewegung waren die oppositionellen Regionalisten, wie Franken, Pfälzer und Rheinländer, die lieber gleich Deutsche als „nur" Bayern oder Preußen sein wollten.

Neben der Vorstellung, daß allen Völkern das Recht zugestanden werden müsse, in freier Selbstbestimmung ihren Nationalstaat bilden zu dürfen, gab es bis 1848 keine allgemeine, klare nationale Zielvorstellung. Die Fragen, welche Grenzen ein zukünftiger deutscher Nationalstaat haben sollte und ob er zentralistisch (wie Frankreich) oder föderativ (wie die Vereinigten Staaten von Amerika) verfaßt sein sollte, waren noch nicht ausführlich diskutiert worden. Am Vorabend der Revolution von 1848 verband lediglich die noch unklare Forderung nach *einer* Nation alle oppositionellen Gruppen (▷ M 2).

M 1 Die Burschenschaften und die nationale Einheit

Ende 1817 fixierten einige Burschenschafter (siehe Seite 76) unter der Mitwirkung des Jenaer Historikers Heinrich Luden (1780–1847) ihre politische Position. Die „Grundsätze und Beschlüsse", die zunächst nur handschriftlich verbreitet wurden und ab 1823 gedruckt vorlagen, enthielten auch nationale und patriotische Forderungen.

Grundsätze

1. *Ein Deutschland* ist, und ein Deutschland *soll sein und bleiben.* Je mehr die Deutschen durch verschiedene Staaten getrennt sind, desto heiliger ist die Pflicht für jeden frommen und edlen deutschen Mann und Jüngling, dahin zu streben, daß die Einheit nicht verloren gehe und das Vaterland nicht verschwinde.

2. Für diese Einheit Deutschlands, für dieses Vaterland sind alle diejenigen gefallen, welche, aus welchen Gauen sie auch gewesen sein mögen, in dem Rettungskampf von 1813 ihren Tod gefunden haben. [. . .]

5. *Die Lehre von der Spaltung Deutschlands in Norddeutschland und Süddeutschland ist irrig, falsch,* verrucht. Es *ist* eine *Lehre,* von einem *bösen Feinde* ausgegangen. [. . .]

6. Die Lehre von der Spaltung Deutschlands in das katholische und in das protestantische Deutschland ist irrig, falsch, unglückselig. Es ist eine Lehre, von einem bösen Feinde ausgegangen. [. . .]

7. Alle *Deutsche sind Brüder* und *sollen Freunde* sein.

8. Ein Krieg zwischen deutschen Staaten und deutschen Staaten würde der größte Frevel sein, der gedacht werden kann. Jeder *deutsche* Mann, der in einem solchen Kriege gegen andere deutsche Männer die Waffen nimmt, rüstet sich zum Brudermorde. [. . .]

9. Wenn *ein deutscher Staat* von einer fremden Macht *angegriffen* wird, *so wird Deutschland* angegriffen, denn jeder Staat ist *ein Teil* Deutschlands. [. . .]

Beschlüsse

Von dem Lande oder Ländchen, in welchem wir geboren sind, wollen wir niemals das Wort Vaterland gebrauchen. Deutschland ist unser Vaterland; das Land, wo wir geboren sind, ist unsere Heimat. Auch wollen wir soviel als möglich, und als ohne auffallendes Wesen geschehen kann, alles Fremde in Sprache, Kleidung, Sitten und Bräuchen vermeiden. – *Keine ehrbare Frau* wollen wir *Madame,* kein ehrbares *Mädchen Mamsell* nennen; jene soll die *Frau* bleiben, und diese soll Fräulein oder Jungfrau heißen, je nachdem sie mehr oder minder gebildet ist.

Herman Haupt (Hrsg.), Quellen und Darstellungen zur Geschichte der Burschenschaft und der deutschen Einheitsbewegung, Band IV, Heidelberg 1913, S. 117 ff.

1. *Welche Forderungen stellen die Studenten auf?*
2. *Charakterisieren Sie die Sprache des Aufrufs. Welche Geistes- oder Gefühlshaltung drückt sich darin aus?*

M 2

Wer vollendet das deutsche Vaterland?

Philipp Jacob Siebenpfeiffer (1789–1845) war ein zwangspensionierter bayerischer Verwaltungsbeamter. Er hielt nachstehende Rede auf dem Hambacher Fest (siehe Seite 81 f.), das er mitorganisierte und dafür 1833 zu zwei Jahren Gefängnis verurteilt wurde. Er floh aus der Haft in die Schweiz und wurde Privatdozent an der Universität in Bern.

Wir widmen unser Leben der Wissenschaft und der Kunst, wir messen die Sterne, prüfen Mond und Sonne, wir stellen Gott und Mensch, Höll' und Himmel in poetischen Bildern dar, wir durchwühlen die Körper- und Geisterwelt: aber die Regungen der Vaterlandsliebe sind uns unbekannt, die Erforschung dessen, was dem Vaterlande Not tut, ist Hochverrat, selbst der leise Wunsch, nur erst wieder ein Vaterland, eine frei-menschliche Heimat zu erstreben, ist Verbrechen. Wir helfen Griechenland befreien vom türkischen Joche, wir trinken auf Polens Wiedererstehung, wir zürnen wenn der Despotismus der Könige den Schwung der Völker in Spanien, in Italien, in Frankreich lähmt [. . .].

Und es wird kommen der Tag, der Tag des edelsten Siegstolzes, wo der Deutsche vom Alpengebirg und der Nordsee, vom Rhein, der Donau und Elbe den Bruder im Bruder umarmt, wo die Zollstöcke und die Schlagbäume, wo alle Hoheitszeichen der Trennung und Hemmung und Bedrückung verschwinden, samt den Konstitutiönchen, die man etlichen mürrischen Kindern der großen Familie als Spielzeug verlieh; wo freie Straßen und freie Ströme den freien Umschwung aller Nationalkräfte und Säfte bezeugen; wo die Fürsten die bunten Hermeline feudalistischer Gottstatthalterschaft mit der männlichen Toga deutscher Nationalwürde vertauschen, und der Beamte, der Krieger, statt mit der Bedientenjacke des Herrn und Meisters, mit der Volksbinde sich schmückt; wo nicht 34 Städte und Städtlein, von 34 Höfen das Almosen empfangend, um den Preis hündischer Unterwerfung, sondern wo alle Städte, frei emporblühend aus eigenem Saft, um den Preis patriotischer Gesinnung, patriotischer Tat ringen; wo jeder Stamm, im Innern frei und selbständig, zu bürgerlicher Freiheit sich entwickelt, und ein starkes, selbstgewobenes Bruderband alle umschließt zu politischer Einheit und Kraft; wo die deutsche Flagge, statt Tribut an Barbaren zu bringen, die Erzeugnisse unseres Gewerbfleißes in fremde Weltteile geleitet, und nicht mehr unschuldige Patrioten für das Henkerbeil auffängt, sondern allen freien Völkern den Bruderkuß bringt. [. . .]

Wir selbst wollen, wir selbst müssen vollenden das Werk, und, ich ahne, bald, bald muß es geschehen, soll die deutsche, soll die europäische Freiheit nicht erdrosselt werden von den Mörderhänden der Aristokraten.

J. G. A. Wirth, Das Nationalfest der Deutschen zu Hambach, Neustadt a./H. 1832, Nachdruck der Original-Ausgabe, Neustadt an der Weinstraße 1981, S. 34 ff.

1. *Wie sieht Siebenpfeiffer das Verhältnis der Deutschen zu anderen Nationen?*
2. *Wie beurteilt Siebenpfeiffer den „Deutschen Bund" und die Verfassungen in den Ländern? Welche politische Einstellung wird daraus deutlich?*
3. *Welche Aufgaben soll die politische Einheit seiner Auffassung nach vorrangig erfüllen?*
4. *Sagt Siebenpfeiffer, wie die nationale Entwicklung vorangetrieben werden kann?*

Wartburgfest am 18./19. Oktober 1817 (Zeichnung von L. Burger). Am Ende der offiziellen Feierlichkeiten verbrannten einige radikale Anhänger der Turnerbewegung deutschfeindliche und „reaktionäre" Schriften (darunter die Bundesakte und Hallers „Restauration der Staatswissenschaft") sowie militärische Symbole der stehenden Heere: einen hessischen Zopf, einen preußischen Ulanenschnürleib und einen österreichischen Korporalstock.

Beginn der Restaurationszeit

Das Wartburgfest – Blick zurück nach vorn

Die Ereignisse und Entwicklungen zwischen dem Wiener Kongreß (1815) und den Märzunruhen des Jahres 1848 werden vielfach als Vorgeschichte der deutschen Revolution verstanden. Die Geschichtswissenschaft hat deshalb für diese Zeit den Begriff *„Vormärz"* geprägt.
Im Gefolge der Freiheitskriege entdeckte vor allem die studentische Jugend das Nationalbewußtsein. Die Studenten hatten sich bisher an den Universitäten je nach Herkunft in landsmannschaftlichen Verbindungen zusammengeschlossen. Dies galt jetzt nicht mehr als zeitgemäß. Nach dem Vorbild der 1815 in Jena gegründeten *Ur-Burschenschaft* trat rund ein Fünftel der Studenten den überall entstehenden national gesinnten Burschenschaften bei, deren Mitglieder aus allen Gegenden Deutschlands kamen.
Am 18./19. Oktober 1817 feierten die Burschenschafter das Gedenken an die Völkerschlacht von Leipzig und das 300jährige Reformationsjubiläum in einem nationalen Fest auf der traditionsreichen Wartburg bei Eisenach. Es kamen rund 500 Studenten aus 13 Universitäten. Rückblickend wurden die militärische Befreiung des Vaterlandes und die geistig-religiöse Befreiung durch die Reformation beschworen, um daraus die zukunftsweisenden Forderungen nach nationaler Einheit und Freiheit abzuleiten. Die gegenwärtigen nationalen, konstitutionellen und militärischen Verhältnisse wurden kritisiert und ein nationaler Zusammenschluß aller Burschenschaften gefordert (▷ M 1).

Wirkungen und Reaktionen

Während das Fest bei dem liberal und national eingestellten Bürgertum eine wohlwollende Aufnahme fand, empfand es der preußische König als offene Aufforderung zum Aufstand. In Preußen wurden Teilnehmer verhört und verfolgt, und im Dezember 1817 schließlich die Burschenschaften verboten. Trotzdem wurde auf dem Burschentag im sächsischen Jena am 18. Oktober 1818 die *Allgemeine deutsche Burschenschaft* gegründet. Ihr Symbol wurde die rot-schwarz-rote Fahne mit einem goldenen Eichenzweig. Zum Wahlspruch wählten die Studenten die Worte „Ehre, Freiheit, Vaterland".
Vom Herbst 1818 an verstärkten sich die Bemühungen der konservativen Regierungen, Maßnahmen gegen die bürgerliche Opposition zu finden. Der politisch motivierte Mord an dem Schriftsteller *Kotzebue*[1]) vom 23. März 1819 durch den 23jährigen Studenten *Sand*[2]) sowie ein weiterer Attentatsversuch auf einen nassauischen Staatsrat boten dann den Anlaß, um bundesweite Repressionsmaßnahmen gegen die liberale und nationale Bewegung durchzusetzen.

Die Karlsbader Beschlüsse

Auf Betreiben Metternichs kamen die Minister von zehn ausgewählten Staaten im böhmischen Karlsbad zu einer Konferenz zusammen (6.–31. August 1819). Die erarbeiteten Beschlüsse wurden anschließend als Bundesgesetze vom Frankfurter Bundestag offiziell in Kraft gesetzt.
Das „Bundes-Universitätsgesetz" stellte Professoren, Studenten und den gesamten Lehrbetrieb in jeder Universität unter Staatsaufsicht. Die Behörden konnten kritische Hochschullehrer jederzeit entlassen. Die Burschenschaften wurden endgültig verboten, und den oppositionellen Studenten wurde mit Berufsverboten für öffentliche Ämter gedroht (▷ M 2). Das „Bundes-Preßgesetz" richtete sich gegen die Presse- und Meinungsfreiheit (siehe M 1, Seite 70), und das „Bundes Untersuchungsgesetz" schuf eine bundesweit arbeitende Ermittlungsbehörde, die alle politischen Bewegungen beobachtete und verfolgte.
Die *Demagogen-Hetze*[3]) mit Denunziationen, Entlassungen und Verfolgungen von kritischen Professoren, Studenten, Verwaltungsbeamten, Schriftstellern und Publizisten begann. Die Burschenschaften und andere oppositionelle Gruppen lösten sich entweder auf oder wurden in den Untergrund gezwungen. Die erste Welle von Intellektuellen verließ Deutschland. Die freiheitliche Bewegung kam auf Jahre hinaus zum Erliegen.

---

[1]) Karl August von Kotzebue (1761–1819) war ein bekannter Lustspieldichter, der neben seinen schriftstellerischen Arbeiten auch politische Missionen übernommen hatte. 1813 wurde er zum russischen Staatsrat ernannt, und ab 1817 arbeitete er als politischer Beobachter und Berichterstatter für den Zaren. In seinem 1818 gegründeten „Literarischen Wochenblatt" verspottete er die liberalen und patriotischen Ideale der Burschenschafter.

[2]) Karl Ludwig Sand (1795–1820) aus Wunsiedel gehörte in Jena einem Kreis radikal gesinnter Studenten an, für ihn war Kotzebue ein „Verräter des Vaterlandes"; Sand wurde am 20. Mai 1820 öffentlich hingerichtet.

[3]) Demagoge: Volksaufwiegler, Volksverführer

Opportunismus machte sich breit. Die Repressionspolitik der Herrschenden führte letztlich auch zu einer Entpolitisierung der Bevölkerung. Der Rückzug in die Privatsphäre, in die Häuslichkeit und Selbstbescheidung wurde kennzeichnend für die „biedermeierliche" Gesellschaft.

M 1

Die Grundsätze der Burschenschaften von 1817

Die Grundsätze der Burschenschafter enthielten neben den nationalen und patriotischen Zielen (siehe Seite 74, M 1) noch weitere wirtschaftliche, konstitutionelle und soziale Forderungen. Der Katalog dieser „Grundsätze" entspricht in vielen Punkten liberalen Forderungen, die bis zur Revolution von 1848/49 durchgängig erhoben wurden.

11. [. . .] Es muß der freieste Verkehr zwischen ihnen [den deutschen Staaten] stattfinden, und hier muß nicht unterdrückt werden, was dort entstanden ist, hier nicht befeindet, was dort begünstigt wurde. [. . .]
Das Verbot oder die Erschwerung des Auswanderns von einem deutschen Lande ins andere, Mauten, Zölle und Handelssperren zwischen deutschen Ländern, Verschiedenheiten in *Maß, Gewicht, Münze* (ihrem Gehalt nach und ihrer Bestimmung): alle diese Dinge schaden der Ehre Deutschlands bei den Fremden, sind in sich selbst verderblich für den Geist unsers Volks, quälen den einzelnen und bringen ihn zu Verlust und Schaden.
12. Die Sehnsucht nach Kaiser und Reich ist ungeschwächt in der Brust jedes frommen und ehrlichen deutschen Mannes und Jünglings [. . .].
15. Die *Fürstenwürde* ist das Erhabenste auf Erden und darum für das Heiligste zu ehren und zu achten; [. . .].
16. Der Wille des Fürsten ist nicht das Gesetz des Volkes, sondern das Gesetz des Volkes soll der Wille des Fürsten sein.
17. *Ungerecht* ist im bürgerlichen Leben nur das, was gegen das Gesetz ist. Gegen das Gesetz kann der Fürst niemals etwas tun wollen. Geschieht etwas gegen das Gesetz, so geschieht es von den *Ministern* und andern Beamteten: diese sind dafür *verantwortlich,* wenn sie auch im Namen des Fürsten gehandelt haben. [. . .]
19. Freiheit und Gleichheit ist das Höchste, wonach wir zu streben haben, und wonach zu streben kein frommer und ehrlicher deutscher Mann jemals aufhören kann. Aber es gibt keine Freiheit als in dem Gesetz und durch das Gesetz, und *keine Gleichheit* als mit dem Gesetz und *vor dem Gesetz.* Wo kein Gesetz ist, da ist keine Freiheit, sondern Herrschaft, Willkür, Despotismus. Wo kein Gesetz ist, da ist keine Gleichheit, sondern Gewalttat, Unterwerfung, Sklaverei.
20. Gesetze sind keine Verordnungen und Vorschriften; Gesetze müssen von denen ausgehen oder angenommen werden, welche nach denselben leben sollen, und wo ein Fürst ist, die Bestätigung des Fürsten erhalten. Alle Gesetze haben die Freiheit der Person und die *Sicherheit des Eigentums* zum Gegenstande. Ein freier Mann kann nur gerichtet werden nach Satzungen, die er selbst als richtig und notwendig anerkannt hat. [. . .]
24. [. . .] Der 13te Artikel[1]) kann keinen anderen Sinn haben, als daß das deutsche Volk durch frei *gewählte,* und aus seiner Mitte frei gewählte *Vertreter*

[1]) Gemeint ist die Deutsche Bundesakte (siehe M 1, Seite 58 f.).

unter der *Sanktion der deutschen Fürsten* seine Verhältnisse ordnen, die *Gesetze beschließen*, die *Abgaben bewilligen* soll. [. . .]

29. [. . .] Der Mensch ist nur frei, wenn er auch Mittel hat, sich selbst nach eigenen Zwecken zu bestimmen. An solchen Mitteln ist die Welt für alle Menschen reich genug.

Herman Haupt (Hrsg.), Quellen und Darstellungen zur Geschichte der Burschenschaft und der deutschen Einheitsbewegung, Band IV, Heidelberg 1913, S. 119 ff.

1. *Arbeiten Sie Unterschiede zwischen konstitutionellen, wirtschaftlichen und sozialen Forderungen heraus.*
2. *Wie ist das Verhältnis zwischen Volk und Fürsten formuliert?*
3. *Welche Forderungen bedeuten Ihrer Meinung nach eine Gefährdung für die Staaten des Deutschen Bundes?*
4. *Woran können Sie erkennen, daß die Grundsätze der Burschenschaften unterschiedlichen politischen Positionen entstammen? Was läßt sich daraus für die Bewegung ableiten?*

Karlsbader Beschlüsse

M 2

Die in Karlsbad auf Druck Österreichs und Preußens von zehn Regierungen gefaßten Beschlüsse mußten erst vom Bundestag verabschiedet werden, um Gesetzeskraft zu erhalten. Sie blieben bis 1848 in Kraft.

Bundes-Universitätsgesetz vom 20. 9. 1819

§. 2. Die Bundesregierungen verpflichten sich gegeneinander, Universitäts- und andere öffentliche Lehrer, die durch erweisliche Abweichung von ihrer Pflicht oder Überschreitung der Grenzen ihres Berufes, durch Mißbrauch ihres rechtmäßigen Einflusses auf die Gemüter der Jugend, durch Verbreitung verderblicher, der öffentlichen Ordnung und Ruhe feindseliger oder die Grundlagen der bestehenden Staatseinrichtungen untergrabender Lehren, ihre Unfähigkeit zu Verwaltung des ihnen anvertrauten wichtigen Amtes unverkennbar an den Tag gelegt haben, von den Universitäten und sonstigen Lehranstalten zu entfernen.

§. 3. Die seit langer Zeit bestehenden Gesetze gegen geheime oder nicht autorisierte Verbindungen auf den Universitäten sollen in ihrer ganzen Kraft und Strenge aufrechterhalten, und insbesondere auf den seit einigen Jahren gestifteten, unter dem Namen der allgemeinen Burschenschaft bekannten Verein um so bestimmter ausgedehnt werden, als diesem Verein die schlechterdings unzulässige Voraussetzung einer fortdauernden Gemeinschaft und Korrespondenz zwischen den verschiedenen Universitäten zum Grunde liegt. Den Regierungs-Bevollmächtigten soll in Ansehung dieses Punktes eine vorzügliche Wachsamkeit zur Pflicht gemacht werden.

Ernst Rudolf Huber, Dokumente zur deutschen Verfassungsgeschichte, Band 1, Stuttgart, 3. Auflage 1978, S. 101

1. *Erörtern Sie die Auswirkungen der Karlsbader Beschlüsse auf das geistige Leben in Deutschland.*
2. *Gab es Möglichkeiten für die Betroffenen, diesen Gesetzen auszuweichen?*
3. *Diskutieren Sie die Frage, ob man die Regierungspolitik der Restaurationszeit als „totalitär" bezeichnen kann.*

1830–1848: Von Revolution zu Revolution

Auswirkungen der französischen Juli-Revolution von 1830 auf Europa

Auch Frankreich erlebte nach 1815 eine Phase der Restauration. Sie erreichte 1830 ihren Höhepunkt, als der französische König *Karl X.*[1]) die Pressefreiheit faktisch aufhob und das Wahlrecht zugunsten des grundbesitzenden Adels einschränkte. Die folgenden revolutionären Kämpfe (27.–29. Juli 1830) führten zu einem Thronwechsel, einer neuen Verfassung und einem neuen Wahlrecht. Der neue französische König *Louis Philippe*[2]) wurde nicht mehr, wie seine Vorgänger, zum „König von Frankreich" geweiht, sondern vom Parlament gewählt und vor dem Parlament als „König der Franzosen" vereidigt.
Die Juli-Revolution hatte Frankreich erneut zum „politischen Experimentierlabor der neueren europäischen Geschichte" (Hans-Ulrich Wehler) gemacht. Die Auswirkungen erfaßten den größten Teil Europas. In England wurden 1830/31 die Voraussetzungen für die Parlaments- und Wahlrechtsreform von 1832 geschaffen, Belgien löste sich von den erst 1815 geschaffenen Vereinigten Niederlanden und wurde 1831 ein unabhängiger, neutraler Staat mit einer liberalen Verfassung. In Kongreßpolen wurden Befreiungsaufstände gegen die zaristische Herrschaft erst nach einem Jahr im Herbst 1831 niedergeschlagen. Aufstände in Mittelitalien konnten von der habsburgischen Regierung unterdrückt werden. Eine Teilung Europas in zwei unterschiedliche Herrschaftssysteme wurde deutlich. Rußland, Österreich und Preußen beharrten auf traditionellen monarchischen Strukturen, während sich die politischen Systeme Englands und Frankreichs als anpassungsfähig erwiesen.

Auswirkungen der französischen Juli-Revolution auf Deutschland

Die Auswirkungen der europäischen Ereignisse auf die Länder des Deutschen Bundes waren abhängig von den unterschiedlichen sozialen, wirtschaftlichen und verfassungsmäßigen Verhältnissen:
- In Arbeiter- und Bauernunruhen wurde gegen Arbeitsbedingungen, Teuerungen, Hunger und Zölle protestiert.
- Aufruhr flammte auf gegen absolutistisch regierende Fürsten und Regierungen.
- Neue oder verbesserte Verfassungen wurden in den Ländern Kurhessen, Sachsen, Braunschweig und Hannover durchgesetzt.
- Die parlamentarische Opposition in den Landtagen nahm zu. In den süddeutschen Kammern wurden erneut Reformen verlangt, in Baden wurde ein liberales Presserecht durchgesetzt, die Ablösung der ländlichen Feudallasten vorangetrieben und eine liberale Gemeindeordnung verabschiedet.

---

[1]) Karl X. (1757–1836) war der jüngere Bruder Ludwig XVI. und Ludwig XVIII. und als Führer der äußersten Rechten 1824 auf den Thron gekommen.

[2]) Herzog Louis Philippe von Orléans (1773–1850) regierte bis 1848 und wurde „Bürgerkönig" genannt.

Unruhen in den deutschen Mittelstaaten: In Braunschweig zwang die Bevölkerung den Herzog zur Flucht und steckte das Schloß in Brand (Nacht zum 8. September 1830). In Hannover erzwang öffentlicher Druck ebenso eine Regierungsumbildung wie in Bayern die Entlassung des konservativen Innenministers (Lithographie von Carl Weiß).

- Die außerparlamentarische nationale, liberale und demokratische Bewegung erneuerte sich. Trotz der noch geltenden Karlsbader Beschlüsse wurden neue Zeitungen gegründet, entstanden zum Teil überregionale Vereinigungen, Petitions- und Unterschriftenbewegungen.

Die beiden verfassungslosen Großmächte, Preußen und Österreich, blieben von ähnlichen Vorgängen weitgehend verschont oder unterdrückten die lokalen Unruhen militärisch.

Das Hambacher Fest

Höhepunkt der erstarkten Oppositionsbewegung wurde das *Hambacher Fest* vom 27. bis 30. Mai 1832 in der zu Bayern gehörenden Pfalz. Männer und Frauen „jedes Standes" und aus allen „deutschen Stämmen" waren durch die Presse zum „Nationalfest der Deutschen" eingeladen worden. 30 000 Bürger aller Schichten, der größte Teil aus der Umgebung von Neustadt an der Haardt, aber auch Delegationen aus anderen Ländern des Deutschen Bundes, dazu Exilpolen und Franzosen, fanden sich an der Hambacher Schloßruine ein. Die meisten Redner wandten sich gegen die bestehenden europäischen Verhältnisse, gegen die Willkürherrschaft der Fürsten, gegen soziale Mißstände und forderten Volkssouveränität, Pressefreiheit und einen freiheitlichen deutschen Einheitsstaat (siehe M 2, Seite 75). Einige radikale Gruppen waren bereit, dieses Ziel sofort, auch mit Gewalt, durchzusetzen. Es überwog jedoch die Meinung, daß die „Wiedergeburt Deutschlands" nur auf reformerischen Wegen erreicht werden sollte.

Die bayerische Regierung reagierte mit der zeitweisen Ausrufung des Belagerungszustandes in der Pfalz und verhaftete die Hauptredner und Organisatoren des Festes. Für Metternich waren diese und ähnliche Ereignisse in Süd- und Mitteldeutschland nur eine erneute Aufforderung, noch radikaler gegen die nationale und liberale Bewegung vorzugehen (▷ M 1). Schon am 5. Juli folgten Bundesmaßnahmen zur „Erhaltung der Sicherheit und Ordnung" *(Die zehn Artikel)*, die Presse- und Versammlungsfreiheit weiter einschränkten (siehe M 1, M 2, Seite 70 f.). Außerdem unterlagen die Verfassungen der Länder künftig der Auslegung durch den Bund, und die Arbeit der Landtage wurde überwacht. Liberale Fortschritte in einem einzelnen Land sollten damit für die Zukunft verhindert werden.
Nach dem Hambacher Fest schien radikalen Studenten die Stimmung im Lande reif zu sein für eine revolutionäre Erhebung. Der *Frankfurter Wachensturm* von rund 60 Revolutionären scheiterte jedoch, denn die erhoffte Solidarität der Bevölkerung blieb aus. Sieben Tote, sechs Soldaten und ein Aufständischer, und 24 Verletzte waren die Bilanz.
Die Regierungen reagierten prompt mit weiteren, nun „geheimen", Beschlüssen zur „Aufrechterhaltung der Sicherheit und Ordnung" (siehe M 2, Seite 71). Eine Untersuchungsbehörde führte bis 1842 über 2000 Ermittlungsverfahren durch. Preußen zeigte sich in der Verfolgung der Studenten besonders rigoros, über 200 Burschenschafter wurden 1836 wegen Hochverrats verurteilt. Allerdings gelang es nicht mehr, das politische Leben vollständig unter Kontrolle zu bringen, zumal vor allem die süddeutschen Regierungen sich nicht mehr in vollem Umfang an den Repressionen beteiligten. Auf der anderen Seite radikalisierte sich ein Teil der Bewegung (▷ M 2).

Die Göttinger Sieben

Bis 1837 hatte es kein Monarch gewagt, offen gegen eine einmal erlassene Verfassung zu verstoßen. Da erklärte der neue König von Hannover, *Ernst August*[1]), am 1. November 1837 die Verfassung von 1833 für nichtig. Dagegen protestierten sieben Göttinger Professoren[2]) und erklärten, daß sie sich nach wie vor an ihren Eid auf die Verfassung gebunden fühlten. Die sieben Hochschullehrer wurden aus ihren Ämtern entlassen, und drei von ihnen (Gervinus, Jacob Grimm und Dahlmann) mußten innerhalb von drei Tagen das Land verlassen. Der öffentliche Protest gegen Ernst August und die nationalen Sympathieerklärungen für die „Göttinger Sieben" stärkten die liberale Bewegung und das Ansehen der deutschen Professoren.

[1]) Ernst August, Herzog von Cumberland (1771–1851), war der Bruder des 1837 verstorbenen Königs Wilhelm IV. von Großbritannien, der zugleich König von Hannover war. Mit dem Regierungsantritt von Ernst August endete die Personalunion Hannovers mit Großbritannien.

[2]) Folgende Professoren waren beteiligt: Der Staatsrechtler Wilhelm Albrecht (1800–1876), die Historiker Friedrich Christoph Dahlmann (1785–1860) und Georg Gottfried Gervinus (1805–1871), die Sprach- und Kulturforscher Jacob Grimm (1785–1863) und Wilhelm Grimm (1786–1859), der Orientalist Heinrich Ewald (1803–1875) und der Physiker Wilhelm Weber (1804–1891).

Die vierziger Jahre

In den 40er Jahren wurde die nationale und konstitutionelle Frage von der preußischen Entwicklung bestimmt. Im Sommer 1840 war *Friedrich Wilhelm IV.*[1]) in Preußen an die Macht gekommen und begann seine Herrschaft mit einer Reihe von liberalen Gesten. Er amnestierte und rehabilitierte eine Reihe von politisch Verfolgten, berief drei der „Göttinger Sieben" nach Preußen und milderte die Zensur.
Im Herbst 1840 begann die *Rheinkrise.* Die französische Publizistik forderte, enttäuscht durch eine Niederlage in der Orientpolitik, eine offensive Ostpolitik. Der Rhein sollte wieder die „natürliche" Grenze Frankreichs sein. Es entstand eine große nationale Aufregung. Preußische und österreichische Aufrufe an die „Nationalgesinnung" unterstützten eine antifranzösische Stimmung, die der von 1813 ähnelte. Zum ersten Mal zeigte sich, wie sehr die nationale Idee zu einer Massenbewegung in ganz Deutschland geworden war.

Zwei Jahre später stellte der preußische Monarch seinen romantischen Patriotismus beim *Dombaufest* in Köln öffentlich zur Schau. Der Dom, der seit dem 16. Jahrhundert als Ruine in der Stadt stand, sollte fertiggestellt werden und symbolisch eine neue Zeit der deutschen Einheit und des kirchlichen Friedens einleiten.
In der *Verfassungsfrage* ließ Friedrich Wilhelm IV. von Anfang an keinen Zweifel daran, daß er vom Konstitutionalismus nichts hielt. Noch 1847, bei der Eröffnung des „Vereinigten Landtages" in Berlin, den er erst nach langem Zögern einberufen hatte, erklärte er, es werde „keiner Macht der Erde je gelingen", ihn zu bewegen, das „Verhältnis zwischen Fürst und Volk in ein konventionelles, konstitutionelles zu wandeln", niemals werde er zulassen, „daß sich zwischen unsern Herr Gott im Himmel und dieses Land ein beschriebenes Blatt gleichsam als eine zweite Vorsehung eindränge, um uns mit seinen Paragraphen zu regieren und durch sie die alte heilige Treue zu ersetzen". Damit hatte Friedrich Wilhelm IV. die konstitutionellen Hoffnungen der Liberalen (nicht nur in Preußen) enttäuscht (▷ M 3).

Soziale Unruhen und Beginn der Parteienbildung

Verstärkt wurde die politische Brisanz der konstitutionellen und nationalen Bewegung durch die zunehmenden sozialen Probleme der 40er Jahre. Der *Aufstand der schlesischen Weber* von 1844 hatte die Not und Verzweiflung der armen Bevölkerung in ganz Deutschland sichtbar gemacht. Der Protest gegen Armut und Elend weiter Bevölkerungskreise nahm zu. Die Agrar- und Gewerbekrise von 1846/47 ließ die Zahl der Unruhen deutlich ansteigen (▷ M 4).

Die sozialen Probleme führten, trotz anhaltender Zensur und Parteiverboten, zu einer breiteren Basis der politischen Gruppierungen, die begannen, sich über die Landesgrenzen hinweg zusammenzuschließen. Fünf oppositionelle

[1]) Friedrich Wilhelm IV. (1795–1861), ältester Sohn von Friedrich Wilhelm III., wurde nach dessen Tod am 7. 6. 1840 preußischer König.

Richtungen bildeten sich heraus: Konservatismus, politischer Katholizismus, Liberalismus, demokratischer Radikalismus und Sozialismus. Bedeutsam war 1847 die Spaltung der bürgerlichen Bewegung in Liberale und Demokraten. Sie unterschieden sich vor allem in der Frage des Wahlrechts, das die Demokraten nicht länger von Eigentum und Besitz abhängig machen wollten *(allgemeines Wahlrecht)* (▷ M 5).

M 1 „So weit sind die Dinge in Deutschland gekommen!"

Der österreichische Staatskanzler Metternich schreibt über das Hambacher Fest in einem Brief vom 10. Juni 1832 an den konservativen Berater des preußischen Königs, Fürst Wilhelm Ludwig Georg von Wittgenstein (1770–1851).

Wir leben in einer Zeit, in der Alles zur Umtriebs-Sache wird. [. . .] Parteien, welche bestimmte Zwecke verfolgen, erblinden über Pflicht und Klugheit. *Der Zweck heiligt die Mittel,* ist die deutsche Universitätslehre, und sie trägt heute ihre Früchte in den herangereiften Burschen der früheren Zeit. [. . .]
Sie haben sicher Bericht über die Hambacher Geschichte en détail erhalten. *So weit sind die Dinge* in Deutschland gekommen!
Ich gestehe aufrichtig, daß ich mir aus dem Ergebnisse nichts mache, oder vielmehr, daß mir dasselbe manche gute Seite darbietet. Mir sind die Dinge, welche offen vorliegen stets lieber als die verkappten. Was der Liberalismus will, was er ist, wohin er zielt, und wohin er die Staaten, die sich ihm hingeben, unaufhaltbar stößt, hieran kann wohl heute keiner, der Augen, Ohren und einen Sinn hat, mehr zweifeln. Vor solchen Beweisen muß die *Doktrine*[1]) *verstummen.*
Mit Volksrepräsentationen im modernen Sinne, mit der Preßfreiheit und politischen Vereinen muß jeder Staat zu Grunde gehen, der monarchische wie die Republik. Nur Anarchie ist möglich; dagegen mögen die *Gelehrten* am Schreibtische protestieren, soviel sie auch immer wollen. Am Ende der Gelehrsamkeit steht das Zuschlagen, und kommt es einmal hierzu, so ist der, der in geschlossenen Reihen zuschlägt, der Gelehrteste.
Wir werden in Deutschland zum Zuschlagen kommen, das Böseste im lieben Vaterlande sind die Regierungen: vortrefflich zum Betrogen werden, aber sehr schlecht, um sich und anderen zu helfen! Wenn man heute in Bayern noch glaubt, das Regieren zu verstehen, so sind die Leute incurabel[2]).

Veit Valentin, Das Hambacher Nationalfest, Berlin 1932, S. 144 f.

1. *Wie beurteilt Metternich Parteien im allgemeinen und Liberalismus sowie liberale Forderungen im besonderen? Nehmen Sie Stellung zur Haltung des österreichischen Kanzlers.*
2. *Welche Vorwürfe gegen die bayerische Regierung können Sie aus dem Brief herauslesen?*

[1]) Theorie, Lehre
[2]) unheilbar

Friede den Hütten! Krieg den Palästen!

M 2

Der aus Darmstadt stammende Schriftsteller und Medizinstudent Georg Büchner (1813–1837) veröffentlichte im Juli 1834 zusammen mit dem Pfarrer Friedrich Ludwig Weidig (1791–1837) die sozialrevolutionäre Flugschrift „Der Hessische Landbote". Büchner floh nach Bekanntwerden der Schrift nach Straßburg und Zürich. Weidig wurde verhaftet und nahm sich während des Hochverratsprozesses das Leben.

Das Leben der *Vornehmen* ist ein langer Sonntag: Sie wohnen in schönen Häusern, sie tragen zierliche Kleider, sie haben feiste Gesichter und reden eine eigne Sprache; das Volk aber liegt vor ihnen wie Dünger auf dem Acker. Der Bauer geht hinter dem Pflug, der *Vornehme* aber geht hinter ihm und dem Pflug und treibt ihn mit den Ochsen am Pflug, er nimmt das Korn und läßt ihm die Stoppeln. Das Leben des Bauern ist ein langer Werktag; Fremde verzehren seine Äcker vor seinen Augen, sein Leib ist eine Schwiele, sein Schweiß ist das Salz auf dem Tische des *Vornehmen*. [. . .]

Im Großherzogtum Hessen sind 718 373 Einwohner, die geben an den Staat jährlich an 6 363 436 Gulden [. . .]. Dies Geld ist der Blutzehnte, der von dem Leib des Volkes genommen wird. An 700 000 Menschen schwitzen, stöhnen und hungern dafür. [. . .]

Das Gesetz ist das Eigentum einer unbedeutenden Klasse von *Vornehmen* und Gelehrten, die sich durch ihr eignes Machwerk die Herrschaft zuspricht. [. . .]

Die Justiz ist in Deutschland seit Jahrhunderten die Hure der deutschen Fürsten. Jeden Schritt zu ihr müßt ihr mit Silber pflastern, und mit Armut und Erniedrigung erkauft ihr ihre Sprüche. [. . .]

Ihr dürft euern Nachbar verklagen, der euch eine Kartoffel stiehlt; aber klagt einmal über den Diebstahl, der von Staats wegen unter dem Namen von Abgabe und Steuern jeden Tag an eurem Eigentum begangen wird, damit eine Legion unnützer Beamter sich von eurem Schweiße mästen; klagt einmal, daß ihr der Willkür einiger Fettwänste überlassen seid und daß diese Willkür Gesetz heißt, klagt, daß ihr die Ackergäule des Staates seid, klagt über eure verlorne Menschenrechte: Wo sind die Gerichtshöfe, die eure Klage annehmen, wo die Richter, die Recht sprächen? [. . .]

Der Fürst ist der Kopf des Blutegels, der über euch hinkriecht, die Minister sind seine Zähne, und die Beamten sein Schwanz. Die hungrigen Mägen aller vornehmen Herren, denen er die hohe Stellen verteilt, sind Schröpfköpfe, die er dem Lande setzt. [. . .]

Geht einmal nach Darmstadt und seht, wie die Herren sich für euer Geld dort lustig machen, und erzählt dann euern hungernden Weibern und Kindern, daß ihr Brot an fremden Bäuchen herrlich angeschlagen sei, erzählt ihnen von den schönen Kleidern, die in ihrem Schweiß gefärbt, und von den zierlichen Bändern, die aus den Schwielen ihrer Hände geschnitten sind, erzählt von den stattlichen Häusern, die aus den Knochen des Volks gebaut sind; und dann kriecht in eure rauchigen Hütten und bückt euch auf euren steinichten Äckern, [. . .].

Das alles duldet ihr, weil euch Schurken sagen, diese Regierung sei von Gott. Diese Regierung ist nicht von Gott, sondern vom Vater der Lügen. Diese deutschen Fürsten sind keine rechtmäßige Obrigkeit, sondern die rechtmäßige Obrigkeit, den deutschen Kaiser, der vormals vom Volke frei gewählt wurde, haben sie seit Jahrhunderten verachtet und endlich gar verraten. Aus Verrat und Meineid, und nicht aus der Wahl des Volkes, ist die Gewalt der deutschen Fürsten hervorgegan-

gen, und darum ist ihr Wesen und Tun von Gott verflucht; [. . .] – Doch das Reich der Finsternis neiget sich zum Ende. Über ein kleines, und Deutschland, das jetzt die Fürsten schinden, wird als ein Freistaat mit einer vom Volk gewählten Obrigkeit wieder auferstehn. Die Heilige Schrift sagt: „Gebet dem Kaiser, was des Kaisers ist." Was ist aber dieser Fürst, der Verräter? – Das Teil vom Judas! [. . .]

In Deutschland und ganz Europa aber war große Freude, als der zehnte Karl vom Thron gestürzt ward, und die unterdrückten deutschen Länder rüsteten sich zum Kampf für die Freiheit. Da ratschlagten die Fürsten, wie sie dem Grimm des Volkes entgehen sollten, und die listigen unter ihnen sagten: Laßt uns einen Teil unserer Gewalt abgeben, daß wir das übrige behalten. Und sie traten vor das Volk und sprachen: Wir wollen euch die Freiheit schenken, um die ihr kämpfen wollt. Und zitternd vor Furcht warfen sie einige Brocken hin und sprachen von ihrer Gnade. Das Volk traute ihnen leider und legte sich zur Ruhe.

Denn was sind diese Verfassungen in Deutschland? Nichts als leeres Stroh, woraus die Fürsten die Körner für sich herausgeklopft haben. Was sind unsere Landtage? Nichts als langsame Fuhrwerke, die man einmal oder zweimal wohl der Raubgier der Fürsten und ihrer Minister in den Weg schieben, woraus man aber nimmermehr eine feste Burg für deutsche Freiheit bauen kann. Was sind unsere Wahlgesetze? Nichts als Verletzungen der Bürger- und Menschenrechte der meisten Deutschen. Denkt an das Wahlgesetz im Großherzogtum, wonach

Das Elend in Schlesien. Karikatur zum Weberaufstand aus der satirischen Zeitschrift „Fliegende Blätter" (1844).

Hunger und Verzweiflung.

Offizielle Abhülfe.

keiner gewählt werden kann, der nicht hochbegütert ist, wie rechtschaffen und gutgesinnt er auch sei, [. . .].
Die Stände dürfen keinen Gesetzesvorschlag machen, sondern sie müssen um das Gesetz bitten, und dem Gutdünken des Fürsten bleibt es unbedingt überlassen, es zu geben oder zu verweigern. Er bleibt im Besitz einer fast unumschränkten Gewalt, nur darf er keine neuen Gesetze machen und keine neuen Steuern ausschreiben ohne Zustimmung der Stände. Aber teils kehrt er sich nicht an diese Zustimmung, teils genügen ihm die alten Gesetze, die das Werk der Fürstengewalt sind, und er bedarf darum keiner neuen Gesetze. Eine solche Verfassung ist ein elend jämmerlich Ding.

Werner R. Lehmann (Hrsg.), Georg Büchner, Sämtliche Werke und Briefe , Band 2, Hamburg 1971, S. 34 ff.

1. *Wie wird der Fürst von Büchner dargestellt?*
2. *Arbeiten Sie heraus, welche Einstellung zu Staat und Gesetzen sichtbar wird.*
3. *Mit welchen sprachlichen Mitteln veranschaulicht Büchner seine Aussagen?*

Reaktion auf die Thronrede des preußischen Königs

M 3

Der Hofmaler und Kammerherr Wilhelm von Kügelgen (1802–1867), ein Höfling in dem kleinen Herzogtum Anhalt-Bernburg, berichtete über die Eröffnungsrede von Friedrich Wilhelm IV., die er vor dem Vereinigten Landtag am 11. April 1847 gehalten hatte, an seinen Bruder.

Die Thronrede des Königs wirst Du gelesen haben. Auf eine nachteiligere Weise hätte kaum gesprochen werden können, und dies beklage ich, weil ich Deutschland liebe wie kein anderes Land und den König liebe wie keinen anderen König. Der Erfolg dieser Rede war, daß die ganze Versammlung überkräftig verstimmt war. Es ist unbegreiflich, wie in dieser Rede ein Ton herrschen konnte, der unter den Gebildeten unseres Volkes höheren und niederen Standes längst veraltet ist; wie man eine Konstitution für ein Stück Papier halten kann, welches sich (nicht einmal zwischen Fürst und Volk, sondern) „zwischen Gott und die Nation schiebt"; wie man von den vielen Herren phantasieren kann, welche die Konstitution bringe, im Gegensatz zu dem einen Herrn eines monarchischen Staates. Wahrlich, wenn es in England keinen einigen Gesamtwillen gäbe, so würde es sich unter seinen vielen Herren wohl nicht zu der mächtigsten Nation der Erde aufgeschwungen haben. Wo steht der Thron wohl sicherer und wo ist das Gesetz geachteter und anerkannter als gerade in England?! Unter Freiheit verstehen die Gebildeten heutzutage nichts anderes als garantierte Gesetzlichkeit, [. . .]. Wäre ich Revolutionär, so würde ich mich über diese Rede freuen, wie das in der Tat viele tun, die das einzige Heil für die gesunkene politische Größe Deutschlands in einer Schilderhebung des Volkes sehen – aber ich weiß, daß die böse Zeit mich an der Seite meines kleinen Herzogs, an den mich die Treue bindet, finden und verschlingen wird.

Paul Siegwart v. Kügelgen und Johannes Werner (Hrsg.), Wilhelm von Kügelgen. Lebenserinnerungen des Alten Mannes in Briefen an seinen Bruder Gerhard (1840–1867), Leipzig 1923, S. 108

1. *Was bedrückt den Autor an der Rede Friedrich Wilhelms? Versuchen Sie, sich in die Denkweise eines gemäßigt konservativen Liberalen zu versetzen.*
2. *Mit welchen Argumenten weist Kügelgen die Gedanken der Thronrede zurück?*

M 4 Volksunruhen in Deutschland 1816–1847 (geordnet nach Typen)

Der Sozial- und Wirtschaftshistoriker Richard Tilly beschäftigt sich mit Unruhen und Protesten in Deutschland im 19. Jahrhundert. Unter „Unruhen" versteht er „kollektive Ruhestörung mit physischer Gewaltanwendung"; als Quelle wurden ausgewählte Zeitungen benutzt, insbesondere die „Augsburger Zeitung".
Die Tabelle ist ein erster Versuch, einen Überblick zu liefern. Die Zahl der tatsächlichen Unruhen wird bedeutend höher liegen. So wurden allein für 1847 102 sozioökonomische Unruhen festgestellt.

	Studenten[1]) Universität	*Religion[2])*	*Politik[3])*	*Sozioökonomisch[4])*	*Summe*
1816–1829	13	9	4	3	29
1830–1839	13	20	72	28	133
1840–1847	5	17	33	103	158
Summe	31	46	109	134	320

Richard Tilly, in: Wolfgang Hardtwig, Vormärz. Der monarchische Staat und das Bürgertum, München 1985, S. 240 (gekürzt)

1. *Wie verändert sich das Protestverhalten?*
2. *Stellen Sie anhand des Darstellungsteils Zusammenhänge her zu den Ereignissen zwischen 1816 und 1847.*

M 5 Die Offenburger und Heppenheimer Programme

Die größte Bedeutung innerhalb der Oppositionsbewegung hatten die radikalen Demokraten und die (gemäßigten) Liberalen. Sie formulierten auf Versammlungen in Offenburg (12. September 1847) und Heppenheim (10. Oktober 1847) ihre politischen Programme.

Das Offenburger Programm der südwestdeutschen Demokraten:

Art. 2. Wir verlangen Preßfreiheit: das unveräußerliche Recht des menschlichen Geistes, seine Gedanken unverstümmelt mitzuteilen, darf uns nicht länger vorenthalten werden.
Art. 5. Wir verlangen persönliche Freiheit. Die Polizei höre auf, den Bürger zu bevormunden und zu quälen. Das Vereinsrecht, ein frisches Gemeindeleben, das Recht des Volks, sich zu versammeln und zu reden, das Recht des Einzelnen, sich zu ernähren, sich zu bewegen und auf dem Boden des

Das Heppenheimer Programm der südwestdeutschen Liberalen:

Ebenso ergab sich eine erfreuliche Übereinstimmung der Gesinnungen bezüglich auf die Anträge, welche in allen deutschen Kammern möglichst gleichlautend, doch mit Rücksicht auf die eigentlichen Verhältnisse der einzelnen Staaten, zu stellen seien.
Die Entfesselung der Presse, damit die Deutschen der ungehemmten Wirksamkeit dieses mächtigsten Bildungsmittels teilhaftig und von der Schmach befreit werden, die ihnen das Ausland so häufig

---

[1]) Studenten waren entweder Hauptakteure, oder Studenten- bzw. Universitätsangelegenheiten waren Hauptobjekte des Konflikts.
[2]) Religion war, zumindest vorgeblich, Hauptobjekt des Konflikts.
[3]) Der Protest war gegen den Staat mit seinen Organen gerichtet, um politische Änderungen durchzusetzen (Auswechseln eines bestimmten Staatsbeamten, Durchsetzung eines neuen Gesetzes.)
[4]) Gewalttätige Streiks, Brotkrawalle, Maschinenstürmerei . . . massenhaftes gesetzwidriges Betreten von Wäldern und Feldern, Steueraufruhr und Tumulte, die deutlich mit einer bestimmten sozioökonomischen Gruppe verbunden waren, z. B. Angriffe von Armen gegen Reiche.

deutschen Vaterlandes frei zu verkehren, seien hinfür ungestört.

Art. 6. Wir verlangen Vertretung des Volks beim deutschen Bund. Dem Deutschen werde ein Vaterland und eine Stimme in dessen Angelegenheiten. Gerechtigkeit und Freiheit im Innern, eine feste Stellung dem Ausland gegenüber gebühren uns als Nation.

Art. 7. Wir verlangen eine volkstümliche Wehrverfassung. Der waffengeübte und bewaffnete Bürger kann allein den Staat schützen. Man gebe dem Volk Waffen und nehme von ihm die unerschwingliche Last, welche die stehenden Heere ihm auferlegen.

Art. 8. Wir verlangen eine gerechte Besteuerung, Jeder trage zu den Lasten des Staats nach Kräften bei. An die Stelle der bisherigen Besteuerung trete eine progressive Einkommensteuer. [. . .]

Art. 10. Wir verlangen Ausgleichung des Mißverhältnisses zwischen Arbeit und Kapital. Die Gesellschaft ist schuldig, die Arbeit zu heben und zu schützen.

Art. 11. Wir verlangen Gesetze, welche freier Bürger würdig sind und deren Anwendung durch Geschworenengerichte. Der Bürger werde von dem Bürger gerichtet. Die Gerechtigkeitspflege sei die Sache des Volks. [. . .]

Art. 13. Wir verlangen Abschaffung aller Vorrechte. Jedem sei die Achtung freier Mitbürger einziger Vorzug und Lohn.

ins Gesicht wirft, weil sie eines der höchsten Güter freier Völker, das ihnen längst verheißen ist, noch nicht errungen haben; öffentliches und mündliches Gerichtsverfahren mit Schwurgerichten, Trennung der Verwaltung von der Rechtspflege, Übertragung aller Zweige der Rechtspflege, der Administrativjustiz und der Polizeistrafgewalt an die Gerichte und Abfassung zweckmäßiger Polizeistrafgesetze, Befreiung des Bodens und seiner Bearbeiter von mittelalterlichen Lasten, Selbständigkeit der Gemeinden in der Verwaltung ihrer Angelegenheiten, Minderung des Aufwandes für das stehende Heer und Einführung einer Volkswehr u. a. kamen zu ausführlicher Besprechung; ebenso die verfassungsmäßigen Mittel, welche geeignet sind, den gerechten Ansprüchen des Volkes Nachdruck zu geben. Vorzugsweise aber nahmen auch die Mittel gegen Verarmung und Not, sowie das damit im Zusammenhang stehende Steuerwesen Zeit und Aufmerksamkeit der Versammlung in Anspruch. Da jedoch so wichtige und umfassende Gegenstände nicht in wenigen Stunden zur Vereinigung über bestimmte Vorschläge, wie sie über Leitung des Armen- und Unterrichtswesens, über Einkommensteuer usw. vielfach gemacht wurden, geführt werden konnten, so wurde aus Abgeordneten verschiedener Länder eine Kommission ernannt, um im nächsten Jahre über das Steuerwesen und die Zustände der ärmeren Klassen im Zusammenhang zu berichten und Anträge zu bringen, wobei besonders die gerechte Verteilung der öffentlichen Lasten zur Erleichterung des kleineren Mittelstandes und der Arbeiter zu berücksichtigen ist.

Ernst Rudolf Huber, Dokumente zur deutschen Verfassungsgeschichte, Band 1, Stuttgart, 3. Auflage 1978, S. 323 ff.

1. *Arbeiten Sie Gemeinsamkeiten und Unterschiede zwischen beiden Programmen heraus. Untersuchen Sie dabei auch Form und Sprache.*
2. *Welches Programm enthält Hinweise, auf welche Weise es politisch wirksam werden soll? Erklären Sie diese Taktik aus den Rechtsverhältnissen im Deutschen Bund.*

Die Revolution von 1848/49

Die Karikatur von Ernst Litfaß aus den Revolutionsmonaten vereint zwei Errungenschaften, auf die man in Deutschland in der Jahrhundertmitte stolz war: Dampfmaschine und Parlament. Parlamentspräsident Heinrich von Gagern sammelt alle politischen und wirtschaftlichen Bittschriften in Körben. Der demokratische Abgeordnete Robert Blum heizt die Dampfmaschine an.

Verlauf und Ziele der deutschen Märzrevolution

Die „Februarrevolution“ in Paris

Die deutsche Revolution von 1848 stand in einem größeren europäischen Gesamtzusammenhang. Mehrere Faktoren wirkten zusammen, als das Europa des Wiener Kongresses in seinen Grundfesten erschüttert wurde:

- die unerfüllten Wünsche des Bürgertums nach Beteiligung an der politischen Macht
- die fehlende nationale Selbstbestimmung in verschiedenen Ländern Europas
- die Strukturprobleme der vor- und frühindustriellen Wirtschaft
- die Mißernten der Jahre 1845/46.

Die dramatischen Ereignisse des Jahres 1848 setzten zunächst in Frankreich ein. Seit langem hatte sich starke Unzufriedenheit über die Politik des „Bürgerkönigs“ Louis Philippe und über die einseitig das Großbürgertum bevorzugende

Staats- und Sozialverfassung angesammelt. Die Opposition verlangte vor allem eine Reform des Wahlrechts (vor der Revolution ca. 250 000 Wahlberechtigte, danach über 9 Millionen). Als in Paris Regierungstruppen auf Demonstranten schossen, gingen die Bürger, voran Arbeiter und Studenten, zum Aufstand über. Die Republik wurde proklamiert; der König, dessen Thron demonstrativ auf dem Bastilleplatz den Flammen übergeben worden war, floh nach England.
Der gewaltsame Sturz eines Monarchen und die Errichtung der Zweiten Französischen Republik am 24. Februar erregten ungeheures Aufsehen. In ganz Europa waren vor allem die „social-demokratischen" Tendenzen der neuen Provisorischen Regierung leidenschaftlich umstritten.

Die Fürsten der Mittel- und Kleinstaaten beugen sich den Märzforderungen

Die Nachrichten aus Paris bildeten den Anstoß für die Revolution in Deutschland, die in der ersten Märzhälfte überraschend schnell in den Mittel- und Kleinstaaten des Deutschen Bundes Boden gewann. Angestachelt von der seit 1845 dauernden Wirtschaftskrise und Hungersnöten setzten in Süd- und Westdeutschland Unruhen protestierender und plündernder Bauern ein, die sich vor allem gegen überkommene Privilegien der adeligen Grundherren richteten. Sie nahmen allerdings auf die weiteren Ereignisse 1848/49 keinen Einfluß, da die Regierungen der Länder rasch Gesetze erließen, in denen die wichtigsten Forderungen der Bauern erfüllt wurden (▷ M 1).
Fast gleichzeitig wurde die politische Stimmung auch in den Städten angeheizt. Tatkräftige Männer der Opposition beriefen Volksversammlungen ein, organisierten Demonstrationen, formulierten Resolutionen und Petitionen. Von Südwestdeutschland aus, besonders von Baden, einem Zentrum liberaler und demokratischer Kräfte, erfaßte die bürgerliche Bewegung schnell die Staaten des Deutschen Bundes. In der Mannheimer Volksversammlung vom 27. Februar 1848 wurden politische Ansprüche angemeldet, die als *Märzforderungen* in ähnlicher Form bald überall übernommen wurden. Dazu zählten das *Verlangen nach Wahlreformen*, die *Presse- und Versammlungsfreiheit*, *Kompetenzerweiterungen der Landtage mit Ministerverantwortlichkeit*, *Volksbewaffnung* und *Einrichtung von Schwurgerichten* zur Sicherheit vor willkürlichen, von der Obrigkeit beeinflußten Urteilen. Neben dem Ruf nach der Herstellung oder Verbesserung einzelstaatlicher Verfassungen wurde die Forderung nach baldiger Errichtung eines gesamtdeutschen National- und Verfassungsstaates laut.
Das Zurückweichen der alten Gewalten vor der bürgerlichen Protestbewegung wurde begeistert gefeiert. Vor den Thronen selbst machte die Revolution halt. Nur wenige Radikale, etwa die beiden Anwälte *Hecker* und *von Struve*[1]) in

---

[1]) Friedrich Hecker (1811–1881) und Gustav von Struve (1805–1870) emigrierten nach der gescheiterten Revolution in die USA.

Baden, wollten einen republikanischen Staat errichten. Die meisten Wortführer der Revolution wünschten ihre Ziele jedoch auf dem Weg der Verständigung zu erreichen. Sie begnügten sich damit, den Fürsten Zugeständnisse im Sinne der Märzforderungen abzuringen. Äußeres Zeichen für diesen Erfolg war die Entlassung der alten Minister, an deren Stelle die Monarchen in die neuen „Märzregierungen" Männer liberaler Gesinnung beriefen. Erfolg oder Mißerfolg der Revolution mußten jedoch davon abhängen, ob die Kräfte der Erneuerung sich auch in den beiden deutschen Großstaaten Österreich und Preußen durchsetzen würden.

Die Revolution siegt in Wien

In Wien, der Hauptstadt des Habsburger Reiches, wurden die Märzforderungen am heftigsten von den politisch sehr aktiven Studenten aufgegriffen. Zusammen mit Angehörigen des Bildungsbürgertums, Handwerkern und Bewohnern der überhastet gewachsenen Elendsquartiere in den Wiener Vorstädten protestierten sie seit dem 13. März gegen das vorkonstitutionelle, reformfeindliche Regierungssystem. Angesichts der Plünderungen und Straßenkämpfe ließ der Wiener Hof noch in derselben Nacht Staatskanzler Metternich fallen. Zum Rücktritt gedrängt, floh der Mann, der die Restaurationspolitik der vorhergehenden Jahrzehnte in Europa maßgeblich bestimmt hatte, ins Exil nach London. Die Pressezensur wurde aufgehoben, die Aufstellung einer Studentenlegion und einer Bürgerwehr gestattet, schließlich auch die Verabschiedung einer Verfassung versprochen.

Bei neuen Unruhen im Mai und Juni radikalisierte sich die Bewegung. Der Regierung wurden das allgemeine, gleiche Wahlrecht und ein weitergehender Verfassungsentwurf abgenötigt. Der Kaiser zog sich aus der unruhigen Hauptstadt nach Innsbruck zurück. Wien blieb, lange Zeit geleitet von einem mit Radikalen besetzten „Sicherheitsausschuß", bis in den Herbst in den Händen der Aufständischen.

Neben den Ereignissen in Wien bedrohten gleichzeitig nationale Revolutionen in den Provinzen des Habsburger Vielvölkerstaats die Donaumonarchie in ihrer Existenz. Die Nationalbewegungen in Italien, Ungarn und Böhmen schienen auf dem besten Weg, ihre Forderungen durchzusetzen. Die Staatsmacht wirkte handlungsunfähig, das weitere Schicksal der Donaumonarchie war ungewiß.

Blutiger Kampf – der 18. März in Berlin

Wie in Wien nahm auch in Berlin die Revolution gewaltsame Formen an. Schon bei einzelnen Zusammenstößen zwischen Volk und Militär seit dem 13. März gab es Verwundete und Tote zu beklagen. Am 18. März kam es jedoch zur schlimmsten Bürgerkriegssituation der Märztage in Deutschland – weniger ein Zeichen für die Unnachgiebigkeit der alten Gewalten als ein Ergebnis unglücklicher Umstände.

Angesichts der Unruhe im eigenen Land und aufgrund der Nachrichten aus Wien hatte sich König Friedrich Wilhelm IV. bereits dazu durchgerungen, wesentlichen Forderungen der Opposition nachzugeben. Eine riesige Menschenmenge jubelte vor dem Schloß dem König zu, forderte aber immer stürmischer den Abzug des im Schloßhof aufgestellten Militärs. Als statt dessen Kavallerie den Platz räumen wollte und sich dabei – wahrscheinlich versehentlich – zwei Schüsse lösten, glaubte das Volk sich verraten. Barrikaden wurden errichtet, und bis zum nächsten Morgen kämpften Bürger und königliches Heer erbittert gegeneinander. Als Friedrich Wilhelm IV., zutiefst betroffen und mit der Beteuerung, alles sei nur ein „unseliger Irrtum" gewesen, seine Truppen aus Berlin zurückzog, waren über 230 Tote zu betrauern. Es kam einer Niederlage gleich, als der Monarch und seine Gattin sich im Schloßhof vor den aufgebahrten Opfern als Geste ehrender Anteilnahme verneigten (▷ M 2).
Auch in Preußen wurde eine Bürgerwehr aufgestellt, die Regierung ausgewechselt und nach dem allgemeinen und gleichen Stimmrecht eine Nationalversammlung gewählt. Sie sollte über eine neue Verfassung für das Land beraten. Der König bekannte sich zur deutschen Einheit und verkündete die Bereitschaft Preußens, die „Vereinigung der deutschen Fürsten und Völker" in die Hand zu nehmen (▷ M 3).

Die deutsche Nationalversammlung wird einberufen

Schon bevor sich die Monarchen in Wien und Berlin der Revolution fügen mußten, waren erste Schritte zur Herstellung der deutschen Einheit in die Wege geleitet worden. Bereits am 5. März hatten sich 51 Abgeordnete süd- und westdeutscher Ständevertretungen in Heidelberg getroffen und zu einer „Versammlung von Vertrauensmännern aller deutschen Volksstämme" aufgerufen. Dieses 574 Männer zählende „Vorparlament" trat Ende März aus eigener Machtvollkommenheit in Frankfurt zusammen.
Die Mehrheit des Vorparlaments bestand aus gemäßigten Liberalen. Nach dem Sieg der Volksbewegung in den Bundesstaaten wollten sie die Revolution in ruhige Bahnen lenken und die deutsche Frage in Zusammenarbeit mit den Regierungen lösen.
Während die Opposition im Vormärz und bei der Proklamation der Märzforderungen meist noch erstaunlich geschlossen aufgetreten war, prallten jetzt liberale und demokratische Vorstellungen schärfer aufeinander. Manche Radikale verlangten, sich gleich auf die republikanische Staatsform festzulegen. Die Badener Advokaten Hecker und Struve versuchten sogar, ihr Ziel durch einen Aufstand zu erreichen *(Badener Aprilaufstand)*, scheiterten aber schnell. Die Mehrheit beschloß eine vom Volk frei zu wählende Nationalversammlung. Diese sollte über Staatsform und Verfassung des künftigen deutschen Nationalstaates beraten. Die „Verrechtlichung" der Revolution wurde möglich, weil die inzwischen betont reformfreundlichen Regierungen im Bundestag sowohl der Einberufung der Nationalversammlung wie den vom Vorparlament ausgearbeiteten Wahlvorschriften zustimmten.

M 1

Agrarunruhen in Baden

In vielen Gebieten Süd- und Westdeutschlands kam es in der Anfangsphase der Revolution zu Bauernunruhen. Nachdem die bäuerlichen Anliegen durch Reformgesetze befriedigt worden waren, schied die Landbevölkerung aus der revolutionären Volksbewegung aus.

Aus den standesherrlichen Gemeinden hatten sich Hunderte von Bauern des Schüpfer- und Taubergrundes zusammengerottet. Zuerst ging der Zug zum Rentamte im Tauberbischoffsheim, wo sie die geforderten Akten und Gült- und Zinsbücher ausgeliefert erhielten, und, nach sonstigen Zerstörungen in dem Rentamts-Gebäude und dem Amtsrevisorat, außerhalb der Stadt Alles verbrannten. Von da wandte sich der Zug nach Unterschüpf. Die geforderten Bücher und Schriften händigte ihnen der Rentamtmann Bechler gutwillig ein. Ohne weitere Gewalttätigkeiten gegen die Person und das Eigentum dieses grundherrlichen Rechners zogen sie nach Zernichtung der Bücher am 7. März bei hellem Tage wieder ab. Nachts gegen 8 Uhr [. . .] rückte der helle Haufen nach Boxberg. Das Vorspiel bildete ein gegen die Fenster der Rentamts-Wohnung gerichteter Steinregen. [. . .] Der Haufe drängte sich an die Kellerei, erbrach die Türen, stürmte das Haus, drang in das Geschäftszimmer, und warf sämtliche Bücher und Papiere zu den Fenstern hinaus.

Als es einmal so weit gekommen war, folgte dem Sturm auf die leiningischen Gültbücher und Papiere ein weiterer. Die in Bewegung gesetzte Zerstörungssucht und Plünderungswut blieb nicht bei ihrem ersten Ziele stehen, und nun wendete sich die Schar gegen das Privateigentum des 75jährigen Rentamtmanns Herrmann, welcher in friedlicher Zurückgezogenheit 30 Jahre lang dem Rentamte zu Boxberg, vielleicht mit zu großem Eifer für seinen Dienstherrn, vorgestanden hatte. Hier blieb Nichts, gar Nichts verschont, Fenster und Türen, Schreinwerk, Bilder etc. wurden zerbrochen und fanden mit den Betten, den Kleidern, dem Weißzeug ihren Weg durch die Fenster auf die Straße, in die raubgierigen Hände, welche Alles fortschleppten. [. . .] Die wehrlosen Bürger Boxbergs waren außer Stand, Widerstand zu leisten, und mußten ruhig zusehen. Durch Drohung und Gewalt verschafften sich die Plünderer Wägen zum Aufladen der in Säcke gepackten Akten, und brachten sie auf die fürstliche Schafwiese zum Verbrennen. Die ganze Nacht hindurch und bis zum anderen Mittag loderte in drei haushohen Säulen das Feuer empor. [. . .] Der im ganzen Amt beliebte und bürgerfreundliche Bezirksamtmann wurde mit aller Artigkeit und unter sicherm Geleite während des Sturmes auf die Seite gebracht, weiter aber gegen seine Person Nichts verübt. [. . .] Gegen Mitternacht erzwang die Rotte auf dem Rathaus unter dem Gesange: „Heil unserm Großherzog!" die Trommel, und zog unter den Schlägen des Generalmarsches noch einmal nach Unterschüpf zur Plünderung der Juden, welche aber mit ihren wertvollern Habseligkeiten bereits nach Mergentheim geflüchtet waren. Mehrere Judenwohnungen wurden im Innern vollkommen zerstört.

Karlsruher Zeitung, Nr. 75 vom 16. März 1848

1. *Welcher Mittel bedienten sich die Bauern, um sich von feudalistischen Bindungen, Diensten und Lasten zu lösen?*
2. *Vergleichen Sie die Ziele der Landbevölkerung mit den Märzforderungen des städtischen Bürgertums.*
3. *Zeigen Sie auf, wie die Agrarunruhen zu einem Prestigeverlust der konservativen Autoritäten führen konnten.*

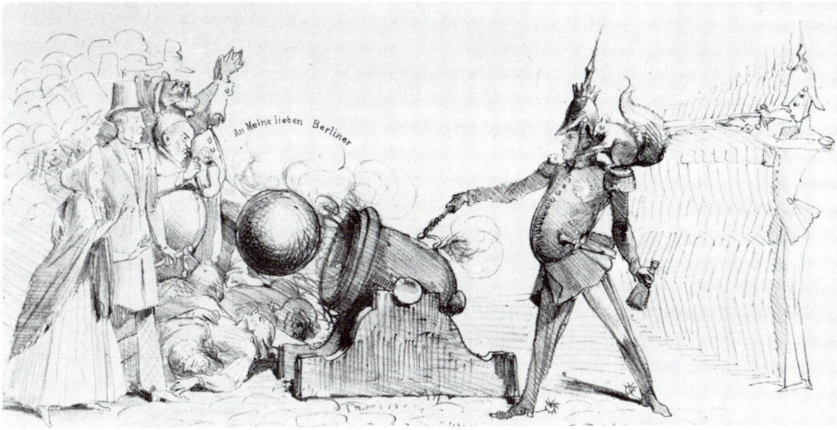

Am 19. März 1848 ließ Friedrich Wilhelm IV. seine Erklärung „An meine lieben Berliner!" verbreiten. Darin gab er den Rückzug seiner Truppen nach den Barrikadenkämpfen bekannt. Diesen Vorgang illustriert die Lithographie aus dem Jahr 1848, die unter der Überschrift „Das große Mißverständnis" veröffentlicht wurde.

M 2

Die März-Gefallenen in Berlin

Im Laufe des Monats März 1848 kamen in Auseinandersetzungen mit dem Militär insgesamt 303 Einwohner ums Leben.

„Arbeitsleute und Proletarier": (Arbeitsmänner, Buchdrucker, Eisenbahnarbeiter, Färber, Kattundrucker, Maschinenarbeiter, Seidenwirker, Weber, Wollsortierer)	52	*„Gebildete Stände":* (1 Regierungsreferendar, 1 Künstler, 1 Kaufmann, 1 Fabrikant, 1 Privatsekretär, 2 Subalternbeamte, 2 Studenten, 1 Rentier, 5 Übrige)	15
Lehrlinge:	13	*Berufslose Frauen:* (Es wurden insgesamt 11 Frauen getötet: 2 Arbeitsfrauen, 2 Dienstmägde, 1 Handarbeiterin, 1 Korbmacher-Ehefrau, 1 Schneiderin, 1 Seidenwirkers-Ehefrau, 1 Tischlergesellenwitwe, 1 Webermeister-Ehefrau, 1 Obersteuerinspektorstochter als Unbeteiligte)	7
Gesellen: (davon 27 Tischler, 15 Schneider, 11 Schuhmacher, 10 Schlosser, 8 Schmiede, 8 Seidenwirker, 7 Buchbinder, 5 Zimmerleute, 4 Maurer, 20 Übrige)	115		
Meister:	29		
Diener, Kleinhändler: (Hausknecht, Briefträger, Reitknecht, Handlungsdiener, Kellner, Viktualienhändler)	34	*Berufslose Knaben:*	4
		Nicht Identifizierte:	33
		Identifizierte ohne Berufsangabe:	1
			303

Wolfram Siemann, Die deutsche Revolution von 1848/49, Frankfurt 1985, S. 69

1. *Aus welchen Schichten und Lebensbereichen stammten die Hauptträger des Kampfes gegen das Militär?*
2. *Welche politische Bedeutung ist der Tatsache zuzumessen, daß sich auf seiten der Revolutionäre keine Soldaten befanden?*

M 3

Die Atmosphäre in Berlin nach den Barrikadenkämpfen

Die in Ostpreußen geborene Schriftstellerin Fanny Lewald (1811–1889) wurde durch eine Reihe vielgelesener Unterhaltungsromane bekannt. In ihren Veröffentlichungen wurde ihre emanzipatorische, liberale Einstellung deutlich. Unter dem Datum vom 11. April 1848 berichtet sie in ihren Erinnerungen:

Es sind nun fast vierzehn Tage her, daß ich, von Paris zurückgekehrt, hier in Berlin lebe, und noch immer ist mir die veränderte Physiognomie[1]) Berlins eine auffallende Erscheinung. Als wir, in der Nacht zum ersten April durch das Potsdamer Tor einfahrend, an dem Kriegsministerium in der Leipziger Straße vorüberkamen, vor dem, statt des militärischen Ehrenpostens, zwei Studenten mit roten Mützen Wache hielten, die ihre Zigarren rauchten, glaubte ich wirklich zu träumen. Aber wie stieg erst meine Verwunderung, als ich in den nächsten Tagen die Straßen Berlins ohne Militär sah; als keine Gardeoffiziere, bei Kranzler Eis essend, ihre Füße über das Eisengitter des Balkons streckten; als mir alle die Schilder fehlten, welche vor wenig Wochen so stolz mit dem Titel „Hoflieferant" geprangt hatten, und als an allen Ecken unzensierte Zeitungsblätter und Plakate, ja selbst Zigarren verkauft wurden, während sonst das Rauchen auf der Straße bei 2 Thlr. Strafe verboten und sogar die Inschriften der Leichensteine zensurpflichtig waren.
Verwüstungen durch die Revolution bin ich in der Stadt nicht gewahr worden, soweit sie vom Volke ausgegangen sind, denn die Spuren der Kartätschenkugeln an den Häusern sind nur zu sichtbar. Nur in der Nähe des neuen Tores sind die Artillerievorratshäuser niedergebrannt, und dadurch ist ein sehr beklagenswerter Verlust an Kriegsgerät herbeigeführt worden. Aber nirgends hat sich das Volk gegen die Paläste des Königs oder der Prinzen gewendet, nirgends das Eigentum angetastet; und es ist mir eine Genugtuung, daß sich keine Spur von Roheit im Volke gezeigt, daß selbst der König in allen Proklamationen den Edelmut und die Mäßigung der Kämpfenden lobpreisend anerkannt hat.
Was mir aber, im Hinblick auf Paris, schmerzlich auffiel, das ist der Mangel an Freudigkeit über den Sieg, der fehlende Schwung des Enthusiasmus, die mich in Paris so sehr überraschten. Keine begeisternden Lieder, keine jener siegestrunkenen Zurufe, welche dort von Mund zu Mund gingen und so elektrisch wirkten. [. . .] Wir haben keinen deutschen Volksgesang, und „es lebe der überwundene Absolutismus" (denn weiter halten wir ja noch nicht) kann man eben nicht rufen. Das aber ist noch nicht das Schlimmste. Was mich beängstigt, ist das Gefühl der Unsicherheit, das ich hier an so vielen Menschen wahrnehme und von dem in Paris keine Spur vorhanden war. [. . .]
Es ist wahr, die Bürokratie ist höflich geworden, der alte Minister Kamptz, der vieljährige Verfolger der deutschen Burschenschaft, geht mit der dreifarbigen Kokarde am Hute unter den Linden spazieren. Vor dem Palais des Prinzen von Preußen, das als ein Nationaleigentum erklärt ist, halten Studenten Wache, im königlichen Schlosse das Künstlerkorps, die Bürgerwehr hat die übrigen Posten besetzt, und die Sicherheit der Straßen ist vollkommen, auch ohne die Aufsicht der Gendarmerie. Wir haben auch Volksversammlungen, Klubs, an denen sich tüchtige Männer beteiligen, in denen vortreffliche Reden gehalten werden sollen. Männer und Frauen der arbeitenden Stände stehen an den

[1]) äußere Erscheinung

Straßenecken, an den Brunnen, um die angehefteten Plakate zu lesen, fordern Erklärungen und verstehen alles, was man ihnen sagen kann, auf halbem Wege. Die Handwerker, die Gesellen sollen vollkommen in der Zeit, vollkommen auf der Höhe der Ereignisse sein; ein großer und edler Teil der Bevölkerung sieht mit opferfreudiger Begeisterung in die Zukunft – aber der Untertänigkeitsgeist eines absolutistisch regierten Volkes, die Angst vieler Besitzenden vor möglichen Verlusten und der weit verzweigte bürokratische Kastengeist sind damit noch lange nicht überwunden.

Fanny Lewald, Erinnerungen aus dem Jahr 1848, Frankfurt 1969, S. 74 ff.

1. *Welche Auswirkungen der erfolgreichen Revolution sind im Alltagsleben Berlins spürbar? Welche Personengruppen scheinen politisch besonders aktiv gewesen zu sein?*
2. *Welche positiven Verhaltensweisen erblickt Fanny Lewald bei den Anhängern der Revolution? Was veranlaßt sie zu Befürchtungen über die weitere Entwicklung?*

Die Nationalversammlung im Widerstreit unterschiedlicher Vorstellungen

Wahl und Zusammensetzung der deutschen Nationalversammlung

Die Wahlen zur Nationalversammlung wurden aufgrund gleichen Stimmrechts für alle „selbständigen" erwachsenen Männer durchgeführt. Neben anderen Einzelheiten des Wahlrechts konnte jeder Bundesstaat festsetzen, wer als unselbständig galt. In Preußen rechnete nur dazu, wer Armenunterstützung bezog, in Österreich, wer in einem „Dienstverhältnis" stand, in Bayern alle Einwohner, die keinerlei direkte Staatssteuer zahlten. Im Durchschnitt waren etwa 80 % der Männer über 20 Jahre stimmberechtigt. Die Wahlbeteiligung lag zwischen 40 % (in Holstein, Sachsen) und 80 % (in Württemberg).
Bei den Wahlen vom 1. Mai 1848 gab es noch keine politischen Parteien. Gewählt wurden bevorzugt Angehörige des Bildungsbürgertums: insgesamt 585 Abgeordnete und 227 Stellvertreter. Arbeiter waren in der Paulskirche nicht vertreten (▷ M 1). Die erste frei gewählte Volksvertretung des gesamten deutschen Volkes trat am 18. Mai in der Frankfurter *Paulskirche* zusammen.

Ziele der „Rechten" und der „Linken"

Die Anfänge des modernen Parteienwesens in Deutschland sind mit der Geschichte der Nationalversammlung eng verbunden. Abgeordnete ähnlicher Anschauungen fanden sich bald in *Fraktionen* zusammen, die nach den jeweiligen Tagungsorten, verschiedenen Frankfurter Gaststätten, benannt wurden. Schnell bildete sich in der Volksvertretung eine Rechte, eine Linke und ein breites mittleres Zentrum heraus. In den Debatten traten die unterschiedlichen Fronten dadurch deutlicher hervor, und die Arbeit des Parlaments konnte erheblich gestrafft werden.

Die Grundhaltung der konservativen, christlichen, partikularistischen Abgeordneten der Rechten („Caféhaus Milani") war antizentralistisch. In dem neuen Gesamtstaat wollten sie die Selbständigkeit der monarchisch regierten Einzelstaaten möglichst wenig eingeschränkt, das föderative Element besonders gesichert wissen.
Die – vom Parlamentspräsidenten her gesehen – auf der linken Seite der Paulskirche sitzenden Demokraten wünschten umgekehrt eine starke Zentralgewalt. Ihrem republikanischen Verfassungsideal entsprach ein nur aus einer einzigen Kammer bestehendes Parlament, das nach jeder Neuwahl einen Präsidenten bestimmte, dessen Ministerium der Volksvertretung verantwortlich war. Alle Bürger sollten rechtlich und politisch gleichgestellt sein. Während die im „Donnersberg" zusammengeschlossene äußerste Linke nicht abgeneigt schien, ihre Ziele durch neuerliche revolutionäre Aktionen voranzutreiben, wollten die gemäßigten Demokraten („Deutscher Hof") den gesetzlichen Weg nicht verlassen. Ihr besonderes Anliegen war die Integration der unteren Schichten in den neuen Staat.

Die liberale Mitte

„Linke" und „Rechte" vertraten jeweils nur eine Minderheit der Abgeordneten. Aber auch die liberale Mitte, das „Zentrum", dem sich die meisten Volksvertreter zugehörig fühlten, bestand aus verschiedenen Gruppierungen. Den Demokraten am nächsten standen die als „Linke im Frack" bezeichneten, überwiegend aus Süddeutschland stammenden Abgeordneten von „Westendhall". Sie befürworteten ebenfalls das allgemeine, gleiche Wahlrecht und waren bereit, eine konstitutionelle Monarchie zu tolerieren.
Am nachhaltigsten wurde die Verfassungsgestaltung der Nationalversammlung jedoch von den gemäßigten Liberalen des „rechten Zentrums" geprägt. Die ihnen zugehörige „Casino-Partei" bildete die stärkste Fraktion des Parlaments. Sie trat für einen Bundesstaat mit starken Kompetenzen der Zentralgewalt ein und plädierte für eine durch Verfassung in ihrer Macht beschränkte Monarchie. Die Volksvertretung sollte sich auf die Aufgaben der Gesetzgebung beschränken und nicht in die Exekutive eingreifen. Das Wahlrecht sollte Männern mit Bildung oder Besitz vorbehalten bleiben.

Donnersberg	Deutscher Hof	Westendhall	Württemberger Hof	Augsburger Hof	Landsberg	Casino	Café Milani	bei keiner Fraktion
7 %	8 %	7 %	6 %	7 %	6 %	21 %	6 %	32 %
„Linke"							„Rechte"	
		„linkes Zentrum"		„rechtes Zentrum"				
demokratisch		parlamentarisch-liberal		konstitutionell-liberal			konservativ	

Die Abgeordneten der deutschen Nationalversammlung in der Frankfurter Paulskirche.

Hinter den Vorstellungen der rechten Liberalen verbargen sich auch gesellschaftspolitische Ängste. Sie kämpften zwar für Freiheit und Gleichheit vor dem Gesetz gegen staatliche Repression und Reaktion, befürchteten zugleich aber eine Gefährdung der bürgerlichen Gesellschaftsordnung durch eine revolutionäre Systemveränderung. Mit der demokratischen Republik verbanden sie oft die Vorstellung von Sozialrevolution und Anarchie. Genährt wurden solche Ängste durch das erste selbständige Auftreten einer Sozialreformen fordernden Arbeiterbewegung. Vor allem die Erhebung der Pariser Arbeiterschaft vom Juni 1848 verstärkte im Bürgertum die Angst vor der „roten Gefahr". Unter dem Symbol der roten Fahne hatten sich Arbeiter gegen die von der bürgerlichen Mehrheit geforderte Schließung der unrentablen „Nationalwerkstätten" zur Beschäftigung von Arbeitslosen zur Wehr gesetzt. Dieser erste große, blutig unterdrückte Arbeiteraufstand Europas kostete Tausende von Menschenleben.

Eine provisorische Regierung wird eingesetzt

Schon im Juni 1848, längst bevor die neue Verfassungsordnung feststand, tat die Nationalversammlung auf Vorschlag des Parlamentspräsidenten *Heinrich von Gagern*[1]) „einen kühnen Griff" und setzte ohne vorausgehende Vereinbarungen mit den Landesfürsten eine provisorische Zentralgewalt ein.

[1]) Heinrich von Gagern (1799–1880), ehemaliger Burschenschafter, Jurist, Abgeordneter in Hessen-Darmstadt, in der Paulskirche Exponent der gemäßigt liberalen Mitte

Zum vorläufigen Reichsoberhaupt („Reichsverweser") wurde der bürgernahe *Erzherzog Johann von Österreich*[1]) gewählt. Die von ihm ernannten Minister der Reichsregierung waren dem Parlament verantwortlich. Der größte Teil der deutschen Öffentlichkeit war begeistert, die Einzelstaaten akzeptierten die Wahl Johanns, der Bundestag übertrug ihm seine Kompetenzen und stellte seine Tätigkeit ein.
Die tatsächliche Macht der neuen Reichsexekutive blieb allerdings gering. Viele ausländische Mächte erkannten das neue Deutschland völkerrechtlich noch nicht an. Der Zentralregierung fehlten ein eigener Verwaltungsapparat und eigene Einnahmen, vor allem aber war sie auf die Truppen der Bundesländer angewiesen. So führte die vorläufige Regierung eher ein Schattendasein.

Wo sollen Deutschlands Grenzen verlaufen?

Als die Debatten um die Grenzen des künftigen deutschen Staates begannen, zeigte sich die Mehrheit der Abgeordneten bald einig, kein Gebiet des Deutschen Bundes von 1815 aufzugeben. Die Paulskirche hielt am Besitz des italienisch bewohnten Teiles Südtirols fest und sah die Einbeziehung ganz Böhmens und Mährens vor, deren tschechische Einwohner bereits die Wahlen zur Frankfurter Nationalversammlung demonstrativ boykottiert hatten. Andere Gebiete, die nicht zum Deutschen Bund gehört hatten, sollten neu in das Staatsgebiet aufgenommen werden: neben Ost- und Westpreußen auch der größte Teil des überwiegend polnisch besiedelten Posens, außerdem das zugleich von Deutschland und Dänemark beanspruchte Schleswig. Deutsche und nichtdeutsche Nationalbewegungen prallten also in vielen Gebieten aufeinander. Um Schleswigs Zukunft wurde 1848 sogar ein Krieg geführt. Der Druck der Großmächte Rußland und England brachte aber die preußisch-deutschen Truppen um den Erfolg. Die Nationalversammlung verlor stark an Ansehen, als sie den zwischen Preußen und Dänemark in Malmö ausgehandelten Waffenstillstand im September 1848 schließlich doch akzeptieren mußte. Die Autorität des Parlaments litt weiter, als daraufhin Tumulte radikaler Demokraten in Frankfurt nur durch preußische und österreichische Truppen niedergeschlagen werden konnten.

Ist eine großdeutsche Lösung realisierbar?

Das schwierigste Problem bei der territorialen Organisation des neuen Staates war das Verhältnis zu Österreich. Für einen Verzicht auf sämtliche österreichische Gebiete, also eine „kleindeutsche" Lösung trat zunächst nur eine Minderheit preußenfreundlich gesinnter Volksvertreter ein. Eine solche kleindeutsche Lösung hätte die im Habsburger Reich lebenden Deutschen von vornherein aus dem künftigen Nationalstaat ausgeschlossen. Auch wegen der

[1]) Johann von Österreich (1782–1859), Sohn Kaiser Leopolds II., trat im Dezember 1849 als Reichsverweser zurück.

sonst unausbleiblichen Führungsrolle Preußens im neuen Staat entschied sich die Mehrheit für den „großdeutschen" Weg. Allerdings plädierten nur wenige Abgeordnete für eine Aufnahme ganz Österreichs (großösterreichische Lösung), um den nationalen Charakter der neuen Staatsgründung nicht preiszugeben. Die Paulskirche beschloß deshalb im Herbst 1848, nur die zum Deutschen Bunde gehörigen deutschen und böhmischen Länder Österreichs in den neuen Staat aufzunehmen, nicht aber den riesigen Ostteil des Vielvölkerstaates (▷M 2, M 3). Deutsche und nichtdeutsche Gebiete der Donaumonarchie sollten nur durch eine Personalunion miteinander verbunden bleiben. Eine solche staatsrechtliche Auflösung stellte freilich die bisherige Existenzgrundlage und das Selbstverständnis des Habsburger Reiches in Frage.
Als Österreich erwartungsgemäß ablehnte, setzte sich schließlich die Idee durch, einen deutschen Bundesstaat ohne Österreich zu schaffen („engerer Bund") und diesen in einem Staatenbund völkerrechtlich mit der österreichischen Gesamtmonarchie zu verbinden („weiterer Bund"). Nach dem Sieg der Gegenrevolution in Österreich ließ sich aber auch dieses Konzept nicht verwirklichen.

Berufliche Zusammensetzung der Frankfurter Nationalversammlung **M 1**

Da neben den Abgeordneten auch Stellvertreter gewählt wurden, die teilweise einberufen wurden, ergab sich insgesamt eine Abgeordnetenzahl von circa 812 Männern. In der Regel beteiligten sich zwischen 400 und 540 Volksvertretern an den Abstimmungen.

Höhere Beamte, Landräte	115		Großkaufleute, Kaufleute	35	
Mittlere Beamte	37		Fabrikanten	14	
Bürgermeister, Kommunalbeamte	21		Verleger, Buchhändler	7	
Richter, Staatsanwälte	110		*Wirtschaftsbürgertum insgesamt:*		*56*
Offiziere	18		*Landwirte (Großgrundbesitzer u. 3 Bauern):*		*46*
Diplomaten	11				
Hochschullehrer (49), Gymnasiallehrer	94		*Handwerker insgesamt:*		*4*
Sonstige Lehrer	30		*Promovierte ohne Berufsangabe*		*35*
Staatsdiener insgesamt:		*436*			
Geistliche		*39*	*Sonstige Berufe*		*3*
Rechtsanwälte, Advokaten	106		*Nicht ermittelt*		*44*
Ärzte	23				
Schriftsteller, Journalisten	20				
Freiberufliche Intelligenz insgesamt:		*149*			
					812

Die Fraktionen wiesen in ihrer sozialen Zusammensetzung gewisse Regelmäßigkeiten auf, die – von rechts bis links besehen – eine wachsende Distanz zu den bestehenden Verfassungen in Deutschland und zum Staatsdienst anzeigten. Auf der Rechten und im rechten Zentrum – bei den Mehrheitsfraktionen – häuften sich höhere Staatsbeamte, Richter und Hochschullehrer; hinzu kamen adelige Grundbesitzer und Großkaufleute; freie Berufe fanden sich hier seltener, im „Casino" etwa nur zu 10 % . Im linken Zentrum („Württemberger Hof" bis „Westendhall") hielten sich freie Berufe und Angehörige der Mittelschichten einerseits, Grundbesitzer, Großkaufleute und höhere Beamte andererseits die Waage. Auf der Linken dominierte mit 40 % im „Deutschen Hof" und 50 % im „Donnersberg" die freiberufliche Intelligenz; zudem fand sich hier mit 30 % ein beträchtlicher Anteil von Abgeordneten der unteren Mittelklasse.

Wolfram Siemann, Die deutsche Revolution von 1848/49, Frankfurt 1985, S. 126 und 130

1. *Die Paulskirche wurde früher gerne als „Professorenparlament" charakterisiert, neuerdings spricht man meist von einem „Beamten"- oder einem „Juristenparlament". Vergleichen Sie die tabellarische Übersicht mit diesen Bezeichnungen. Welche Auffälligkeiten ergeben sich bei einer Analyse einzelner politischer Richtungen der Paulskirche (siehe Seite 98)?*
2. *Welche Berufsgruppen oder großen Lebensbereiche scheinen Ihnen unterrepräsentiert? Welche Erklärungen könnte es dafür geben? Vergleichen Sie auch mit der Liste der Märzgefallenen (M 2, Seite 95).*
3. *Halten Sie die Forderung, eine Volksvertretung solle im großen und ganzen ein Abbild der tatsächlich vorhandenen gesellschaftlichen Gruppen und Schichten sein, für berechtigt oder für „naiv"? Informieren Sie sich über die Zusammensetzung des heutigen Deutschen Bundestags.*

M 2 Welche Gebiete soll der neue Staat umfassen?

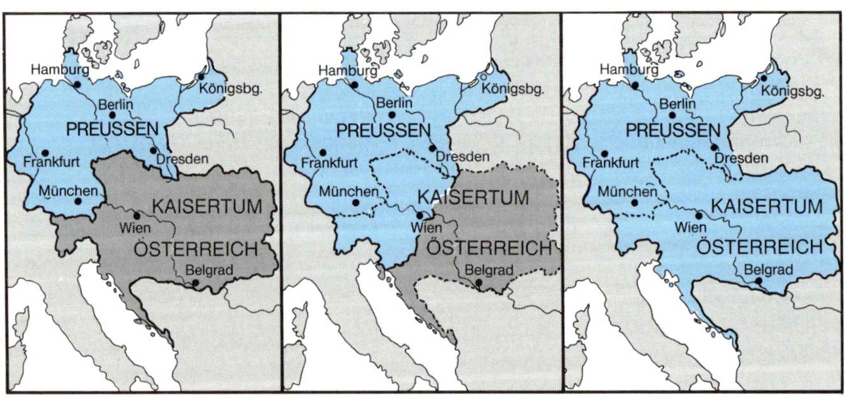

Kleindeutsche Lösung | Großdeutsche Lösung | Großösterreichische Lösung („70-Millionen-Reich")

Erörtern Sie die Vor- und Nachteile der drei zur Diskussion stehenden Lösungen. Denken Sie dabei sowohl an das Ziel der Paulskirche als auch an die Interessen Österreichs.

M 3

Großdeutsch oder kleindeutsch?

Die Mehrheit der in der Paulskirche tagenden Nationalversammlung trat ursprünglich für die „großdeutsche" Lösung ein. Zu ihren entschiedensten Verfechtern gehörte auch der württembergische Dichter und Politiker Ludwig Uhland (1787–1862). Am 22. Januar 1849 sprach er vor der Nationalversammlung.

Die deutsche Einheit soll geschaffen werden; diese Einheit ist aber nicht eine Ziffer; sonst könnte man fort und fort den Reichsapfel abschälen, bis zuletzt Deutschland in Liechtenstein aufginge. (Heiterkeit und Bravo auf der Linken.) Eine wahre Einigung muß alle deutschen Ländergebiete zusammenfassen. Das ist eine stümperhafte Einheit, die ein Drittteil der deutschen Länder außerhalb der Einigung läßt. Daß es schwierig ist, Österreich mit dem übrigen Deutschland zu vereinigen, wissen wir alle; aber es scheint, manche nehmen es auch zu leicht, auf Österreich zu verzichten. (Zustimmung auf der Linken.) Manchmal, wenn in diesem Saale österreichische Abgeordnete sprachen, und wenn sie gar nicht in meinem Sinne redeten, war mir doch, als ob ich eine Stimme von den Tiroler Bergen vernehme oder das Adriatische Meer rauschen höre. (Lebhaftes Bravo auf der Linken und dem linken Centrum.) Wie verengt sich unser Gesichtskreis, wenn Österreich von uns ausgeschieden ist! Die westlichen Hochgebirge weichen zurück, die volle und breite Donau spiegelt nicht mehr deutsche Ufer. Es genügt nicht, staatsmännische Pläne auszusinnen und abzumessen, man muß sich in die Anschauung, in das Land selbst versetzen, man muß sich vergegenwärtigen die reiche Lebensfülle Deutsch-Österreichs. Welche Einbuße wir an Macht, an Gebiet, an Volkszahl erleiden würden, das ist hinreichend erörtert, ich füge nur eines bei: Deutschland würde ärmer um alle die Kraft des Geistes und Gemütes, die in einer deutschen Bevölkerung von acht Millionen lebendig ist. Ich glaube, meine Herren, daß, wenn wir mit einem Bundesstaat ohne Österreich nach Hause kommen, unser Werk nicht überall wird gelobt werden; ich glaube dieses namentlich von dem südlichen Deutschland sagen zu können, wo zwischen der dortigen Bevölkerung und der österreichischen eine nahe Verwandtschaft der Naturanlagen und der geschichtlichen Erinnerungen obwaltet. Schonen Sie, meine Herren, das Volksgefühl! [. . .]

Mitten in der Zerrissenheit dieser Versammlung war mir das ein erhebendes Gefühl, daß, so sehr wir uns oft gegeneinander aufbäumen, wir dennoch durch das nicht mehr zu brechende, im Volksbewußtsein gefestigte Gebot der deutschen Einheit wie mit eisernen Banden zusammengeschmiedet sind; trennen Sie Österreich ab, so ist das Band zerschlagen.

Stenographischer Bericht über die Verhandlungen der deutschen constituierenden Nationalversammlung zu Frankfurt a. M., 1849, Band VII, S. 4819

1. *Nennen Sie die Argumente für eine Einbeziehung der zum Deutschen Bund gehörenden Länder Österreichs.*
2. *Inwiefern war es tatsächlich schwierig, die Deutschen Österreichs „mit dem übrigen Deutschland zu vereinigen"?*
3. *Überlegen Sie sich Argumente zugunsten der „kleindeutschen Lösung".*

Grundzüge des Verfassungsentwurfs von 1849

Die Grundrechte des deutschen Volkes

Nach dem Zusammentritt der Nationalversammlung standen zunächst die Grundrechte im Mittelpunkt der Beratungen – eine Konsequenz aus den Erfahrungen der Rechtsunsicherheit in der Epoche des Vormärz. Trotz aller sonstigen Meinungsunterschiede herrschte hier weitgehend Einigkeit. Festgelegt wurden die Freiheit der Person, und damit das Ende von Untertänigkeit und Hörigkeit, der Zugang zu allen Ämtern, gleiche Wehrpflicht, die Freiheit der Vereinsbildung und politischen Versammlung, die Freiheit von Lehre und Forschung, die Freiheit der Presse, das Beschwerderecht jedes Staatsbürgers, der Schutz vor willkürlicher Enteignung usw. Der Grundrechtskatalog der Paulskirche diente auch späteren deutschen Verfassungen als Vorbild (▷ M 1).

Eine Mehrheit für den kleindeutschen Bundesstaat unter preußischer Führung

Anfang März 1849 verlangte der österreichische Ministerpräsident Fürst *Schwarzenberg*[1]) die uneingeschränkte Zugehörigkeit des *gesamten* Habsburger Reiches zu einem föderativ organisierten deutschen Staatenbund. Dieses neue mitteleuropäische Reich, für das Schwarzenberg nicht einmal eine Volksvertretung vorgesehen hatte, hätte 70 Millionen Menschen umfaßt, davon 38 Millionen Angehörige des Habsburger Reiches. Enttäuscht über das Ultimatum Österreichs, schwenkten viele Abgeordnete ins Lager der Kleindeutschen, die damit über die Majorität in der Paulskirche verfügten.
Die Mehrheit in der Nationalversammlung und in der Bevölkerung wollte für das künftige deutsche Reich die monarchische Staatsform erhalten wissen. Ein „Kaiser der Deutschen“ sollte Staatsoberhaupt werden. Diese Würde sollte einem regierenden Fürsten – damit war der preußische Hohenzollernkönig gemeint – zufallen. Mit nur vier Stimmen Mehrheit wurde schließlich auch beschlossen, die Kaiserwürde erblich zu machen, d. h. auf ein „Wahlkaisertum“ und damit einen künftigen Wechsel im Herrscherhaus zu verzichten (▷ M 2).
Die Verfassungsbeschlüsse der Paulskirche und die anschließend vollzogene Wahl des Preußenkönigs Friedrich Wilhelm zum ersten Kaiser am 28. März 1849 machten deutlich, daß das vorgesehene Hohenzollernsche Erbkaisertum seine Legitimation und seinen Ursprung einer Entscheidung der souveränen Nation verdankte.

Unitarische und föderative Elemente der Reichsverfassung

Während im Deutschen Bund die Souveränität der Einzelländer weitgehend erhalten geblieben war, sollte im neu zu gründenden Bundesstaat der „unitarische“ Charakter besonders betont werden, das heißt, der Gesamtstaat sollte starke Kompetenzen erhalten.

[1]) Felix Fürst zu Schwarzenberg (1800–1852), aus böhmischen Adel, war von November 1848 bis zu seinem Tod Ministerpräsident und Außenminister.

Das Reich allein war zuständig für die Außenpolitik, ihm sollten Gesetzgebung und Organisation von Heer und Marine, Schiffahrt, Post, Eisenbahn, Zoll, Münze, Maß- und Gewichtswesen zustehen. Den Ländern verblieben die übrigen, nicht vom Reich beanspruchten Gesetzgebungsgegenstände. Nach dem Vorbild des Kongresses der USA sollte das föderalistische Element zudem durch ein Zweikammersystem in der Legislative mitberücksichtigt werden.

Der Reichstag: „Staatenhaus" und „Volkshaus"

Der Reichstag bestand aus zwei Kammern: *Staatenhaus* und *Volkshaus.* Im Staatenhaus konnten die Einzelstaaten ihre föderalistischen Interessen vertreten. 168 Mitglieder wurden je zur Hälfte von den Regierungen und den Länderparlamenten bestimmt.

Politisch wichtiger als diese Länderkammer war das Volkshaus, das die Gesamtnation repräsentierte. Die Verfassung sah vor, die Abgeordneten nach dem allgemeinen, gleichen, direkten und geheimen Stimmrecht wählen zu lassen. Ein derartiges Zugeständnis an demokratische Forderungen hatten die gemäßigten Liberalen des rechten Zentrums den Linken in der Paulskirche machen müssen, um aus deren Reihen als Gegenleistung genügend Stimmen für das Erbkaisertum zu erhalten (▷ M3).

Das konstitutionelle Regierungssystem im Verfassungsentwurf von 1849

Der Verfassungsentwurf der Paulskirche sah die konstitutionelle Monarchie vor. Der Kaiser stand an der Spitze der Exekutive. Er ernannte die Reichsregierung. Politische Entscheidungen des Kaisers bedurften allerdings der Gegenzeichnung durch ein Regierungsmitglied, das der Volksvertretung gegenüber die Verantwortung übernahm und bei einem Gesetzesverstoß angeklagt werden konnte.

Der Reichstag besaß das Gesetzgebungs- und das für die Kontrolle der Exekutive wichtige Budgetrecht. Staatshaushalt und alle Gesetze kamen nur dann zustande, wenn eine Mehrheit in beiden Kammern zustimmte. Die Gesetzesinitiative besaßen Volkshaus, Staatenhaus und Kaiser. Dieser hatte gegenüber Reichstagsbeschlüssen nur ein *suspensives (aufschiebendes) Veto;* in zwei neuen Sitzungsperioden konnte der Reichstag seinen Beschluß wiederholen und rechtskräftig machen. Mit dem Recht, das Volkshaus vorzeitig aufzulösen, hielt der Kaiser aber ein politisches Druckmittel gegenüber dem Parlament in der Hand.

Das Werk der Paulskirche ging aus einem Kompromiß unterschiedlicher politischer Interessen, unitarischer und föderalistischer, monarchischer und demokratischer Bestrebungen hervor, wirkte aber doch in sich genügend geschlossen und praktikabel. Der auf dem freien Volkswillen begründete und für seine Zeit fortschrittliche Entwurf steht am Beginn der schwarz-rot-goldenen Verfassungstradition des deutschen Volkes.

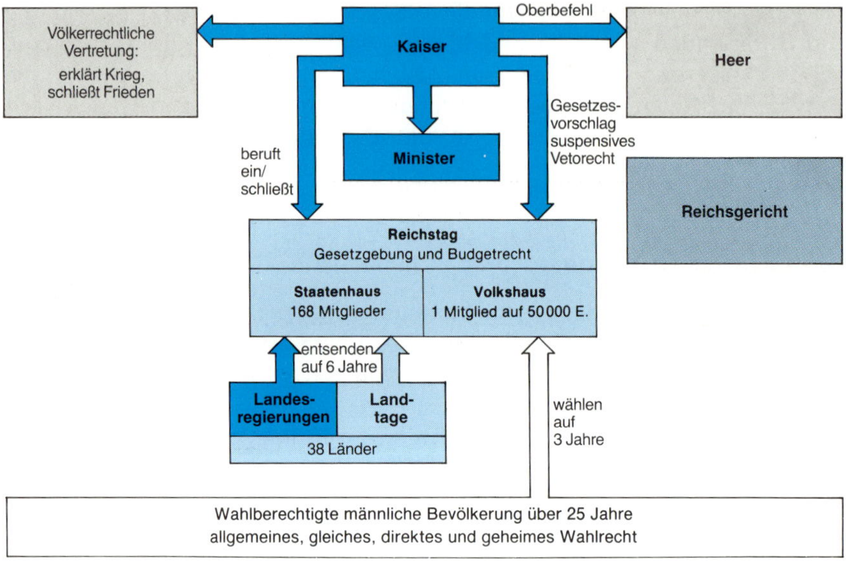

Geplante Verfassung der Paulskirche.
Ursprünglich waren für das Staatenhaus 192 Mitglieder vorgesehen. Wegen des Rückzugs der österreichischen Abgeordneten verringerte sich die Zahl auf 168 Mitglieder.

M 1 Zuerst beratschlagt und beschlossen: Die Grundrechte des deutschen Volkes

Die Erarbeitung der „Grundrechte des deutschen Volkes" zog sich über Monate hin. Sie wurden schließlich noch vor ihrer Aufnahme in die Reichsverfassung am 27. Dezember 1848 als Reichsgesetz verkündet. Die Hintergründe für dieses Vorgehen erläutert der Historiker Thomas Nipperdey.

Grundrechte waren das Palladium[1]) der freiheitlich-volkstümlichen Neuordnung – gegen den Feudalismus und den absolutistischen Obrigkeits- und Polizeistaat, und gegen beides hatte sich doch die Revolution so vehement gerichtet. Grundrechte waren eine elementare, emotionale, populäre Realität, sie waren die Glaubensartikel der bürgerlichen Konfession und der Sinn des Verfassungsstaates. Sie waren keine deklaratorischen Programmsätze, sondern sie änderten das Leben und die Verhältnisse. Sie waren eine Waffe. Sie waren revolutionär, und sie waren realistisch. Und sie waren auch das Palladium der nationalen Einheit: sie sollten ja in ganz Deutschland gelten, vor allen Partikularrechten; sie sollten Freiheit des Einzelnen gesamtstaatlich sichern, das war der freiheitsstiftende Sinn der Einheit – gegen Landesabsolutismus und Partikularismus. Das voranzustellen war, gerade wenn man die Erwartungen der Wähler mit beachtet, durchaus verständlich und legitim. Es gab noch andere Motive, taktischer und vielleicht politischer Art. Grundrechte waren ein Gebiet, wo es große Gemeinsamkeiten gab, wo man sich einigen konnte; manche hofften, daß sich die schwereren Fragen mit der Zeit besser lösen

[1]) Schutzbild, schützendes Heiligtum, höchstes Gut

ließen; manche der kleindeutschen „Realisten“, daß die preußische Lösung Zeit brauche, sich in den Gemütern durchzusetzen, und daß die anderen Alternativen erst erschöpft sein müßten. Und fast alle, Linke wie Rechte, sahen in den Grundrechten ein Mittel, eine soziale Revolution auf- oder abzufangen. Wir können das verstehen, und wir wollen nicht rechten. Aber es bleibt ein Fehlschlag, daß man die Stunde der relativen Stärke verstreichen ließ, die harten Fragen, was mit Österreich, was mit einem Kaiser, was mit dem Parlament und dem Wahlrecht werden sollte, den Sommer über aufsparte, nicht zur Entscheidung stellte und trieb. Alle Grundrechte blieben ja auf dem Papier, solange kein deutscher Staat bestand. Und je länger die großen Entscheidungen sich hinzogen, desto heftiger wurden die Widerstände, erst des Partikularismus und dann der Gegenrevolution. Freilich, wahrscheinlich hätten sich die harten Fragen im Sommer nicht entscheiden lassen, und wahrscheinlich hätte auch eine solche frühere Entscheidung die Chance der Revolution nicht wesentlich erhöht. Wir wissen es nicht. Aber man hat es nicht versucht.

Thomas Nipperdey, Deutsche Geschichte 1800–1866. Bürgerwelt und starker Staat, München, 2. Auflage 1984, S. 616

1. *Inwiefern kann man es als einen Fehler der Paulskirchenabgeordneten ansehen, daß sie zuerst so ausführlich über die Grundrechte debattierten?*
2. *Aus welchen unterschiedlichen Gründen läßt sich nach Nipperdey die bevorzugte Behandlung der Grundrechte erklären?*
3. *Würden Sie die Grundrechte unseres Grundgesetzes auch als „eine Waffe“ bezeichnen?*

„Ein Jüngling mit grauen Haaren“

M 2

Am 22. Januar 1849 nahm Ludwig Uhland vor der Nationalversammlung zu der Frage Erb- oder Wahlkaisertum Stellung.

Ich erkläre mich für periodische Wahl des Reichsoberhauptes durch die Volksvertretung. In voriger Sitzung habe ich, ohne Aussicht auf Erfolg, für den weitesten Kreis der Wählbarkeit gestimmt und folgerichtig auch gegen denjenigen Paragraph des Entwurfes, vermöge dessen nur regierende Fürsten zu dieser Würde berufen werden können. Nachdem der Beschluß gefaßt worden ist, wie er lautet[1]), bleibt mir übrig, für Anträge zu stimmen, welche gegen die Erblichkeit und eben damit gegen die Bevorrechtigung eines einzelnen Staates und Stammes, sowie gegen den Ausschluß Österreichs gerichtet sind, [. . .]. Die von einem Teile des Ausschusses angetragene Erblichkeit und die damit zusammenhängende Unverantwortlichkeit ist eine Anwendung der Grundsätze des in den deutschen Einzelstaaten durchgeführten Systems der konstitutionellen Monarchie auf die neu zu gründende Würde des Reichsoberhauptes. [. . .] Wenn neulich behauptet worden ist, es sei ein Widerspruch, die Monarchie in den Zweigen zu erhalten und im Gipfel zu entbehren, so glaube ich, diesem Widerspruch einen anderen entgegenhalten zu können. Ist denn unsere politische Neugestaltung von der monarchischen, dynastischen, aristokratischen Seite des bisherigen deutschen Staatslebens ausgegangen? Nein!

[1]) „Die Würde des Reichsoberhauptes wird einem der regierenden deutschen Fürsten übertragen.“

unbestritten von der demokratischen. Die Wurzel also ist eine demokratische, der Gipfel aber schießt nicht von den Zweigen, sondern aus der Wurzel empor. (Bravo auf der Linken und im linken Centrum.) Das wäre dem natürlichen Wachstum der neu erstehenden deutschen Eiche nicht gemäß, wenn wir ihrem Gipfel ein Brutnest erblicher Reichsadler aufpflanzen wollten. (Bravo auf der Linken und im linken Centrum.) [. . .]
Ich spreche, wie gesagt, nicht *gegen* den Fortbestand der konstitutionell-monarchischen Verfassungen, aber davon bin ich nicht überzeugt, daß diese Staatsform mit ihren herkömmlichen Regeln für eine gänzlich neue, umfassende Schöpfung, für die Verfassung des deutschen Gesamtvaterlandes triebkräftig und maßgebend sein könne (Stimmen auf der Linken: Sehr wahr!) [. . .]
Die einmalige Wahl, vermöge welcher das zum ersten Mal gewählte Oberhaupt die Würde vererben würde, diese erste Wahl ist ein letzter Wille, ein besonders feierlicher Verzicht auf das Wahlrecht. Ich hoffe, meine Herren, Sie werden diesen Verzicht nicht aussprechen; er steht im Widerspruch mit dem Geiste, durch den Sie hierher gerufen sind. (Bravo auf der Linken.) Die Revolution und ein Erbkaiser – das ist ein Jüngling mit grauen Haaren. (Lebhaftes Bravo auf der Linken und dem linken Centrum.)

Stenographischer Bericht über die Verhandlungen der deutschen constituierenden Nationalversammlung zu Frankfurt a. M., 1849, Band VII, S. 4818 f.

1. *Arbeiten Sie aus dem Text Ansichten und Hinweise des Redners heraus, die seinen politischen Standort genauer erkennen lassen.*
2. *Stellen Sie die unterschiedlichen Argumente zusammen, mit denen Uhland den Vorzug des Wahlkaisertums vor dem Erbkaisertum zu begründen sucht.*
3. *Als künftige Staatsform Deutschlands standen 1848/49 Republik, Wahlkaisertum und Erbkaisertum (als konstitutionelle Monarchie) zur Debatte. Welche Lösung hätte Ihrer Ansicht nach unter Berücksichtigung der historischen Gegebenheiten den Vorrang verdient?*

M 3 Aus der Wahlrechtsdebatte der Paulskirche vom Februar 1849

Zu den wichtigsten Redeschlachten in der Paulskirche gehörten die Auseinandersetzungen um die Art des Wahlrechts. Die politischen Vorstellungen der Abgeordneten und Fraktionen wurden hier besonders deutlich. Die Abgeordneten der äußersten Rechten (Café Milani) beteiligten sich nicht an der Debatte.

Der Buchhändler und Staatssekretär im Reichsinnenministerium (August 1848–Mai 1849) Friedrich Daniel Bassermann (1811–1855) gehörte der rechtsliberalen „Casino"-Fraktion an.

Wer sich aber ein Besitztum durch Fleiß errungen, und es seinen Kindern erhalten wissen will, der hat ein Interesse daran, daß die Zukunft seines Vaterlandes durch weise Gesetze gesichert sei. Wenn Sie aber in die Volksvertretung diejenigen Klassen rufen, welche ohne alles Besitztum kein

Der Regierungsrat Dr. August Hermann Ziegert (1810–1882) gehörte der Fraktion des „Württemberger Hof" an.

Und wir, die von der Nation ernannten Gesetzgeber, sollten [. . .] das wichtigste politische Recht an den Besitz, an eine Zufälligkeit knüpfen, statt an den Menschen, an das heilige und geweihte Ebenbild Gottes? Das hieße die deutsche Revolution von 1848 verleugnen, das wäre ein Verrat

Interesse der Familienfortdauer, kein Interesse an der Zukunft haben, vielmehr sich den sozialistischen Lehren des bloß tierischen, augenblicklichen Genießens hingeben, dann, meine Herren, stürzen Sie auch den Staat um, der ja alleine auf dem Begriffe der Zukunft beruht. (Bravo auf der Rechten, Gelächter auf der Linken.) [...]

Meine Herren! Wenn Sie das Wahlrecht an irgendeinen Besitz, und sei es ein kleiner nur, binden, dann erst werden Sie am besten beruhigend auf die Arbeiterklassen wirken, indem diese dann, wenn sie wirklich einen Wert auf ein politisches Recht legen, durch Fleiß und Tätigkeit einen Besitz zu erlangen suchen werden, der sie zur Ausübung des Stimmrechts befähigt.

Stenographischer Bericht über die Verhandlungen der deutschen constituierenden Nationalversammlung zu Frankfurt a. M., 1849, Band VII, S. 5252

an unseren Kommittenten[1]), die uns in unbeschränkter Wahl hierher entsandt haben! [...] Meine Herren! Kommen Sie uns nicht mit der Behauptung der politischen Unreife, welche auf den früheren Satz des alten Polizeistaates vom beschränkten Untertanenverstande hinausläuft. Ich meine die sogenannten unteren Klassen, welche die Bewegungen des vorigen Jahres mit durchgemacht haben, die zur Verbesserung der jetzigen Zustände mit Hand angelegt und auch in dieser Zeit ebenso den Lockungen der Demagogen als den Verführungen der Reaktion Widerstand geleistet haben, welche in dem Versammlungsrecht, in der freien Presse, im freien Gemeinwesen und in der Öffentlichkeit des Staatslebens die Mittel zur weiteren Ausbildung besitzen, sind nicht mehr politisch unreif zu nennen. [...] Ich glaube endlich auch, daß die einzelnen Staaten kein Anerkenntnis dieser politischen Unreife abgeben, wenn sie Fabrikarbeiter und Handwerksgehilfen zu Konferenzen und Beratungen über neue Gewerbegesetze herbeiziehen und den untern Volksklassen sonst die wichtigsten Rechte und Pflichten, ja sogar die Verteidigung des Vaterlandes, anvertrauen.

Stenographischer Bericht, a. a. O., S. 5234 f.

Professor Johann Ludwig Tellkampf (1808–1876) wurde zum liberalen „Württemberger Hof" gezählt.

Das Wahlgesetz, meine Herren, die eigentliche *Machtfrage* oder die Frage, wer soll *herrschen* unter der neuen Verfassung? Sie ist mithin ebenso inhaltsschwer, ja fast wichtiger als die Oberhauptfrage. Denn das Oberhaupt eines konstitutionellen Staates übt bekanntlich weniger Gewalt als die Volksvertretung. Die Majorität der Volksvertretung *herrscht*, und diese Majorität hängt ab von dem Wesen und Ergebnissen des Wahlgesetzes. Es ist nun zu

Professor Bruno Hildebrand (1812–1878), ein bedeutender Nationalökonom, gehörte der linken Mitte an (Fraktion „Westendhall").

Meine Herren, ich komme noch auf einen andern Punkt, auf die Furcht vor den Stürmen der Zukunft, vor den politischen Schwankungen, welche unserer Staatswelt aus der Wahlberechtigung der unteren Schichten erwachsen sollen. Man hat hierbei getan, als ob es sich darum handle, daß die niederen Arbeiterklassen die herrschenden im Staate werden sollten; es handelt sich aber hier lediglich um den Mitgenuß eines politischen Rechts,

[1]) Auftraggeber

berücksichtigen, daß, wie in jedem Lande, so auch in Deutschland, die Mehrzahl der Bevölkerung aus den ärmeren Klassen besteht. [. . .]
Wird die Vertretung allein nach dem Zahlenverhältnis bestimmt, so ist es klar, daß die Interessen der Minderzahl aller übrigen Staatsbürger ausschließlich von der größeren Zahl der ärmeren Klassen abhängen würden. Keine andere Klasse von Personen würde, wenigstens in bewegten Zeiten, Einfluß bei den parlamentarischen Verhandlungen haben. Die Mehrzahl der ärmeren Klasse könnte dann auf Unkosten der Reichen alle Arten von öffentlichen Arbeiten beschließen und sich Beschäftigung votieren. Eine so eingerichtete Vertretung würde dieselben praktischen Folgen haben, als wenn man bestimmte, daß jeder Mann, dessen Einkommen eine gewisse Höhe überschritte, von der Wahlberechtigung ausgeschlossen sein sollte. Es könnte den Wohlhabenderen dann gleichgültig sein, ob ihnen das Wahlrecht gänzlich entzogen wäre, oder ob sie bestimmt wären, bei jeder Wahl eine hoffnungslose Minorität zu bilden.

Stenographischer Bericht, a.a.O., S. 5304

darum, daß sie vor dem Stimmrecht bei der Wahl nicht ausgeschlossen sind, sondern dadurch ebenso viel Recht haben, als die besitzenden und sogenannten höheren intelligenten Klassen der Gesellschaft. Aber, meine Herren, was schützt wohl mehr das Bestehen eines Staates, als das allseitige Interesse für denselben? Gerade dadurch, daß Sie die niederen Volksschichten zur Wahl zulassen, dadurch erziehen Sie in ihnen die Liebe zum Staate, dadurch wecken Sie in ihnen ein lebendiges Interesse für das Gemeinwesen, [. . .]. Schließen Sie die unteren Klassen der Gesellschaft aus, so schaffen Sie ebenso viel Feinde des Staates, als Sie Personen ausschließen, zumal da Sie ihnen nicht etwa ein neues Recht vorenthalten, sondern ein bereits erworbenes entziehen. Während Sie Stürme und Gefahren vermeiden wollen, schaffen Sie Stürme und Gefahren. [. . .]
Der absolute Staat, an dem das Volk keinen Teil hatte, hat seine Entwicklung bisher unmöglich gemacht. Bewirken Sie, meine Herren, daß in unserem Vaterlande die große Masse des Volkes an der Verfassung Teil behält, dann wird das Wahlrecht eine politische und sittliche Schule auch für die unteren Volksklassen werden, in der sie zu tüchtigen Staatsbürgern heranreifen.

Stenographischer Bericht, a.a.O., S. 5286 f.

1. *Welche Argumente werden für bzw. gegen das allgemeine Wahlrecht in die Debatte eingebracht?*
2. *Welche der vorgetragenen Argumente schätzen Sie als besonders wirksam ein?*
3. *Stimmen Sie der These Tellkampfs zu, daß die Volksvertretung in einem konstitutionellen Staat mehr Macht besitze als das Oberhaupt?*

Erfolge der Gegenrevolution

Sieg der Gegenrevolution in der Habsburger Monarchie

Seit Sommer 1848 verbuchte der Vielvölkerstaat zunehmend Erfolge bei der Niederschlagung der nationalen Erhebungen. Nur die Ungarn konnten erst spät mit russischer Waffenhilfe besiegt werden. Der schnelle Wiederaufstieg der Habsburger Monarchie zur handlungsfähigen Großmacht überraschte die meisten Zeitgenossen. Ende Oktober 1848 gelang der Regierung nach neuerlichen Unruhen und Ausschreitungen die militärische Rückeroberung Wiens – um den Preis von mehreren Tausend Toten. Die Gegenrevolution in und außerhalb des Habsburger Reiches erhielt durch diesen Erfolg deutlichen Aufschwung (▷ M 1).

Im März 1849 löste Fürst Schwarzenberg den mit nationalen und verfassungspolitischen Fragen beschäftigten Reichstag auf. Eine namens des jungen Kaisers *Franz Joseph*[1]) oktroyierte Verfassung machte Österreich zu einem zentralistisch regierten Einheitsstaat. Da die Verfassung schon Ende 1851 wieder zurückgezogen wurde, führte sie praktisch nie zu einer tatsächlichen Herrschaftsbegrenzung. Österreich fiel für ein Jahrzehnt wieder in den verfassungslosen Zustand des Vormärz zurück. Das neoabsolutistische Regime der folgenden Jahre (bis 1860) war auf straffe Verwaltung und die kaisertreue Armee gestützt und bevorzugte weiterhin das Deutschtum.

Die Erstürmung der äußeren Barrikade in der Jägerzeile in Wien am 28. Oktober 1848 durch kaiserliche Truppen.

[1]) Franz Joseph I. (1830–1916), Kaiser seit der Abdankung seines gemütskranken Onkels Ferdinand (1848); Symbolgestalt für die im Ersten Weltkrieg untergehende Monarchie.

Die oktroyierte Verfassung Preußens

Auch in Preußen trat die Gegenrevolution zum Vormarsch an. Friedrich Wilhelm IV. brauchte sich – nach anfänglichen Unruhen in Posen – in seinem Land mit keinen nationalen Erhebungen auseinanderzusetzen. Er konnte sich auch des Gehorsams seiner Armee sicher sein. Der Machtkampf in Preußen verlief weitgehend unblutig. Nach Straßenunruhen in Berlin im Oktober 1848 wurde ein neues, streng konservatives Ministerium eingesetzt, über Berlin der Ausnahmezustand verhängt, die mit der Ausarbeitung einer preußischen Verfassung beschäftigte Nationalversammlung in die Provinz verlegt und schließlich ganz aufgelöst. Der König selbst erließ eine Konstitution für sein Land.

Die allein aus monarchischer Machtvollkommenheit erlassene, oktroyierte Verfassung verstieß gegen das bisher vom König selbst propagierte Prinzip, eine Verfassung zwischen Volksvertretung und Regierung zu vereinbaren. Die Empörung über das staatsstreichartige Vorgehen wurde allerdings zum Teil dadurch aufgefangen, daß die Verfassung liberalen Forderungen überraschend weit entgegenkam und das Sicherheitsbedürfnis des Bürgertums vor weiteren Unruhen stillte. Grundrechte garantierten die persönliche Freiheit des Staatsbürgers. Die Unabhängigkeit der Justiz, die Einführung von Geschworenengerichten und die Öffentlichkeit der Gerichtsverhandlungen wurden festgelegt, die gutsherrliche Polizei und Gerichtsbarkeit – ein wesentliches Privileg der adeligen Großgrundbesitzer – wurden aufgehoben.

Preußen wurde durch diese erste geschriebene Verfassung seiner Geschichte zur *konstitutionellen Monarchie* (▷ M 2). Der König stand an der Spitze der Exekutive, ihm unterstanden Heer und Beamte, er ernannte und entließ die Minister. Ihm standen vor allem auch weitreichende Notstandsrechte bei inneren Unruhen zu. Gegenüber Gesetzesbeschlüssen der Legislative besaß der König das absolute Veto. Er konnte die Kammern auch vorzeitig auflösen und Neuwahlen ausschreiben.

Das zunächst vorgesehene gleiche Wahlrecht wurde schon 1849 durch das sogenannte *Dreiklassenwahlrecht* ersetzt. Es war nach der Steuerleistung gestaffelt und indirekt. Jeweils die Wählergruppe, die ein Drittel der direkt bezahlten Steuern im Wahlbezirk aufbrachte, bildete eine Klasse. Einer nur kleinen Gruppe hochbesteuerter Wähler stand die erheblich zahlreichere zweite und die große Masse der gering besteuerten Männer aus der dritten Klasse gegenüber. Jede Klasse bestimmte in den „Urwahlen" gleich viele „Wahlmänner", die ihrerseits erst in einem zweiten Wahlgang den Abgeordneten wählten. Zu der Ungerechtigkeit des ungleichen Stimmengewichts kam noch die Öffentlichkeit der Stimmabgabe (▷ M 3).

In der Ersten Kammer, dem später so genannten *Herrenhaus*, saßen königliche Prinzen, die Häupter einst reichsunmittelbarer Adelsfamilien, vom König ernannte Mitglieder sowie – in der Mehrzahl – Vertreter der obersten Wählerklasse und der wichtigsten preußischen Städte. So war das Herrenhaus wohl ein konservatives Korrektiv gegenüber der *Abgeordnetenkammer*, aber kein rein feudales Gremium.

Wie das Volk die oktroyierte Verfassung aufnimmt (Karikatur aus „Deutsche Reichsbremse“, 1849).

Die – 1850 endgültig formulierte – preußische Verfassung erschien vielen Zeitgenossen durchaus als weitgehend fortschrittlich. Sie blieb bis 1918 in Kraft. Im Verlauf der Jahrzehnte empfand man aber vor allem das Dreiklassenwahlrecht und die starke Stellung des Monarchen zunehmend als überholt und einem modernen Industriestaat nicht mehr entsprechend.

Das Verfassungswerk der Paulskirche scheitert

Mit dem Sieg der Reaktion in Wien und Berlin hatten sich ein Jahr nach dem Schock der Märzereignisse die alten Mächte wieder konsolidiert. Zwar erkannten noch 28 deutsche Staaten im April 1849 die Reichsverfassung an, aber die Königreiche Bayern, Hannover, Sachsen und die beiden Großmächte Österreich und Preußen beharrten darauf, daß nur eine mit den fürstlichen Regierungen vereinbarte Verfassung Gültigkeit beanspruchen könne. So überraschte es nicht, als der preußische König die Annahme der deutschen Kaiserkrone aus den Händen des Volkes zurückwies (3. April 1849). Der deutsche Nationalstaat, den die gewählten Vertreter des deutschen Volkes nach mühseligen Debatten und Abstimmungskompromissen geschaffen hatten, war gescheitert (▷ M 4, M 5).

Letzte Kämpfe und das Ende der Nationalversammlung

Als die Niederlage der Revolution sich abzeichnete, flammte noch einmal Empörung auf. Am 4. Mai 1849 appellierte die Nationalversammlung an Regierungen, Parlamente, Gemeinden und „das gesamte Volk“, endlich die Verfassung „zur Anerkennung und Geltung zu bringen“. Man plante sogar

Termine für die ersten Reichstagswahlen. In öffentlichen Versammlungen legten Bürger demonstrativ den Eid auf die Reichsverfassung ab. In einigen revolutionären Zentren (Sachsen, Pfalz, Baden) kam es zu bewaffneten Volkserhebungen, die vor allem von der Linken getragen wurden und in denen sich politische mit sozialen Zielen mischten. In Baden stellte sich sogar fast die ganze Armee und Verwaltung auf die Seite der Revolutionsregierung. Aber noch im Juni und Juli wurde dieser letzte Aufstand mit Hilfe preußischer Truppen niedergeschlagen. Die am Maiaufstand Beteiligten fielen Massenerschießungen oder Standgerichten zum Opfer, mußten sich vor Gericht verantworten oder ins Exil gehen.
Inzwischen hatte auch die Nationalversammlung zu bestehen aufgehört. Österreich hatte seine Abgeordneten schon nach der Verabschiedung der kleindeutschen Reichsverfassung zurückbeordert. Preußen antwortete auf den Aufruf zur „Reichsverfassungskampagne“ vom 4. Mai mit dem gleichen Schritt. Immer mehr Abgeordnete legten ihr Mandat nieder. Die verbleibenden rund 100 Abgeordneten gehörten fast alle der Linken an. Ihr „Rumpfparlament“ tagte zunächst noch in Stuttgart weiter, wurde aber am 18. Juni 1849 durch württembergisches Militär auseinandergejagt, als es zum Steuerboykott aufrief.

Das preußische „Unions-Projekt“ und die Wiedererrichtung des Deutschen Bundes

Friedrich Wilhelm IV. hatte zwar die vom Parlament angebotene Kaiserkrone abgelehnt. Dafür schloß er sich jetzt den Plänen seines Außenministers *Radowitz*[1]) an, der ein kleindeutsches Reich auf der Grundlage *fürstlicher* Vereinbarungen schaffen wollte. Das Volk sollte durch ein nach dem Dreiklassenwahlrecht gewähltes Parlament an der politischen Willensbildung beteiligt sein. Diese von den Fürsten ins Leben gerufene *Erfurter Union* sollte durch eine gemeinsame Außen- und Wirtschaftspolitik möglichst eng mit dem Habsburger Reich verbunden werden. Tatsächlich stimmten viele Fürsten dem Projekt zu. Aber Bayern und Württemberg blieben ablehnend oder zurückhaltend. Vor allen Dingen wollte jedoch Fürst Schwarzenberg seine Idee eines von Österreich gelenkten 70-Millionen-Reiches nicht aufgeben. Als scharfer Gegner des preußischen Unionsplanes ließ er den Bundestag in Frankfurt wieder einberufen. Es schien sogar ein Krieg zwischen Österreich und Preußen auszubrechen.
Als Rußland auf Seiten Österreichs einzugreifen drohte, gab Preußen nach. Im *Vertrag von Olmütz* (1850) nahm es von den Unions-Plänen Abschied. Aber auch Schwarzenbergs Idee eines 70-Millionen-Reiches mußte fallengelassen werden. Statt dessen entschloß man sich für die Wiederbelebung des Deutschen Bundes, also für die Rückkehr zum vorher bestehenden Zustand.

[1]) Joseph Maria von Radowitz (1797–1853), preußischer General und seit Herbst 1850 Außenminister; trat nach dem Scheitern der Unionspläne zurück.

M 1

Niederlage der Revolution in Wien

Die Fraktionen der politischen Linken in der Paulskirche entsandten 1848 nach Beginn der Oktoberunruhen in Wien eine vierköpfige Delegation als Zeichen der Solidarität. Darunter war der Abgeordnete Robert Blum, der sich an der Verteidigung der Hauptstadt beteiligte.

Er war, was man zu seiner Zeit einen Volksmann nannte – „der erste Deutsche seit dem Bauernkriege, der sich aus der untersten Schicht nur durch persönliche Begabung emporarbeitete" [. . .]. Er endete, trotz seiner Immunität als Abgeordneter der Frankfurter Nationalversammlung, in Wien unter den Kugeln eines Standgerichts der Gegenrevolution. [. . .] Eine bewegende Szene aus diesen Tagen ist überliefert: Als sich kurz vor der Eroberung des aufständischen Wien durch Soldaten des Fürsten Windisch-Graetz Ende Oktober die Einwohner der Stadt in die Keller geflüchtet hatten, zog ein alter Arbeiter, die Trommel schlagend, über den menschenleeren Hohenmarkt, vor ihm her ein Junge mit der schwarz-rot-goldenen Fahne. Moritz Hartmann, einer der drei Abgeordneten, die Robert Blum nach Wien begleitet hatten, sprach ihn an: „Lieber Freund! Lassen Sie das, es ist alles aus." Der Alte schüttelte den Kopf: „Es darf nicht aus sein, sie müssen noch einmal heraus." Trommelnd zog er dem Jungen nach, aber die beiden blieben allein. [. . .]

Blums rechtswidrige Hinrichtung führte zu Protesten, die nichts bewirkten. [. . .] Gegenrevolution und Reaktion begannen nun in den deutschen Landen ihren Siegeszug, zuerst in Preußen. Der Grundrechts-Katalog, von der Paulskirche im Monat nach Blums Tod verabschiedet, blieb ebenso wie die Verfassung von 1849 Wiedervorlage der Hoffnung auf künftige Zeiten.

Bernhard Wördehoff, Der vergessene Volksmann, in: Die Zeit, Nr. 46, 6. 11. 1987, S. 81

Aus Briefen Robert Blums an seine Frau Jenny:

17. Oktober:
Liebe Jenny! Unter dem ersten Eindruck dieser ungeheuren Stadt kann ich Dir nur anzeigen, daß wir ohne oder doch mit sehr geringer Gefahr hier angelangt sind. Wien ist prächtig, herrlich, die liebenswürdigste Stadt, die ich je gesehen; dabei revolutionär in Fleisch und Blut. Die Leute treiben die Revolution gemütlich, aber gründlich.

20. Oktober: Wir haben hier jetzt etwa 100 000 Bewaffnete, gegen uns stehen etwa 72 000, aber freilich dort geübte Soldaten, hier Bürger. Nun, dafür auch dort nur Sold, hier Begeisterung und Bewußtsein des Kampfes. Besonders die Arbeiter sind bewunderungswert; für die Bourgeoisie, die ihnen nie etwas gab oder gönnte, stehen sie bereit, in den Tod zu gehen. Nein, es ist doch für etwas Höheres, denn in Wien entscheidet sich das Schicksal Deutschlands, vielleicht Europas. Siegt die Revolution hier, so beginnt sie von neuem ihren Kreislauf; erliegt sie, dann ist wenigstens für eine Zeitlang Kirchhofsruhe in Deutschland.

Hans Jessen, Die Deutsche Revolution von 1848/49 in Augenzeugenberichten, Düsseldorf 1968, S. 242 ff.

1. *Wieso wurde die Bedeutung eines Sieges der Revolution oder Gegenrevolution in Wien so hoch eingeschätzt?*
2. *Erläutern Sie den Satz des Historikers Peter Lahnstein: „Seine [Blums] Hinrichtung war eine blutige Provokation des Paulskirchenparlaments durch die schwarzgelbe Reaktion."*

M 2 Die preußische Verfassung

Am 5. Dezember 1848 oktroyierte König Friedrich Wilhelm IV. eine Verfassung für Preußen.

Art. 41. Die Person des Königs ist unverletzlich.

Art. 42. Seine Minister sind verantwortlich. – Alle Regierungs-Akte des Königs bedürfen zu ihrer Gültigkeit der Gegenzeichnung eines Ministers, welcher dadurch die Verantwortlichkeit übernimmt.

Art. 43. Dem Könige allein steht die vollziehende Gewalt zu. Er ernennt und entläßt die Minister. Er befiehlt die Verkündigung der Gesetze und erläßt unverzüglich die zu deren Ausführung nötigen Verordnungen.

Art. 46. Der König hat das Recht, Krieg zu erklären, Frieden zu schließen und Verträge mit fremden Regierungen zu errichten. Handelsverträge, sowie andere Verträge, durch welche dem Staate Lasten oder einzelnen Staatsbürgern Verpflichtungen auferlegt werden, bedürfen zu ihrer Gültigkeit der Zustimmung der Kammern.

Art. 49. Der König beruft die Kammern und schließt ihre Sitzungen. Er kann sie entweder beide zugleich oder nur eine auflösen. Es müssen aber in einem solchen Falle innerhalb eines Zeitraums von 40 Tagen nach der Auflösung die Wähler und innerhalb eines Zeitraums von 60 Tagen nach der Auflösung die Kammern versammelt werden.

Art. 60. Die gesetzgebende Gewalt wird gemeinschaftlich durch den König und durch zwei Kammern ausgeübt.
Die Übereinstimmung des Königs und beider Kammern ist zu jedem Gesetze erforderlich.

Art. 61. Dem Könige, sowie jeder Kammer steht das Recht zu, Gesetze vorzuschlagen.
Vorschläge, welche durch eine der Kammern oder durch den König verworfen worden sind, können in derselben Session nicht wieder vorgebracht werden.

Art. 98. Alle Einnahmen und Ausgaben des Staats müssen für jedes Jahr im Voraus veranschlagt und auf den Staatshaushalts-Etat gebracht werden.
Letzterer wird jährlich durch ein Gesetz festgestellt.

Art. 106. Die Verfassung kann auf dem ordentlichen Wege der Gesetzgebung abgeändert werden, wobei in jeder Kammer die gewöhnliche absolute Stimmenmehrheit genügt.

Art. 112. Die gegenwärtige Verfassung soll sofort nach dem ersten Zusammentritt der Kammern einer Revision auf dem Wege der Gesetzgebung (Art. 60 und 106) unterworfen werden.

Ernst Rudolf Huber (Hrsg.), Dokumente zur deutschen Verfassungsgeschichte, Band 1, Stuttgart, 3. Auflage 1978, S. 487 ff.

1. *Vergleichen Sie die Rechte des Königs mit den politischen Mitwirkungsmöglichkeiten der beiden Kammern des Landtages. Inwiefern wurde Preußen durch diese Verfassung zur konstitutionellen Monarchie?*
2. *Änderungen der Verfassung waren vorgesehen. Überprüfen Sie, welche Grenzen Revisionswünschen von seiten des Königs oder der Kammern gezogen waren.*
3. *Diskutieren Sie, inwieweit die Tatsache einer oktroyierten Verfassung durch die vorgegebenen Möglichkeiten zur Revision gemildert wurde.*

Bis 1918 gültig: das Dreiklassenwahlrecht in Preußen

M 3

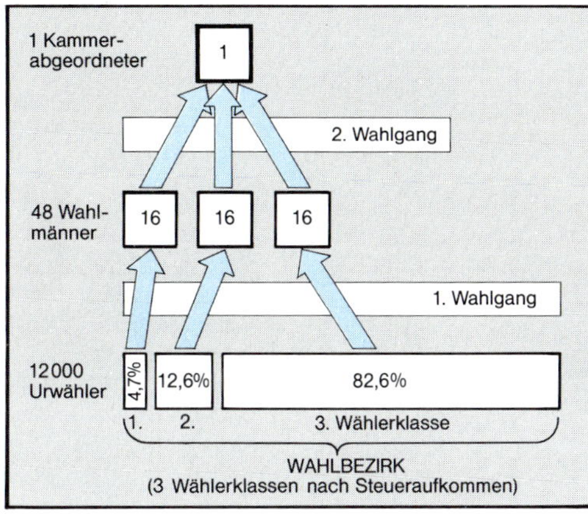

Wahlberechtigt sind Männer über 25 Jahre. Die Prozentzahlen der drei Wählerklassen beziehen sich auf das Jahr 1849.

Aus der Verordnung zur Einführung des Dreiklassenwahlrechts in Preußen vom 30. Mai 1849:

§ 1. Die Abgeordneten der zweiten Kammer werden von Wahlmännern in Wahlbezirken, die Wahlmänner von den Urwählern in Urwahlbezirken gewählt.

§ 10. Die Urwähler werden nach Maßgabe der von ihnen zu entrichtenden direkten Staatssteuern (Klassensteuer, Grundsteuer, Gewerbesteuer) in drei Abteilungen geteilt, und zwar in der Art, daß auf jede Abteilung ein Drittel der Gesamtsumme der Steuerbeträge aller Urwähler fällt.

§ 14. Jede Abteilung wählt ein Drittel der zu wählenden Wahlmänner.

§ 21. Die Wahlen erfolgen abteilungsweise durch Stimmgebung zu Protokoll, [. . .].

§ 30. Die Wahlen der Abgeordneten erfolgen durch Stimmgebung zu Protokoll. [. . .] Die Wahlen erfolgen nach absoluter Stimmenmehrheit. [. . .] Ergibt sich bei der ersten Abstimmung keine absolute Mehrheit, so wird zu einer engeren Wahl geschritten.

Ernst Rudolf Huber (Hrsg.), Dokumente zur deutschen Verfassungsgeschichte, Band 1, Stuttgart, 3. Auflage 1978, S. 497 ff.

1. *Erklären Sie das in Preußen bis 1918 gültige Verfahren bei der Abgeordnetenwahl. Arbeiten Sie dabei die Unterschiede zu den in der Bundesrepublik Deutschland gültigen Wahlprinzipien heraus (Artikel 38 Grundgesetz: „Die Abgeordneten [. . .] werden in allgemeiner, unmittelbarer, freier, gleicher und geheimer Wahl gewählt.“)*
2. *In der Verfassung vom Dezember 1848 war zunächst das allgemeine, gleiche Wahlrecht vorgesehen. Welche Haltung dürften die Anhänger der „Rechten“, der „Linken“, des rechten und des linken „Zentrums“ der nachträglichen Wahlrechtsänderung gegenüber eingenommen haben? Mit welchen Argumenten könnte das Klassenwahlrecht verteidigt oder abgelehnt worden sein?*
3. *Ein Wahlrecht, das die Beteiligung aller erwachsenen Staatsbürger unter gleichen Bedingungen zuläßt, ist nicht in jedem Fall ein Beweis für politische Freiheit. Belegen Sie diese These am Beispiel undemokratischer Regierungssysteme des 20. Jahrhunderts.*

Abgeordnete der Nationalversammlung bieten König Friedrich Wilhelm IV. die deutsche Kaiserkrone an.

M 4 Die Ablehnung der Kaiserkrone durch den preußischen König

Erklärung des preußischen Königs Friedrich Wilhelm IV. gegenüber der Abordnung des Paulskirchen-Parlaments, die ihm, entsprechend der von der Paulskirche verabschiedeten Reichsverfassung, die Kaiserwürde anbot (3. 4. 1849):

Ich bin bereit, durch die Tat zu beweisen, daß die Männer sich nicht geirrt haben, welche ihre Zuversicht auf Meine Hingebung, auf Meine Treue, auf Meine Liebe zum gemeinsamen deutschen Vaterlande stützen.

Aber, Meine Herren, Ich würde Ihr Vertrauen nicht rechtfertigen, Ich würde dem Sinne des deutschen Volkes nicht entsprechen, Ich würde Deutschlands Einheit nicht aufrichten, wollte Ich, mit Verletzung heiliger Rechte und Meiner früheren ausdrücklichen und feierlichen Versicherungen, ohne das freie Einverständnis der gekrönten Häupter, der Fürsten und freien Städte Deutschlands, eine Entschließung fassen, welche für sie und für die von ihnen regierten deutschen Stämme die entschiedensten Folgen haben muß.

An den Regierungen der einzelnen deutschen Staaten wird es daher jetzt sein, in gemeinsamer Beratung zu prüfen, ob die Verfassung dem Einzelnen, wie dem Ganzen frommt, ob die Mir zugedachten Rechte Mich in den Stand setzen würden, mit starker Hand, wie ein solcher Beruf es von Mir fordert, die Geschicke des großen deutschen Vaterlandes zu leiten und die Hoffnungen seiner Völker zu erfüllen.

Dessen möge Deutschland aber gewiß sein, und das, Meine Herren, verkündigen Sie in allen seinen Gauen: Bedarf es des preußischen Schildes und Schwertes gegen äußere oder innere Feinde, so werde Ich auch ohne Ruf nicht fehlen. Ich werde dann getrost den Weg Meines Hauses und Meines Volkes gehen, den Weg der deutschen Ehre und Treue!

Ernst Rudolf Huber (Hrsg.), Dokumente zur deutschen Verfassungsgeschichte, Band 1, Stuttgart, 3. Auflage 1978, S. 405 f.

1. *Dem preußischen Gesandten in London, Karl Josias Bunsen, gab Friedrich Wilhelm IV. in einem vertraulichen Schreiben folgende Deutung seiner Ansprache: „Des Bescheides Sinn ist: Ich kann Euch weder ja noch nein antworten. Man nimmt nur an und schlägt nur aus eine Sache, die geboten werden kann, – und Ihr da, habt gar nichts zu bieten: Das mach' ich mit meinesgleichen ab; jedoch zum Abschied die Wahrheit: Gegen Demokraten helfen nur Soldaten; adieu!" Verdeutlichen Sie mit Hilfe dieser „Kurzinterpretation" die hintergründige Bedeutung mancher Formulierungen aus der offiziellen Erklärung des Königs.*
2. *Welche Bestimmungen der Reichsverfassung von 1849 könnten Ihrer Ansicht nach dem preußischen König Anlaß zu der Frage gegeben haben, „ob die Mir zugedachten Rechte Mich in den Stand setzen würden, mit starker Hand . . . die Geschicke des großen deutschen Vaterlandes zu leiten" (siehe Seite 105 f.)?*

M 5

Ein Kaiser – nur von Gottes Gnaden?

Ernst Moritz Arndt (1769–1860) war Schriftsteller und Professor für Geschichte. 1813 verfaßte er die berühmt gewordene Flugschrift „Der Rhein, Teutschlands Strom, aber nicht Teutschlands Grenze". Während der Demagogenverfolgungen wurde er vom Dienst suspendiert. 1848 wurde Arndt als Abgeordneter in die Nationalversammlung gewählt. Als er den preußischen König bat, die Kaiserkrone anzunehmen, erhielt er in einem vertraulichen Brief vom 15. März 1849 zur Antwort:

Nun, Sie bitten ihn[1]), er soll eine ihm *„gebotene" „Krone"* annehmen. Hier verlangt es jedes Alter, das mehr denn 14 Jahre zählt, zu fragen, zu prüfen, zu wägen: 1. *wer* bietet? 2. *was* wird geboten? Zuvörderst das Bekenntnis, daß der scheußlich-ekle Schlamm des Jahres 48 mir die Taufgnade nicht abgewaschen, wohl aber, daß ich mir den Schlamm abgewaschen habe und, wo es noch nötig, noch abwasche. Doch zur Sache. – Die große Versammlung, die sich teutsche Reichs- oder Nationalversammlung nennt, von der ein erfreulich großer Teil zu den besten Männern des großen Vaterlandes gehört, hat weder eine Krone zu geben noch zu bieten. Sie hat eine Verfassung zu *entwerfen*, um dieselbe demnächst mit *allen* von ganz Europa anerkannten regierenden Herrn und Städten Teutschlands zu *vertragen*. Wo ist der Auftrag, der diese Männer berechtigt, über die rechtmäßigen Obrigkeiten, denen sie geschworen, einen König oder Kaiser zu setzen? Wo ist der Rat der Könige und Fürsten Teutschlands, der nach tausendjährigem Herkommen dem heiligen Reich seinen König kürt und die Wahl dem Volke zur Bestätigung vorlegt? –! [. . .]
Ist diese Geburt des gräßlich kreißenden 1848sten Jahres eine Krone? – Das Ding, von dem wir reden, trägt nicht das Zeichen des heiligen Kreuzes, drückt nicht den Stempel „von Gottes Gnaden" aufs Haupt, ist keine Krone. Es ist das eiserne Halsband der Knechtschaft, durch welches der Sohn von mehr als 24 Regenten, Kurfürsten und Königen, das Haupt von 16 Millionen, der Herr des treuesten und tapfersten Heeres der Welt der Revolution zum Leibeignen gemacht werden würde. Und das sei fern! Der Preis des „Kleinods" müßte obenein das Brechen meines dem Landtage am 26. Februar gegebenen Wortes sein, „die Verständigung mit der teutschen Nationalversammlung über die

[1]) den König, mich

zukünftige Verfassung des großen Vaterlandes *im Verein mit allen teutschen Fürsten zu versuchen"*. Ich aber breche weder dieses noch irgendein gegebenes Wort.

Karl Haenchen (Hrsg)., Revolutionsbriefe 1848. Ungedrucktes aus dem Nachlaß König Friedrich Wilhelm IV. von Preußen, Leipzig 1930, S. 390 ff.

1. *Wieso kann Friedrich Wilhelm die von der Nationalversammlung angebotene Kaiserkrone als „das eiserne Halsband der Knechtschaft" empfinden?*
2. *Erklären Sie, inwiefern die Ablehnung der von der Nationalversammlung beschlossenen Reichsverfassung und der Kaiserkrone sich aus dem Herrschaftsverständnis des preußischen Königs und seiner Sorge um die Erhaltung monarchischen Rechts ableiten läßt.*

Ursachen und Folgen des Scheiterns der Revolution

Der Polyzentrismus[1]) als besonderes Problem der Revolution

Die Historiker sind sich einig, daß das Zusammenwirken mehrerer Ursachen die Revolution scheitern ließ. Unterschiedlich wird allerdings das Gewicht der einzelnen Faktoren bewertet, etwa die Bedeutung der deutschen Vielstaaterei für die Niederlage der Einheits- und Freiheitsbewegung.
Anders als in Frankreich, wo die Metropole Paris zentraler Ort des revolutionären Geschehens war, fehlte in Deutschland eine Hauptstadt, in der ein schneller Sieg die Revolution entscheiden konnte. Der staatlichen Vielfalt des Deutschen Bundes entsprach eine Vielzahl von Schauplätzen mit oft sehr unterschiedlichem Entwicklungsstand.
Das Fortbestehen der Einzelstaaten auch nach dem März 1848 – das den politischen Vorstellungen der Bevölkerungsmehrheit entsprach – und ihre allmähliche Konsolidierung bedeuteten ein starkes Hemmnis für einheitliche politische Willensbildung und für eine wirkliche Machtausübung der Frankfurter Zentralorgane. Die Schaffung eines deutschen Nationalstaates durch die Paulskirche scheiterte schließlich vor allem an der Fortexistenz der nach dem Sieg der Gegenrevolution wieder gestärkten Großmächte Österreich und Preußen.

Schwierigkeiten bei der Festlegung der Grenzen eines deutschen Nationalstaates

Die Regelung der Grenzfragen und besonders der verwickelten Verhältnisse in der Habsburger Monarchie stellten die deutsche Einheitsbewegung vor kaum lösbare Probleme. Als sich herausstellte, daß das österreichische Kaiserreich noch genug Kraft besaß, um seinen Zerfall zu verhindern, mußte sich die Paulskirche mit einem preußisch geführten „kleindeutschen" Reich begnügen.

[1]) polys (griech.): viel; centrum (lat.): Mittelpunkt

Doch auch dieser Plan scheiterte sowohl am monarchistischen Legitimitätsdenken des preußischen Königs als auch an der mangelnden Bereitschaft Österreichs, seinen führenden Einfluß in Deutschland aufzugeben.

Unterschiedliche Ziele der Bewegungskräfte

Nach den – im Sturm der ersten Begeisterung überschätzten – Erfolgen der Märzereignisse des Jahres 1848 brach die bis dahin zusammenwirkende Oppositionsfront radikaler und gemäßigter Kräfte auseinander. Schon bald prallten unterschiedliche Vorstellungen über Mittel und Ziele der Revolutionsbewegung aufeinander. Das größere politische Gewicht hatten die gemäßigten Liberalen, deren politischen Überzeugungen das „Stehenbleiben der Revolution vor den Thronen" und die „Verrechtlichung" der Revolution entsprach.

Soziale Interessengegensätze

Es gelang der Revolutionsbewegung nicht, die unterschiedlichen gesellschaftlichen Gruppen auf Dauer zu einer gemeinsamen „Allianz" zusammenzuschließen. Die *Bauern*, zunächst besonders im Süden und Westen Deutschlands eine tragende Schicht der revolutionären Volksbewegung, wurden nach der Verbesserung ihrer Rechtslage und der schnellen Erfüllung materieller Forderungen politisch inaktiv oder wandten sich dem konservativen Lager zu.

Die Reichskutsche – zwischen Reaktion und Fortschritt (Karikatur im „Leuchtturm", Leipzig 1848).

Für die sozialen Interessen der *Arbeiter und Gesellen*, etwa das Verlangen nach besseren Löhnen und Arbeitsbedingungen, brachten die politisch tonangebenden bürgerlichen Liberalen kaum Verständnis auf. Ohne die städtischen Massen wäre die Revolution von 1848 zwar nicht denkbar gewesen; die Mobilisierung der Massen wurde vom Besitzbürgertum aber nur bedingt als eine Chance zur Durchsetzung freiheitlicher Ziele verstanden. In der politischen Aktivierung der Arbeiterschaft, die sich 1848 erstmals eigene Organisationen schuf, erblickte man eher eine Gefahr, von der ein sozialer Umsturz ausgehen konnte. Dies verstärkte die liberale Bereitschaft, sich mit den konservativen Gewalten zu arrangieren.
Auch Teile des städtischen *Bürger- und Kleinbürgertums* standen keineswegs selbstverständlich im Lager der Liberalen. Deren Politik der konsequenten Wirtschaftsfreiheit und politischen Modernisierung widersprach dem Wunsch vieler Handwerksmeister nach wirtschaftlichem Schutz und ihrem Verlangen nach Aufrechterhaltung der alten Innungsverhältnisse. Daher sahen sie in den Vertretern der alten Ordnung oft die besseren Garanten ihrer spezifischen Interessen.

Die Überforderung der Revolutionsbewegung

Neben dem Widerstand des vorher privilegierten Adels mußte die Revolutionsbewegung bei der Modernisierung der Sozialstruktur mit der Enttäuschung einzelner Interessengruppen rechnen oder deren Ausscheiden nach Erfüllung spezifischer Wünsche hinnehmen. Außerdem kostete das Vorhaben, (1.) die nationale Einheit auf parlamentarischem Weg zu schaffen, (2.) eine freiheitliche Verfassung auszuarbeiten und (3.) die gesellschaftliche Ordnung neu zu gestalten, wertvolle Zeit, die der Gegenrevolution zur Sammlung ihrer Kräfte zugute kam. So kann man von einer Überforderung der noch dazu in sich gespaltenen Revolutionsbewegung sprechen: „Zu viele Modernisierungsaufgaben überschnitten sich auf einmal und verlangten zur selben Zeit eine Lösung" (Hans-Ulrich Wehler).

Die Unterschätzung der konservativen Kräfte

Obwohl die alten Gewalten im März 1848 außerordentlich geschwächt erschienen, konnten die Dynastien in den Ländern wieder erstarken, weil das Gros der Beamten in Verwaltung und Justiz loyal blieb und vor allem die Armeen ein ganz entscheidendes Instrument in den Händen ihrer Landesherren waren. Zugunsten des konservativen Lagers wirkte sich auch eine „Beharrungsmentalität" breiter Bevölkerungskreise aus, die sich abrupten Veränderungen gegenüber zurückhaltend zeigten. Zum Erfolg der Gegenrevolution trug nicht zuletzt aber die Tatsache bei, daß die Vertreter des konservativen Lagers sich als überraschend „lernfähig" erwiesen. Sie stemmten sich keineswegs prinzipiell gegen alle Modernisierungswünsche und leiteten weitgehende Reformen ein.

Folgen der Jahre 1848/49

Als der Gesandtenkongreß des Deutschen Bundes im September 1850 wieder zusammentrat, konnte es scheinen, „als sei nichts geschehen". Es begann die Zeit der Reaktion mit schikanösen Unterdrückungsmaßnahmen. In den Bundesstaaten wurden viele „Märzzugeständnisse" rückgängig gemacht, fast alle politischen Vereine wurden verboten. 1851 hob der Bundestag die von der Paulskirche verabschiedeten Grundrechte wieder auf.
Dennoch hatten zahlreiche Errungenschaften der Jahre 1848/49 Bestand. Abgesehen von Österreich wurde der überall durchgesetzte Verfassungsstaat in keinem Land des Deutschen Bundes wieder beseitigt. Die Zensur, ein für den Vormärz typisches Mittel der Unterdrückung, blieb aufgehoben. Nicht mehr in Frage gestellt wurden auch entscheidende gesellschaftspolitische Weichenstellungen. Dazu gehörten die Bauernbefreiung, das Ende der adeligen Patrimonialgerichtsbarkeit, überhaupt das Ende des Adels als rechtlicher Sonderstand. Im Obrigkeitsstaat wuchs das Bewußtsein von der Notwendigkeit sozialer Reformen. Neuerungen in der Gewerbeordnung überdauerten die Zeit der Reaktion; in der Rechtspflege gab es wichtige Fortschritte. Auf lange Sicht bedeutsam blieb, daß 1848 das politische Bewußtsein breiter Bevölkerungskreise geweckt worden war. Ein Teil der in der Revolution entstandenen politischen Gruppierungen fand neue, bescheidene Wirkungsfelder in den Landtagen der Einzelstaaten. Das politische Vereinswesen entfaltete sich aber erst in den 60er Jahren wieder voll. Viele Vertreter des fortschrittlichen Bürgertums wandten sich allerdings nach dem Scheitern des Versuchs, Einheit und Freiheit aus eigener Kraft zu erreichen, resigniert von ihren politischen Idealen ab und konzentrierten sich auf ihr berufliches Fortkommen. Als der wiederauflebende Gegensatz zwischen Österreich und Preußen 1866 in einen Krieg mündete, der Bismarck den Weg zur kleindeutschen Nationalstaatsbildung öffnete, kam es zu einer „Reichsbildung von oben". Nicht liberale und demokratische Kräfte, sondern „Blut und Eisen" schufen das Deutsche Reich von 1871, in dem der Einheitswille der Nation, 65 Jahre nach dem Ende des alten Reiches (1806), eine begrenzte Erfüllung fand.

Das Zeitalter der industriellen Revolution

Parallel zu den politischen Entwicklungen in der ersten Hälfte des 19. Jahrhunderts erfaßten grundlegende Umwälzungen in allen Lebensbereichen die traditionelle Wirtschafts- und Gesellschaftsordnung. Der Begriff *industrielle Revolution* kennzeichnet den umbruchhaften Wandel der Lebensverhältnisse, der zunächst von England ausging. Mit einer gewissen zeitlichen Verzögerung wurden auch die meisten Länder Europas und schließlich weite Regionen der ganzen Welt von den Veränderungen durchdrungen. „Revolutionär" war der Vorgang zweifellos; nichts hat die Lebensumstände so verändert, seit der Mensch der Vorzeit seßhaft geworden ist. Gleichwohl haben sich diese Veränderungen nicht ruckartig abgespielt. Ältere Erwerbsformen standen noch längere Zeit neben neuen, ja überlebten oft in gewandelter Funktion (wie etwa das Handwerk neben dem Fabrikwesen).

Kennzeichnend für die „Industrialisierung" waren vier Merkmale:

- der breite Einsatz neuer Techniken (Maschinen);
- die massenhafte Nutzung bislang wenig verwendeter Grundstoffe, vor allem Eisen und Steinkohle;
- die Ausbreitung des (arbeitsteiligen) Fabriksystems;
- Lohnarbeit als überwiegende Erwerbsform.

Die Veränderungen der Arbeitswelt waren nicht ohne tiefgreifende gesellschaftliche Reformen denkbar. Auch diese entfalteten ihre Wirkung jedoch nicht von heute auf morgen, ihre Durchsetzung erstreckte sich über Jahrzehnte. All die technischen und gesellschaftlichen Faktoren, welche die industrielle Revolution in Deutschland ausgemacht haben, stehen dabei zueinander in keiner Wirkungsabfolge; einer löste nicht den anderen aus, aber sie wirkten zusammen, durchdrangen einander und verstärkten sich gegenseitig.

Der Wandel der traditionellen Agrargesellschaft

Erntearbeiten im 18. und in der zweiten Hälfte des 19. Jahrhunderts. Die Technik hat auch in der Landwirtschaft Einzug gehalten.

Die „Bevölkerungsexplosion"

Vorindustrieller und moderner Wachstumsprozeß

Entwicklung der Weltbevölkerung (in geschätzten Zahlen)

Um Chr. Geb.:	ca. 160 Mio.	1850: ca. 1200 Mio.
900:	ca. 320 Mio.	1950: ca. 2500 Mio.
1700:	ca. 600 Mio.	1980: ca. 5000 Mio.

Eine der Wandlungen, die die Industrialisierung maßgeblich vorbereiteten, war der schubartige Bevölkerungsanstieg, der bereits vor 1800 einsetzte. Seit der Mitte des 17. Jahrhunderts hatte die Bevölkerung Europas bei geschätzten 100 bis 120 Millionen Menschen stagniert oder sich zumindest nur leicht erhöht. In Deutschland, wo nach dem Dreißigjährigen Krieg (1618–48) ganze Landstriche verwüstet und nahezu entvölkert waren, wurde der Vorkriegsstand (ca. 15–17 Millionen Menschen) erst gegen Mitte des 18. Jahrhunderts wieder erreicht. Etwa ab 1750 begann jedoch die Bevölkerung in ganz Europa in einem sich ständig beschleunigenden Maße zu wachsen, so daß man von einer *Bevölkerungsexplosion* sprechen darf.

Der vorindustrielle Erntezyklus

Unter dem Eindruck dieser Entwicklung veröffentlichte 1798 der Engländer *Thomas Malthus*[1]) seine Theorie der Bevölkerungsentwicklung, wonach die Menschheit die Tendenz besitze, sich über das Maß der vorhandenen Nahrung hinaus zu vermehren. Malthus sprach von einer geometrischen Reihe (2, 4, 8, 16 usw.). Demgegenüber lasse die Produktion von Lebensmitteln sich bestenfalls nach Art einer arithmetischen Reihe (1, 2, 3, 4 usw.) steigern. Abhilfe sah Malthus nur in Enthaltsamkeit, andernfalls würden Hungerkatastrophen mit hoher Sterblichkeit die Bevölkerungszahl immer wieder dem Nahrungsspielraum anpassen.

Diese düstere Prognose sollte sich zwar in Zukunft nicht bewahrheiten, doch hatte ihr Urheber angesichts bisheriger Erfahrungen etwas Richtiges getroffen: Unter den bis dahin geltenden Verhältnissen konnte die Bevölkerungszahl trotz einer hohen Geburtenrate nur in begrenztem Ausmaß anwachsen, denn das Überleben der Menschen war in elementarem Maße von den Schwankungen der jährlichen Ernteerträge abhängig. Erntekrisen führten immer wieder zu Knappheit und Teuerung von Getreide und Feldfrüchten; Hunger und Mangelernährung schwächten die Menschen und machten sie anfällig für Krankheiten und Epidemien.

Zusätzlich verschlechterten sich in Mangelzeiten die Erwerbsmöglichkeiten für die Unterschichten und das kleingewerbliche Bürgertum, weil sich viele Menschen einschränken mußten. So schnellten in Krisenjahren die Sterbeziffern mitunter über das Dreieinhalbfache von Normaljahren hoch. Für diese immer wiederkehrende *Krisensterblichkeit* bedurfte es also nicht einmal außergewöhnlicher kriegerischer Ereignisse (▷ M 1).

[1]) Thomas R. Malthus (1766–1834), englischer Pfarrer und Professor für politische Ökonomie

Anstoß und Phasen des Bevölkerungswachstums

Das traditionelle *„Bevölkerungsmuster"* verlor mit fortschreitendem 18. Jahrhundert an Gültigkeit. Verschiedene politische, gesellschaftliche und wirtschaftliche Faktoren trafen jetzt zusammen und verstärkten einander gegenseitig. Dabei lassen sich schematisch drei Phasen unterscheiden, die aufeinander aufbauten und sich in ihrer Wirkung überlagerten.
1. Phase: Den Anstoß gab, wie es scheint, seit der 2. Hälfte des 18. Jahrhunderts eine Abschwächung der „Krisensterblichkeit" (zu einer fühlbaren Verringerung der normalen Säuglingssterblichkeit kam es in Deutschland erst im späten 19. Jahrhundert).
2. Phase: Dank des Rückgangs der „Krisensterblichkeit" erreichten mehr Menschen das heiratsfähige Alter; die Geburtenziffern stiegen deshalb in ganz Europa bis über die Mitte des 19. Jahrhunderts hinaus an (in Deutschland bis in die 1870er Jahre).
3. Phase: Erst in einer darauf folgenden Phase sank die Geburtenziffer wieder (wie auch die Sterbeziffer). Dieser Geburtenrückgang, der in der Bevölkerungskurve der europäischen Länder meist recht drastisch ausfiel, ging aber nunmehr auf die Praktizierung einer freiwilligen Geburtenbeschränkung zurück. Dieser langfristige Wandel von einer hohen Geburten- und Sterbeziffer hin zu einer Verminderung beider Quoten, die aber trotzdem ein hohes Bevölkerungsniveau garantieren, ist mit Recht als „demographische Revolution" bezeichnet worden (▷ M 2).

Ursachen der demographischen Revolution

Wenn der aufgebaute Bevölkerungsüberschuß nicht wieder rasch zusammengebrochen ist, dann mußte es offensichtlich gelungen sein, die Grenzen der Nahrungsversorgung, von denen Malthus gesprochen hatte, zu überwinden. Tatsächlich waren *steigende Erträge in der Landwirtschaft* maßgeblich an dem sprunghaften Bevölkerungswachstum beteiligt. Auch blieben mit Ausnahme der Napoleonischen Zeit verheerende Kriegseinwirkungen aus.
Daneben machten sich nach 1800 im Zuge der gesellschaftspolitischen Reformen (siehe Seite 136 ff.) in den deutschen Staaten die Milderung oder gar der Fortfall der alten *feudalrechtlichen Heiratsbeschränkungen* bemerkbar. Dies erleichterte die Familiengründung besonders für die Angehörigen der Unterschichten, wie Tagelöhner und Gesindeleute. So brauchte man in Preußen, dem kommenden Vorreiter der Industrialisierung in Deutschland, nicht mehr den Nachweis einer Stelle zu erbringen, die den Lebensunterhalt einer Familie gewährleistete.
Fortschritte bei der *medizinischen Betreuung* der Bevölkerung dürfen in der Frühphase der Industrialisierung noch nicht überschätzt werden. Immerhin setzte sich beispielsweise zur Bekämpfung von Fieber das Chinin stärker durch,

und es gelang die Entwicklung immunisierender Wirkstoffe gegen seuchenartige Krankheiten: In Schweden hatte 1749–64 der Keuchhusten ungefähr 40 000 Kinder dahingerafft; 1719 waren in Paris etwa 14 000 Menschen an den Pocken gestorben. Die Impfung des Menschen mit Kuhpocken (erstmals 1746 in England) wurde zum entscheidenden Durchbruch. Im Jahre 1807 führte Bayern als erster deutscher Staat die gesetzlich vorgeschriebene Pockenschutzimpfung für Kinder ein (erst seit 1874 in ganz Deutschland verbindlich; 1975 aufgehoben).

Wenn die großen Seuchen ausblieben und sich teilweise sogar ganz aus Europa zurückzogen, dann lag das auch am *wachsenden Hygienebewußtsein* der Bevölkerung (so wurden die kleineren Haustiere aus dem Wohnbereich verbannt). Die Pest hielt sich am längsten noch in den Balkanländern (zuletzt 1841); seit der Mitte des 18. Jahrhunderts hatte sie das westliche und mittlere Europa nicht mehr heimgesucht. Die Cholera, die erst im 19. Jahrhundert nach Europa gelangte, konnte schon nicht mehr so furchtbare Kerben in die Bevölkerungskurve schlagen (⇨ M 3).

M 1 Der „Arme Mann" im Toggenburg: Erntezyklus und Hungerkrisen im Leben des Ulrich Bräker

Ulrich Bräker (1735–1798) aus Näbis in der Landschaft Toggenburg (Schweiz) stammte aus ärmlichen kleinbäuerlichen Verhältnissen.
Eine Ersatzwelt für seine drückenden materiellen Lebensumstände fand Bräker in seinen literarischen Interessen, in denen er sich autodidaktisch fortbildete. Bedeutendstes Ergebnis ist seine Autobiographie vom „Armen Mann im Toggenburg", die uns die Lebensverhältnisse der einfachen Leute seiner Heimatgegend vor Beginn des Industriezeitalters überliefert.

Freilich gab's seit dem Jahre 1760 in unsern Gegenden kein recht volles Jahr mehr. Die J. 68 und 69 fehlten gar und gänzlich; hatten nasse Sommer, kalte und lange Winter, großen Schnee, so daß viel Frucht darunter verfaulte, und man im Frühling aufs neue pflügen mußte. Das mögen nun politische Kornjuden wohl gemerkt, und der nachfolgenden Teurung vollends den Schwung gegeben haben. Dies konnte man daraus schließen, daß um's Geld immer Brot genug vorhanden war; aber eben jenes fehlte, und zwar nicht bloß bei dem Armen, sondern auch bei dem Mittelmann. Also war diese Epoche für Händler, Bäcker und Müller eine goldene Zeit, wo sich viele eigentlich bereicherten, oder wenigstens ein Hübsches auf die Seite schaffen konnten. Hinwieder fiel der Baumwoll-Gewerb fast gänzlich ins Kot, und aller diesfällige Verdienst war äußerst klein; so daß man freilich Arbeiter genug ums bloße Essen haben konnte. Ohne dies wäre der Preis der Lebensmittel noch viel höher gestiegen, und hätte die teure Zeit wohl bald gar kein End' genommen.

Das gedachte Siebenzigerjahr neigte sich schon im Frühling zum Aufschlagen. Der Schnee lag auf der Saat bis im Maien, so daß gar viel darunter erstickte. Indessen tröstete man sich doch noch den ganzen Sommer auf eine leidentliche Ernte – dann auf das Ausdreschen; aber leider alles umsonst. Ich hatte eine gute Portion Erdapfel im Boden; es wurden mir aber leider viel davon gestohlen.

Den Sommer über hatte ich zwo Kühe auf fremder Weide, und ein paar Geißen, welche mein erstgeborener Junge hütete; im Herbst aber mußt' ich aus Mangel Gelds und Futter alle diese Schwänze verkaufen. Denn der Handel nahm ab, so wie die Fruchtpreise stiegen; und bei den armen Spinnern und Webern war nichts als Borgen und Borgen. Nun tröstete ich freilich die Meinigen und mich selbst mit meinem: „Es wird schon besser Kommen!" so gut ich konnte. [. . .] Nun brach der große Winter ein, der schauervollste, den ich erlebt habe. Ich hatte itzt fünf Kinder und keinen Verdienst, ein bißchen Gespunst[1]) ausgenommen. Bei meinem Händelchen büßt' ich von Woche zu Woche immer mehr ein. Ich hatte ziemlich viel vorratig Garn, das ich in hohem Preis eingekauft, und an dem ich verlieren mußte, ich mocht' es nun wieder roh verkaufen oder zu Tüchern machen. [. . .] Auch in andern Punkten gings mir nicht besser. Mein kleiner Vorrat von Erdapfeln und anderm Gemüs aus meinem Gärtchen, was mir die Dieben übriggelassen, war aufgezehrt; ich mußte mich also Tag für Tag aus der Mühle verproviantieren; das kostete mich am End der Woche eine hübsche Handvoll Münze, nur vor Rotmehl[2]) und Rauchbrot. [. . .] Die Not stieg um diese Zeit so hoch, daß viele eigentlich blutarme Leute kaum den Frühling erwarten mochten, wo sie Wurzeln und Kräuter finden konnten. Auch ich kochte allerhand dergleichen, und hätte meine jungen Vögel noch immer lieber mit frischem Laub genährt, als es einem meiner erbarmungswürdigen Landmänner nachgemacht, dem ich mit eigenen Augen zusah, wie er mit seinen Kindern von einem verreckten Pferd einen ganzen Sack voll Fleisch abgehackt, woran sich schon mehrere Tage Hunde und Vögel satt gefressen. [. . .] Im Mai Ao. 71 verhalf mir ein gutmütiger Mann wieder zu einer Kuh und ein Paar Geißen, da er mir Geld dazu bis auf den Herbst lieh [. . .]. Aber verdienen konnt' ich nichts. Was mir noch etwa von meinem Gewerb einging, mußt' ich auf die Atzung von Menschen und Tieren verwenden. Meine Schuldner bezahlten mich nicht; ich konnte also hinwieder meine Gläubiger nicht befriedigen, und mußte durch Geld und Baumwolle auf Borg nehmen, wo ich's fand. [. . .] Von Zeit zu Zeit mußt' ich hören, wie dieser und jener bankrott machte. [. . .] (1772) Im Herbstmonate, da die rote Ruhr allerthalben grassierte, kehrte sie auch bei mir ein, und traf zuerst meinen lieben Erstgeborenen. Von der ersten Stund' an, da er sich legte, wollt er, außer lauterm Brunnenwasser, nichts, weder Speis' noch Trank mehr zu sich nehmen; und in acht Tagen war er eine Leiche. [. . .]

Sonst war der Jammer, Hunger und Kummer, damals im Land allgemein. Alle Tag' trug man Leichen zu Grabe, oft 3.4. bis 11 miteinander.

Ulrich Bräker, Lebensgeschichte und Natürliche Ebentheuer des Armen Mannes im Tockenburg (1789), Basel, Neuausgabe 1978, S. 223 ff.

1. *Wovon verdiente sich Bräker in Normaljahren seinen Lebensunterhalt, und wie sah die Ernährung seiner Familie in solchen Jahren aus?*
2. *Was ist aus der Schilderung über die Auswirkungen der Mißernten zu erfahren:*
   a) im Hinblick auf die Ernährungssituation;
   b) im Hinblick auf die Verdienstmöglichkeiten und das „Marktverhalten" bei den verschiedenen Bevölkerungsgruppen?

   Wie lassen sich die Beobachtungen erklären?

[1]) soviel wie: Gespinst
[2]) geringwertiges Mehl

M 2 Bevölkerungsbilanz europäischer Staaten nach 1800

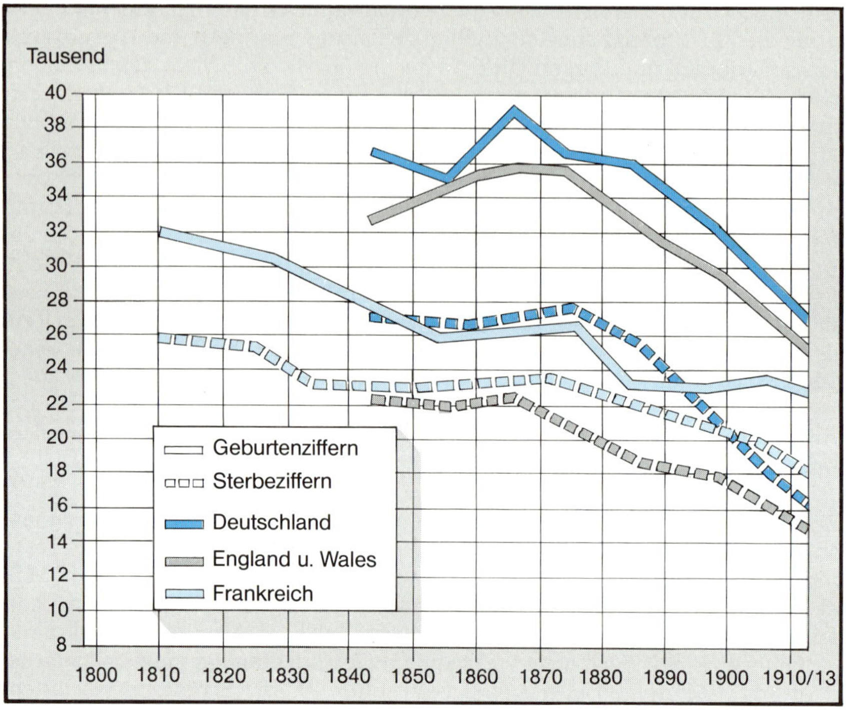

Nach Carlo Cipolla/Knut Borchardt (Hrsg.), Bevölkerungsgeschichte Europas, München 1971

1. *Inwiefern widerspricht der Verlauf der Kurven der von Malthus angenommenen Gesetzlichkeit?*
2. *Lassen sich charakteristische Phasenabläufe im Kurvenverhalten von Geburten- bzw. Sterbeziffern feststellen?*

M 3 Die Cholera bedroht Europa: Gutzkows Erinnerung an das Seuchenjahr 1831

Der Verfasser des abgedruckten Textes, Karl Gutzkow (1811–1878), war ein führender Kopf in der literarisch-politischen Bewegung des „Jungen Deutschland". Gutzkow lebte zeitweise in Frankreich, später führte er ein unstetes Leben, überschattet von einem Nervenleiden.

Trübe Herbsttage waren im Jahre 1831 über Berlin gekommen: Totenstille herrschte in den Straßen. Der „asiatische Gast", die Cholera, hatte zum erstenmal Europa berührt. [. . .]
Trüber Gedanken voll stand ich in einer der Straßen Berlins, wo es empfindliche Gehörnerven jetzt vor dem Geräusch der Wagen nicht aushalten können. Damals wuchs in der Kochstraße ländlich ungestörtes Gras. Berlin zählte wenig

über 200 000 Einwohner. Dennoch war die Zahl der täglichen Opfer, welche die Cholera fortraffte, schon auf 200 gestiegen. In jedem Viertel gab es Choleraspitäler. Diesen wurden die Kranken in langen mit Wachstuch überzogenen Körben überantwortet. Die Begräbnisse fanden des Nachts statt. Man hatte sich auf eine Haltung eingerichtet, wie sie im Mittelalter stattgefunden haben mochte, wenn die Pest hereinbrach. Alle Träger und sonstige Bedienstete beim Transportgeschäft trugen grüne wachstuchene Überkleider. Alles, was man berührte, roch nach Chlor.
Wer Berlin verlassen konnte, entfernte sich. [. . .] Die Vorlesungen waren verödet, die Professoren einsilbig. Professor Hecker, der eine Geschichte der Medizin geschrieben, Monographien über den „Englischen Schweiß", über die Flagellantenwahnkrankheit[1]), war in aller Munde. Was konnte nicht noch alles kommen an ähnlicher Ekstase. Schon hatte es Aufruhr um die Brunnen gegeben. Die Reichen vergifteten diese, hieß es, um die Armen zu vertilgen. Die Berufung auf den Zorn des Himmels, die öffentlichen Voraussetzungen von der Kraft des Gebetes wurden unerträglich.

Karl Gutzkow in Hermann Glaser (Hrsg.), Soviel Anfang war nie. Deutscher Geist im 19. Jahrhundert. Ein Lesebuch, München 1981, S. 269 f.

1. *Welche Informationen lassen sich aus der Schilderung über die Methoden zur Bekämpfung der Seuche entnehmen?*
2. *Der Bericht läßt auch kollektivpsychologische Aspekte beim Auftreten von Seuchen und Epidemien erkennen. Versuchen Sie, diese herauszuarbeiten.*

Die Umgestaltung der agrarischen Produktionsweise

Verbesserungen bei der landwirtschaftlichen Erzeugung

Seit der zweiten Hälfte des 18. Jahrhunderts stiegen die Ernteerträge deutlich an, am frühesten in den nordwesteuropäischen Ländern, später auch in Mitteleuropa. Dafür verantwortlich waren zahlreiche Reformen, deren Anfänge noch im Zeitalter des aufgeklärten Absolutismus lagen. Begleitet und vorwärts getrieben wurde die Entwicklung von neuen Auffassungen über die Landwirtschaft in Theorie und Publizistik. Nach den Physiokraten des 18. Jahrhunderts (siehe Seite 135) wurde am Anfang des 19. Jahrhunderts vor allem *Albrecht Thaer*[2]) wegweisend. Er entwickelte eine wissenschaftliche Lehre von der Landwirtschaft und wirkte darauf hin, daß traditionelle Verhaltensweisen durch experimentell überprüfte und berechnete Agrartechniken zurückgedrängt wurden. Ebenso wichtig war ihm die Weckung eines marktwirtschaftlichen und gewinnorientierten Denkens in der Landwirtschaft (▷ M 1).

[1]) Flagellanten: Geißelbrüder; religiöse Bußbewegung im 14. und 15. Jahrhundert, besonders in Pestzeiten.
[2]) Albrecht Daniel Thaer (1752–1828), Arzt in Celle, gründete das landwirtschaftliche Forschungsinstitut auf dem Gut Möglin.

Die Ausbreitung des modernen agrartechnischen Wissens vollzog sich über landwirtschaftliche Hochschulen und Akademien (z. B. Weihenstephan bei München 1803; Möglin bei Potsdam 1806; Hohenheim bei Stuttgart 1818), über populäre Anleitungen in Bauernkalendern, schon früh auch über landwirtschaftliche Vereine und Gesellschaften, die häufig als Veranstalter von Landwirtschaftsfesten hervortraten – wie dies bei der Entstehung des Münchener Oktoberfestes anläßlich der Hochzeit des Kronprinzen Ludwig 1810 der Fall war.

Entscheidende Antriebskraft für die Veränderungen auf dem Agrarsektor war freilich die Nahrungsenge. Die erzielten Produktionssteigerungen lassen sich auf mehrere Maßnahmen und Veränderungen zurückführen:

1. Die *jährlich genutzte landwirtschaftliche Fläche* wurde von 13–14 Millionen Hektar um 1800 auf ca. 25 Millionen Hektar um das Jahr 1870 ausgeweitet. So wurden die alten gemeinschaftlich genutzten Böden *(Allmende)*, die meist als Weideland gedient hatten und oft einen beträchtlichen Anteil an der landwirtschaftlichen Nutzfläche eines Dorfes ausmachten, jetzt aufgelöst und zur individuellen Nutzung verteilt. Von den neuen Eigentümern wurden diese Böden meist in Ackerland umgewandelt.
   Seit dem 18. Jahrhundert fand in ganz Europa, von den Niederlanden bis Rußland, die Urbarmachung bisher nicht genutzten Bodens (Ödland) statt. Im deutschen Raum wurde (vor allem in Brandenburg und Hannover) zusätzliches Gelände durch Rodung urbar gemacht, in Bayern ordneten landesherrliche Mandate die Kultivierung beträchtlicher Moorgebiete („Moose") an.
2. *Reformen in der Anbaumethode* brachten wesentliche quantitative und qualitative Ertragsverbesserungen. Der hierbei eingesetzte Blattfruchtanbau wirkte positiv auf die Durchsetzung des Bodens mit Nährstoffen. Zudem ermöglichte die Aufgabe der strengen Dreifelderwirtschaft nun auch den feldmäßigen (nicht mehr bloß gartenmäßigen) *Anbau von Blattfrüchten* (Kartoffeln, Kohl, Zuckerrüben, Klee) (▷ M 2).

Jahr	*Dreifelderwirtschaft*		*Fruchtwechsel-wirtschaft*
	einfache	*verbesserte*	
1.	Wintergetreide	Wintergetreide	Getreide
2.	Sommergetreide	Sommergetreide	Blattfrucht
3.	Brache	Blattfrucht	Getreide
4. (1.)	Wintergetreide	Wintergetreide	Blattfrucht

3. Die Möglichkeiten der *Viehhaltung* verbesserten sich ebenfalls, denn der neuerdings planmäßig in den Dienst der Viehhaltung gestellte Futterpflanzenanbau verhalf der *Sommerstallhaltung* zum Durchbruch (▷ M 2). Dadurch mußten die Tiere nicht mehr, wie vordem weithin der Fall, vor Eintritt des Winters geschlachtet werden. Umgekehrt verbesserte die Stallviehhaltung auch wieder die Versorgung der Äcker mit natürlichem Dünger.

1845. **1945.**

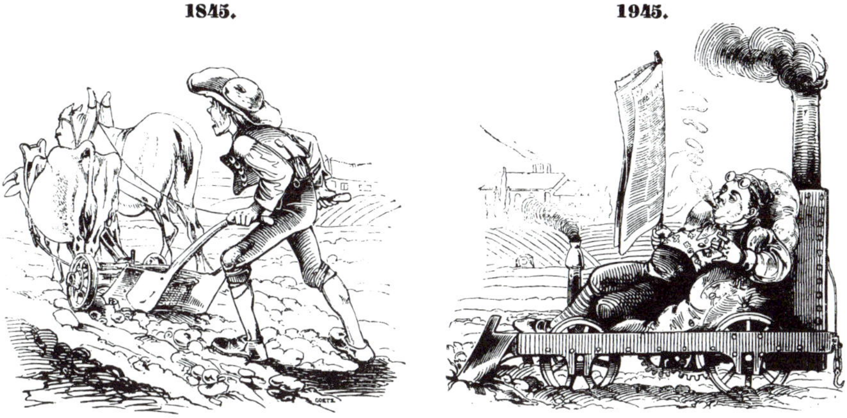

Satirische Prophetie aus dem Jahre 1845 („Fliegende Blätter").

Ausmaß des Fortschritts

Die erzielten Fortschritte dürfen freilich nicht überschätzt werden, wie Hungersnöte in den Jahren 1816/17 und 1847 zeigen. Die Bemühungen um eine landwirtschaftliche Ertragssteigerung waren in erster Linie eine Reaktion auf den Bevölkerungsanstieg, liefen diesem hinterher, nicht etwa voraus.
Außerdem wurden die beträchtlichen Verbesserungen zum großen Teil noch mit traditionellen, vorindustriellen Methoden und Technologien erzielt. Erst 1840 erschien *Justus von Liebigs*[1]) Veröffentlichung, in der er den Nutzen von anorganischem (künstlichem) Dünger erklärte und damit eine Phase der wissenschaftlichen Diskussionen und Versuche einleitete. Erst in den letzten Jahrzehnten des 19. Jahrhunderts fand der Kunstdünger dann wirksam Eingang in die Landwirtschaft und führte zu nachhaltigen Ertragssteigerungen.

Immerhin gelang es dank der *„Agrarrevolution"* in der ersten Hälfte des 19. Jahrhunderts, für die anwachsende Bevölkerung Europas eine besser ausreichende Nahrungsmittelmenge bereitzustellen. Dabei stützte man sich weithin auf Kohl und Kartoffeln, die auf Grund ihres höheren Mengenertrags pro Hektar billiger als Getreide waren. Allmählich stieg auch der Fleischverbrauch an.

Die Landwirtschaft als Wissenschaft M 1

Die Aufgaben einer rationelleren Landwirtschaft definiert Albrecht Thaer in seinem 1809 erschienenen Lehrbuch.

§ 1. Die Landwirtschaft ist ein Gewerbe, welches zum Zweck hat, durch Produktion (zuweilen auch durch fernere Bearbeitung) vegetabilischer und tierischer Substanzen Gewinn zu erzeugen oder Geld zu erwerben.

---

[1]) Justus von Liebig (1803–1873), Chemiker, schuf die Grundlagen der Agrikulturchemie.

§ 2. Je höher dieser Gewinn nachhaltig ist, desto vollständiger wird dieser Zweck erfüllt. Die vollkommenste Landwirtschaft ist also die, welche den möglich höchsten, nachhaltigen Gewinn, nach Verhältnis des Vermögens, der Kräfte und der Umstände, aus ihrem Betriebe zieht. Nicht die möglich höchste Produktion, sondern der höchste reine Gewinn, nach Abzug der Kosten – welches beides in entgegengesetzten Verhältnissen stehen kann – ist Zweck des Landwirts und muß es sein, selbst in Hinsicht auf das allgemeine Beste; den einzigen Fall ausgenommen, wo man der Wissenschaft wegen die Möglichkeit hoher Produktion, obwohl unter den bestehenden Verhältnissen mit geringerem Vorteil, zeigen wollte.

Günther Franz (Hrsg.), Quellen zur Geschichte des deutschen Bauernstandes in der Neuzeit, Darmstadt 1963, S. 34

Inwiefern stellen die Thesen Thaers eine neue Zweckbestimmung landwirtschaftlicher Tätigkeit dar?

M 2 Das Ende des Mittelalters in der Landwirtschaft: die Durchbrechung der Mangelernährung in Zahlen

Landwirtschaftliche Erträge (in Mio. Tonnen)
(Deutsches Reich in den Grenzen von 1871)

	1800	1870/75	Zunahme in %
Brotgetreide	5,3	9,8	85 %
Futtergetreide	3,9	8,2	110 %
Kartoffel	2,2	28,0	1173 %
Futterpflanzen	1,0	6,5	550 %

Um 1800 werden ca. 50,8 % der pflanzlichen Produktion zur menschlichen Ernährung verwandt, 31 % zur Verfütterung, 17,6 % zur Aussaat. 1883 liegt das Verhältnis bei 30,4 – 49,2 – 11,9 %.

Anstieg der Viehzahlen (in Mio. Stück)
(Deutsches Reich in den Grenzen von 1871)

	1800	1870/75	Steigerung in %
Schafe[1])	16,2	25	54 %
Rinder	10	16,8	58 %
Pferde	2,7	3,6	34 %
Schweine	3,8	7,1	86 %

[1]) Die eigentlichen Wollproduzenten, die Merinoschafe, nehmen um 600 % zu.

Thomas Nipperdey, Deutsche Geschichte 1800–1866, München, 2. Auflage 1984, S. 154 f.

Betrachten Sie die unterschiedliche Entwicklung bei der landwirtschaftlichen Gütererzeugung. Versuchen Sie, daraus Aussagen über Zusammensetzung und Entwicklung der Ernährung abzuleiten.

Der Wandel der ländlichen Feudalgesellschaft

Altständische Agrarverfassung

Die Fortschritte und Veränderungen in der landwirtschaftlichen Produktion stellten nur einen Aspekt des viel tiefer greifenden Wandels dar, der die ländliche Gesellschaft um 1800 erfaßte. Diese ländliche Welt beruhte nach wie vor auf der *Grundherrschaft* (Herrschaft über Grund und Boden und die darauf lebenden, abhängigen Menschen). Diese „feudale" Ordnung, deren Ursprung auf das Mittelalter zurückging, bildete auch noch im 18. Jahrhundert die Grundlage des Gesellschaftssystems. Eine städtisch-bürgerliche Mittelschicht blieb zahlenmäßig noch unbedeutend.

Die Grundherrschaft bedeutete eine – allerdings nach Landschaften recht unterschiedliche – Bindung und Einschränkung für den Bauern. Die persönliche Unfreiheit, die *Leibeigenschaft,* hatte fast überall in Deutschland an tatsächlichem Gewicht verloren. Das grundherrliche Eigentum über das vom Bauern bewirtschaftete Land konnte jedoch gravierend in dessen Betrieb eingreifen, einschließlich der Verfügung darüber, welche Agrarprodukte der Bauer zu erzeugen hatte. An den Grundherrn als Pachtherrn flossen Geld- oder Naturalabgaben; darüber hinaus mußte der Bauer zu festgelegten Zeiten bei der Eigenwirtschaft des Grundherrn mithelfen; für den Gerichts-, Vogtei- oder Landesherrn hatte er bei öffentlichen Arbeiten (z. B. beim Unterhalt der Wege) mitzuhelfen. Abgaben verlangte auch der Inhaber des Kirchenzehnts.

Antriebskräfte der Reformen

Die sachlichen Eigentums- und die persönlichen Rechtsbeschränkungen widersprachen dem liberalen Grundempfinden der Aufklärung. Hinzu kam, daß die Anwendung einer verbesserten Agrartechnik und Wirtschaftsweise vielfach überhaupt erst in dem Maße möglich erschien, als die überlieferte grundherrschaftliche Agrarverfassung zu bestehen aufhörte. Insbesondere die wirtschaftstheoretische Schule der *Physiokraten* übte Kritik. Nach ihrer Anschauung war die Landwirtschaft die eigentliche Quelle des Volkswohlstandes, weil sie sich auf den einzig dauerhaften Wirtschaftsfaktor Grund und Boden stützen konnte. Deshalb sollte die Landwirtschaft gefördert werden und der Bauer nach eigenem Gutdünken entscheiden, welche Erzeugnisse er gewinnbringend auf dem Markt anbieten wollte.

Für die tatsächliche Einleitung der Reformen dürften freilich vor allem die Zwänge der Nahrungsknappheit und der steigenden Lebensmittelpreise verantwortlich gewesen sein. Aber auch politische Faktoren spielten eine wesentliche Rolle: Die von der Französischen Revolution und Napoleon in Frankreich und den eroberten Ländern durchgeführte Befreiung der Bauern übte starken Druck auf die deutschen Regierungen aus.

Durchführung der Bauernbefreiung

Der im einzelnen recht differenzierte Vorgang der Bauernbefreiung erstreckte sich im wesentlichen auf zwei Bereiche:

- auf die Befreiung des Bauern aus den persönlichen Abhängigkeitsbeziehungen und den daraus folgenden Frondiensten und Lasten;
- auf die Anhebung des Bauern zum vollen Landeigentümer mit der entsprechenden freien Verfügungsgewalt über Grund und Boden; dazu mußte der Bauer allerdings eine Entschädigung an den alten Grundherrn leisten.

Das Ergebnis war eine epochale Umwälzung, nämlich die Auflösung des feudalen ländlichen Gesellschaftsverbandes. Der Grundherr ging weitgehend seiner „staatlichen" Qualitäten verlustig, die er von altersher besessen hatte. Er verlor niedere Gerichtskompetenz, lokale Polizeigewalt und Gewerbeaufsicht, Schul- und Kirchenpatronat. Allerdings zog sich die Bauernbefreiung in verschiedenen deutschen Staaten hin bis zur Revolution von 1848, teilweise darüber hinaus.

Die Bauernbefreiung in Preußen

In den Gebieten Preußens jenseits der Elbe (in Mecklenburg, Pommern, Ost- und Westpreußen) hatte sich die Form der sogenannten *Gutsherrschaft* entwickelt. Anders als im übrigen Deutschen Reich hatte sich dort während der frühen Neuzeit die Stellung der Bauern verschlechtert. Teilweise waren sie in die sogenannte *Erbuntertänigkeit*, eine Art neuerliche Leibeigenschaft, hinabgedrückt worden: Sie durften ohne Erlaubnis des Gutsherrn nicht fortziehen oder ihre Hofstelle wechseln *(Schollebindung)*, ebensowenig heiraten; sie mußten verstärkt auf dem Gutshof Dienst tun, insbesondere die Bauernkinder mußten zum Hofgesinde des Gutsherrn abgestellt werden *(Gesindezwangdienst)*.

Verantwortlich für die Bauernbefreiung in Preußen war Freiherr vom Stein. Entscheidend wurde sein *Oktoberedikt* vom Jahre 1807, das die gutsherrlichen Bauern im ostelbischen Preußen von Leibeigenschaft und Erbuntertänigkeit

Die Bauernreform in einem preußischen Dorf.

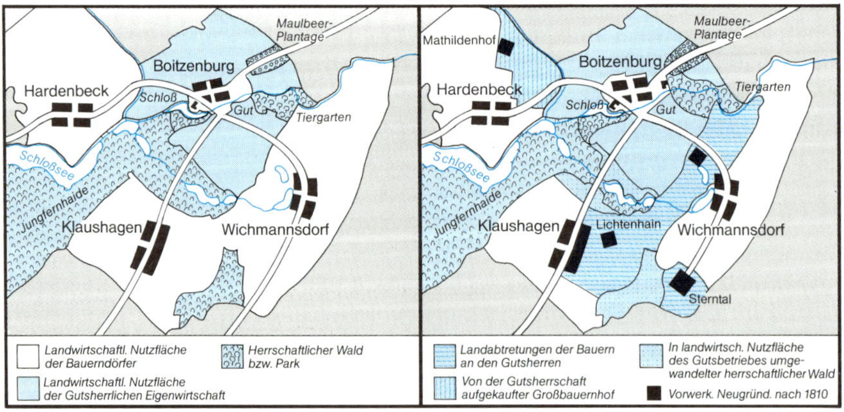

befreite. Außerdem konnte jedermann in Zukunft Grundbesitz erwerben und landwirtschaftlichen Tätigkeiten nachgehen, ohne ständischen Beschränkungen zu unterliegen (▷ M 1).
Unter dem Nachfolger des Freiherrn vom Stein, dem preußischen leitenden Minister Karl August von Hardenberg, wurde 1811 festgelegt, daß Bauern,die das Eigentum an ihren bisherigen Hofstellen erwerben wollten, als Ablösung entweder Geldzahlungen oder Anteile ihres bisher bewirtschafteten Landes in Höhe von einem Drittel bis zur Hälfte an den Gutsherrn abzutreten hatten (▷ M 2).

Der west- und süddeutsche Raum

In anderen Teilen Deutschlands waren die Bauern sehr häufig bereits erbliche Untereigentümer der von ihnen bewirtschafteten Höfe. Die staatliche Bürokratie hatte außerdem bereits im 18. Jahrhundert mit einer Reformgesetzgebung begonnen, die aber weitgehend steckengeblieben war. In der Ära Napoleons verstärkt fortgeführt, wurden die Ablösegesetze schließlich erst im Gefolge der Revolution von 1848 beschleunigt zu Ende geführt. Die Entschädigung für den Grundherrn erfolgte nicht über Landabtretungen, sondern über Ablösezahlungen, die um die Jahrhundertmitte schon von Kreditkassen getragen wurden.

Wirtschaftliche und soziale Folgeerscheinungen

Die Bilanz der Bauernbefreiung war nicht nur positiv, denn die neuen Rechte und Freiheiten waren mit dem Verlust mancher wichtiger alter Sicherheiten erkauft worden. Der Grund- oder Gutsherr, der keinerlei Ansprüche auf die Person seines bisherigen Untertanen mehr hatte, war umgekehrt auch nicht mehr verpflichtet, ihn in Notfällen – bei Mißernten und Unglücksfällen, in Krankheit oder Alter – zu unterstützen. Das „soziale Netz" der alten ständischen Gesellschaftsordnung war zerrissen (▷ M 3).
Eine andere Schattenseite der Reformen zeigte sich vor allem in Preußen, wo in relativ kurzer Zeit besonders tiefgreifende Veränderungen durchgeführt worden waren. Viele kleine, von Ablösezahlungen und Bodenabtretungen belastete Höfe sanken auf eine Betriebsgröße ab, die für den Lebensunterhalt der Bauernfamilie nicht mehr ausreichte. Gleichzeitig war unter Hardenberg der Bauernschutz aufgehoben worden; dadurch waren die Bauern nicht mehr vor dem Ankauf ihrer Höfe durch die Gutsherren geschützt. Diese griffen zu, wenn ländliche Anwesen zu Verkauf oder Versteigerung anstanden („Bauernlegen").
Auf diese Weise nahm das „ländliche Proletariat" zu. Die ländlichen Unterschichten – von unselbständiger Landarbeit lebende Tagelöhner, Inhaber bäuerlicher Kleinstellen – wuchsen aber vor allem deswegen stark an (auf etwa 60 Prozent der gesamten ländlichen Bevölkerung Ostelbiens um 1848), weil mit der Erbuntertänigkeit die ehemaligen Heiratsbeschränkungen weggefallen waren. Es entstand ein Arbeitskräftepotential, das durch den Fortfall alter

Bindungen räumlich mobil war, auf steter Suche nach Saisonarbeit. Seit der Jahrhundertmitte wanderten diese Arbeitskräfte auch unmittelbar in die Fabriken ab.
Zu den Hauptgewinnern der Bauernbefreiung wurden demnach die Großgrundbesitzer, die in Ostelbien ihren Landbesitz bis Mitte des Jahrhunderts um ca. 10 Prozent ausdehnen konnten. Auch etliche feudale Privilegien (Patrimonialgerichtsbarkeit und lokale Polizeigewalt) blieben den ostpreußischen Gutsherren über 1848 hinaus erhalten und sicherten das gesellschaftliche und politische Übergewicht dieser Gruppe bis ins 20. Jahrhundert.
Die freie Erwerbsmöglichkeit von Grund und Boden hatte allerdings im weiteren Verlauf zur Folge, daß sich bis 1850 finanzkräftige Bürger in fast die Hälfte der gutsherrlichen Rittergüter einkauften. Diese Kapitalisierung von Grund und Boden war eine Ankündigung des Industriezeitalters. Nutznießer der Reformen war aber auch das mittlere Bauerntum, das lebensfähig blieb. Wer aus den Veränderungen gekräftigt oder selbständig existenzfähig hervorging, konnte – befreit von den alten Fesseln – rationell und gewinnbringend arbeiten.

Mobilisierung der Gesellschaft

Die Bevölkerungsexplosion und die Veränderungen in der agrarischen Gesellschaft brachten Dynamik und Veränderung in die Lebensverhältnisse der Menschen – eine Bewegung, die freilich oft genug als Bedrängnis empfunden wurde. Noch vor den Bevölkerungsbewegungen in die entstehenden Industriereviere kam es zu einer Phase der *Binnenwanderung* in die agrarischen Großregionen wie den Nordosten Preußens. Bis in die dreißiger Jahre hinein zogen solche ländlichen Räume die größten Wanderungsgewinne auf sich (▷ M 5).
Auch die Städte wuchsen bereits vor dem Einsetzen der eigentlichen Industrialisierung. Eine mobil gewordene Landbevölkerung, besonders ihre Unterschichten, zog es in der Hoffnung auf bessere Verdienstmöglichkeiten in die benachbarten Städte, wo sie versuchten, als Lohnarbeiter und kleine Gewerbetreibende eine neue Existenz aufzubauen. Den größten Zugewinn erzielten zunächst die Residenzstädte (Berlin, Wien, München, Stuttgart) und alten Wirtschaftszentren (Köln, Leipzig). Dennoch gab es 1830 erst 80 Städte mit mehr als 10 000 Einwohnern. Ab Mitte des Jahrhunderts verstärkte sich dann der Prozeß der „Verstädterung". 1871 lebten bereits knapp 20 % der Gesamtbevölkerung in insgesamt 220 Städten über 10 000 Einwohnern.
Der Bevölkerungsdruck entlud sich zusätzlich in einer *Auswanderungsbewegung*, vornehmlich in die USA (ca. 90 %). Schon 1816/17 erfaßte eine erste Auswanderungswelle das Gebiet des Deutschen Bundes, etwa 20 000 Menschen verließen ihr Heimatland. Auch in den kommenden Jahren riß der Strom der Auswanderer nicht ab. In der Frühphase war die Emigration verstärkt eine Folge aus der Scherenentwicklung zwischen Bevölkerungswachstum und Nahrungsenge. Dazu kamen dann in der Restaurationszeit und nach der

Zwischendeck des Auswandererschiffs „Samuel Hop" mit deutschen Amerika-Auswanderern, 1850.

gescheiterten Revolution von 1848 auch politische Gründe. Prozentual blieb die Auswanderungsrate allerdings ziemlich unerheblich, machte sie doch im Schnitt nie mehr als 0,5 Prozent der Gesamtbevölkerung aus (▷ M 4).

Deutsche Auswanderung in Tausend

1820–1829	50	1871–1880	626
1830–1839	210	1881–1890	1343
1840–1849	480	1891–1900	529
1850–1859	1161	1901–1910	280
1861–1870	782	1911–1913	69

M 1

Das Oktoberedikt: Bauernbefreiung in Preußen

Wenige Wochen nach seiner Ernennung leitete der neue preußische Staatskanzler Freiherr vom Stein gegen den Widerstand des Adels seine Politik der Reorganisation des preußischen Staatswesens ein.

Edikt den erleichterten Besitz und den freien Gebrauch des Grundeigentums so wie die persönlichen Verhältnisse der Land-Bewohner betreffend vom 9. Oktober 1807

Wir Friedrich Wilhelm, von Gottes Gnaden, König von Preußen
Tun kund und fügen hiermit zu wissen:
Nach eingetretenem Frieden hat Uns die Vorsorge für den gesunkenen Wohlstand Unserer getreuen Untertanen, dessen baldigste Wiederherstellung und

möglichste Erhöhung vor Allem beschäftigt. [. . .]; Wir haben ferner erwogen, daß die vorhandenen Beschränkungen teils in Besitz und Genuß des Grund-Eigentums, teils in den persönlichen Verhältnissen des Land-Arbeiters Unserer wohlwollenden Absicht vorzüglich entgegen wirken, und der Wiederherstellung der Kultur eine große Kraft seiner Tätigkeit entziehen, jene, indem sie auf den Wert des Grund-Eigentums und den Kredit des Grundbesitzers einen höchst schädlichen Einfluß haben, diese, indem sie den Wert der Arbeit verringern. Wir wollen daher beides auf diejenigen Schranken zurückführen, welche das gemeinsame Wohl nötig macht, und verordnen daher Folgendes:

§. 1. Jeder Einwohner Unsrer Staaten ist, ohne alle Einschränkung in Beziehung auf den Staat, zum eigentümlichen und Pfandbesitz unbeweglicher Grundstücke aller Art berechtigt; der Edelmann also zum Besitz nicht bloß adelicher, sondern auch unadelicher, bürgerlicher und bäuerlicher Güter aller Art, und der Bürger und Bauer zum Besitz nicht bloß bürgerlicher, bäuerlicher und anderer unadelicher, sondern auch adelicher Grundstücke, ohne daß der eine oder der andere zu irgend einem Güter-Erwerb einer besonderen Erlaubnis bedarf, wenn gleich, nach wie vor, jede Besitzveränderung den Behörden angezeigt werden muß. Alle Vorzüge, welche bei Güter-Erbschaften der adeliche vor dem bürgerlichen Erben hatte, und die bisher durch den persönlichen Stand des Besitzers begründete Einschränkung und Suspension[1]) gewisser gutsherrlichen Rechte, fallen gänzlich weg. [. . .]

§. 2. Jeder Edelmann ist, ohne allen Nachteil seines Standes, befugt, bürgerliche Gewerbe zu treiben; und jeder Bürger oder Bauer ist berechtigt, aus dem Bauer- in den Bürger- und aus dem Bürger- in den Bauerstand zu treten. [. . .]

§. 10. Nach dem Datum dieser Verordnung entsteht fernerhin kein Untertänigkeits-Verhältnis, weder durch Geburt, noch durch Heirat, noch durch Übernehmung einer untertänigen Stelle, noch durch Vertrag.

§. 11. Mit der Publikation der gegenwärtigen Verordnung hört das bisherige Untertänigkeits-Verhältnis derjenigen Untertanen und ihrer Weiber und Kinder, welche ihre Bauergüter erblich oder eigentümlich, oder Erbzinsweise, oder Erbpächtlich besitzen, wechselseitig gänzlich auf.

§. 12. Mit dem Martini-Tage[2]) Eintausend Achthundert und Zehn (1810.) hört alle Guts-Untertänigkeit in Unsern sämtlichen Staaten auf. Nach dem Martini-Tage 1810 gibt es nur freie Leute, so wie solches auf den Domainen in allen Unsern Provinzen schon der Fall ist, bei denen aber, wie sich von selbst versteht, alle Verbindlichkeiten, die ihnen als freien Leuten vermöge des Besitzes eines Grundstücks, oder vermöge eines besondern Vertrages obliegen, in Kraft bleiben.

Ernst Rudolf Huber (Hrsg.), Dokumente zur deutschen Verfassungsgeschichte, Band 1, Stuttgart, 3. Auflage 1978, S. 41 ff.

1. *Analysieren Sie die politische Lage Preußens im Jahr 1807. Welchen Einfluß hatte diese Situation auf den Erlaß des Edikts?*
2. *Über welche Sachbereiche werden Verfügungen getroffen?*
3. *Diskutieren Sie die Auswirkungen der Reformen auf die preußische Gesellschaftsordnung. Welche Probleme bleiben ungeklärt?*

---

[1]) Aufhebung
[2]) Das heißt also am 11. November

M 2

Ausführungsbestimmungen der Bauernbefreiung

In Erfüllung des Oktoberedikts von 1807 erließ Staatskanzler von Hardenberg am 14. 9. 1811 das „Regulierungsedikt".

§ 1. Es sollen die bisher nicht eigentümlich verliehenen bäuerlichen Besitzungen unter den in der gegenwärtigen Verordnung enthaltenen Vorschriften und Bedingungen in Eigentum verwandelt und die auf solchen ruhenden Dienstbarkeiten und Berechtigungen gegen wechselseitige billige Entschädigungen abgelöst werden. [. . .]

Erster Abschnitt. Die bisher ohne Eigentum erblichen bäuerlichen Besitzungen betreffend.

Allen jetzigen Inhabern jener erblichen Bauernhöfe und Besitzungen [. . .] wird das Eigentum ihrer Höfe übertragen, unter der Verpflichtung, die Gutsherrn dafür, wie nachstehend verordnet ist, zu entschädigen. Unter derselben Bedingung sollen auch die Naturaldienste mit alleiniger Ausnahme einiger [. . .] Hilfsdienste gegen Entschädigung aufgehoben werden. [. . .]

§ 5. Wir wünschen, daß hiernach die Auseinandersetzung zwischen den Gutsherrn und ihren bisherigen Untertanen durch gütliche Vereinigung erfolge, und lassen ihnen dazu vom Tage dieses Edikts an zwei Jahre Frist. Kommt sie aber bis dahin nicht zustande, so soll sie auf die in den nächsten Paragraphen zu bestimmende Weise geschehen und in Ermangelung einer Provokation von seiten des Staates erfolgen.

§ 6. Die gewöhnlichen Gegenstände, welche hiebei zum Grunde liegen und mithin zur Ausgleichung kommen, sind:
a) an Rechten von seiten des Gutsherrn: 1. das Eigentumsrecht; 2. der Anspruch auf Dienste; 3. die Geldnaturalabgaben; 4. die Hofwehr; 5. die Berechtigung oder Servituten[1]) auf den Grundstücken;
b) an Rechten von seiten der Verpflichteten: 1. der Anspruch auf Unterstützung bei Unglücksfällen; 2. der Anspruch auf Raff- und Leseholz oder sonstige Waldberechtigungen; 3. die Verpflichtung des Gutsherrn zum Aufbau und zur Reparatur der Gebäude; 4. die weitere Verpflichtung, bei entstehendem Unvermögen die Steuern und andern öffentlichen Abgaben und Leistungen zu vertreten; 5. die Hütungs- und Waldgerechtsame. [. . .]

§ 12. Es ist zwar allgemeine Regel, daß die Entschädigung durch ein Drittel der sämtlichen Ländereien an Äckern, Wörthen[2]), Wiesen, Hütung und Holzung gewährt werden muß; indes soll den Interessenten freistehen, sich auch auf eine Vergütung in Kapital oder durch Rente in Naturalien oder Gelde zu einigen. [. . .]

§ 32. Nach vollzogener Auseinandersetzung ist auch der Gutsherr von der Verpflichtung entbunden, die Bauernhöfe mit besonderen Wirten besetzt und in kontributsfähigem[3]) Stande zu erhalten; auch kann er dieselben ganz oder teilweise durch Vertrag oder auf eine andere gesetzliche Weise erwerben und mit seinem Gute vereinigen. [. . .]

---

[1]) Dienstbarkeiten
[2]) Wörth: Insel; auch aus Sumpfgebiet trockengelegtes und urbar gemachtes Land
[3]) Kontribution: Grundsteuer im 16. bis 19. Jahrhundert

Zweiter Abschnitt. Die bisher nicht erblichen bäuerlichen Besitzungen betreffend. [. . .]

§ 37. Die Dispositionen des ersten Abschnitts hinsichtlich der erblichen Bauergüter gelten auch von den nicht erblichen mit dem Unterschiede, daß die Gutsherren, wenn keine gütliche Einigung auf andere Weise erfolgt, berechtigt sein sollen, die Hälfte der Besitzungen an Äckern, Wörthen, Wiesen, Holzung und Hütung zu ihren Gütern einzuziehen oder sonst willkürlich darüber zu disponieren.

Jürgen-Wolfgang Goette, Bernd Januschke u. a., Die industrielle Revolution, Stuttgart 1983, S. 118 f.

1. *Stellen Sie zusammen, um welche Regelungen es in dem Edikt geht. Überlegen Sie, welche möglichen Folgen aus den getroffenen Regelungen für die Betroffenen erwachsen konnten.*
2. *Welche Änderungen traten neben dem Eigentumsübergang im Verhältnis zwischen Bauer und Gutsherr ein?*

M 3 Umwälzungen im ländlichen Rechtsbereich

An die Kammer der Abgeordneten im Königreich Bayern richteten im Jahre 1831 mehrere Gemeinden des Isarkreises (etwa dem heutigen Regierungsbezirk Oberbayern entsprechend) eine Eingabe.

Es ist eine sehr auffallende und niederschlagende Erscheinung, daß seit einigen Jahren so außerordentlich viele Besitzer von Bauerngütern, die unter landesfürstlicher Grundherrschaft stehen, in Konkurs geraten, und gewöhnlich mit Weib und Kind diese ihre seit Jahrhunderten innegehabten Besitzungen verlassen müssen, wo dann die erwachsenen Kinder vermögenlos in die weite Welt hinausgejagt werden, die unmündigen aber samt den Eltern der Gemeinde zur Last fallen und von derselben abgenährt werden müssen.

In älteren Zeiten war es nicht so; es war eine große Seltenheit, wenn solche Gutsbesitzer von ihren Höfen abziehen mußten. Der Gutsherr half Verunglückten gewöhnlich wieder auf [. . .]. Heut zu Tage dagegen müssen dergleichen Besitzer, wenn sie ein paar Jahre lang ihre grundherrlichen Abgaben nicht entrichten können, ohne weiters Vieh, Möbeln, Baufahrnisse[1]), Grundstücke, am Ende das ganze Habe und Gut verkaufen und aus dem Erlös die Grundherrschaft befriedigen. [. . .] Die Folge ist steter Wechsel der Gutsbesitzer, Deteriorierung[2]) der Gründe, Anfüllung des Landes mit Bettlern. Ohne Verschulden wird der arbeitsamste und ordentlichste Bauersmann an den Bettelstab gebracht.

Da diese Erscheinung in ältern Zeiten nicht war, so kann sie nur die Frucht neuerer Einrichtung sein. [. . .]

Bekanntlich besaßen in Bayern fast alle Ruralgemeinden[3]) außer den eigentümlichen auch noch Gemeindegründe, bestehend in Gemeindewaldungen und Gemeindeweiden. Sie waren so beträchtlich, daß sie nicht selten an Flächenraum den eigentümlichen Grundstücken gleich kamen. Aus diesen Gemeindegründen bezogen die grundherrlichen Untertanen Brennholz, Streu, Moos; auf den Weideplätzen zogen sie ihre Pferde, Rindvieh, Schweine, Schafe,

[1]) Rechtsbegriff für bewegliche Sachen (im Unterschied zu Immobilien)
[2]) Verschlechterung
[3]) Die seit 1818 neu gebildeten Gemeindebezirke auf dem Land

Gänse u. a. in beträchtlicher Menge, die größern Gutsbesitzer mehr, die kleineren weniger. [. . .] Trat ein Schauer ein, oder ein Mißjahr, oder irgendein anderes Unglück, so traf es nicht bloß die Grundholden, sondern auch den Gutsherrn, und derselbe mußte, wenn auch nicht das Ganze, doch einen verhältnismäßigen Teil der ihm gehörigen Gilten und Stiften[1]) fahren lassen. [. . .] Diese Nachlässe dauern von Seite der adelichen Gutsbesitzer und anderer Privatobereigentümer zwar noch fort, haben aber von Seite der königlichen Rentämter fast gänzlich aufgehört [. . .]. Was fragen sie danach! Die Giltbauern gehören nicht ihnen; wenn einer zu Grunde geht, folgt ein anderer nach [. . .]. Man darf annehmen, daß dergleichen Landeigentümer, welche erbrechtliche und leibrechtliche Güter besitzen[2]), in den abgelaufenen 20 bis 30 Jahren wohl um ein Drittel an Abgaben mehr haben bezahlen müssen, als sie in älterer Zeit bezahlt haben. Dies ist ein Grund der Verarmung dieser Gutsbesitzer, und der auffälligen Frequenz der Konkurse in unsern Tagen im Vergleich mit der Vorzeit.

Konrad von Zwehl (Hrsg.), Aufbruch ins Industriezeitalter, Band 3, München 1985, S. 63

1. *Arbeiten Sie heraus, wo sich das Doppelgesicht der Reformen im ländlichen Bereich zeigt.*
2. *Warum sind in der Klageschrift nur landesherrliche und adlige Grunduntertanen erwähnt?*
3. *Klären Sie, wer die Urheber dieser Beschwerdeschrift sind. Welche Interessen werden dabei verfolgt?*

Deutsche Auswanderung im 19. Jahrhundert

M 4

Die Preußische Bezirksregierung zu Arnsberg berichtet für den Monat Februar 1818 an das Oberpräsidium in Münster:

Die in den beiden Grafschaften Wittgenstein aufgekommene Sucht, nach Amerika auszuwandern, ist eine Seuche, die unsere besondere Aufmerksamkeit erregt hat. Es haben sich seit kurzer Zeit dazu 14 Familienväter mit 71 Familienmitgliedern und 24 einzelne Personen, zusammen 109 Köpfe, schon namentlich angegeben und um Erlaubnis angestanden; das Vermögen, das diese Menschen mitnehmen, ist über 7561 Taler Berliner Courant verzeichnet. Noch mehrere sollen des Willens sein, demselben Schicksal zu folgen. In dem an das Wittgensteinische angrenzende Hessen-Darmstädtischen soll derselbe Wandergeist ausgebrochen sein. Obgleich in diesen Gegenden Einladungen aus Amerika mit den Versprechungen eines besseren Zustandes von früheren Ausgewanderten angelangt sind, so wird doch nicht dieses, sondern die Armut und eingetretene gänzliche Nahrungslosigkeit als die Hauptursache der angefangenen Auswanderung angesehen und von der landrätlichen Behörde ausdrücklich genannt. In dieser Voraussetzung wäre von der Auswanderungssucht, die ohnehin anzustehen pflegt, bei dem jetzigen Verfall so mancher Gewerbe sehr vieles zu fürchten, besonders wenn die Habsucht auf diese Spur geraten sollte und mit ihren gewöhnlichen Anwerbungsmitteln sich

[1]) Natural- und Geldabgaben
[2]) Leibrecht; Erbrecht: Rechtsformen der Überlassung des Hofes an einen Bauern (Grundholden), im ersten Fall auf Lebenszeit des Inhabers, im zweiten Fall erblich.

dazwischen legen würde. Wir sind daher der Meinung gewesen, daß dem Übel bei dem Entstehen am besten entgegenzuwirken sei, und daß, da hier kein Zwang eintreten darf, die armen nahrungslosen Menschen vielleicht am besten durch einige Unterstützungen und Verschaffung von Arbeitsverdienst von ihrem Vorsatz zurückgehalten werden könnten.

Wolfgang Köllmann, Industrielle Revolution, Stuttgart, 6. Auflage 1982, S. 14

1. *Welche Ursachen macht der Bericht für die Auswanderungsbewegung verantwortlich?*
2. *Welche weiteren Gründe können Sie selbst noch nennen? Ziehen Sie zur Beantwortung auch die Tabelle auf Seite 139 heran.*

M 5 Binnenwanderung in Deutschland seit dem 19. Jahrhundert

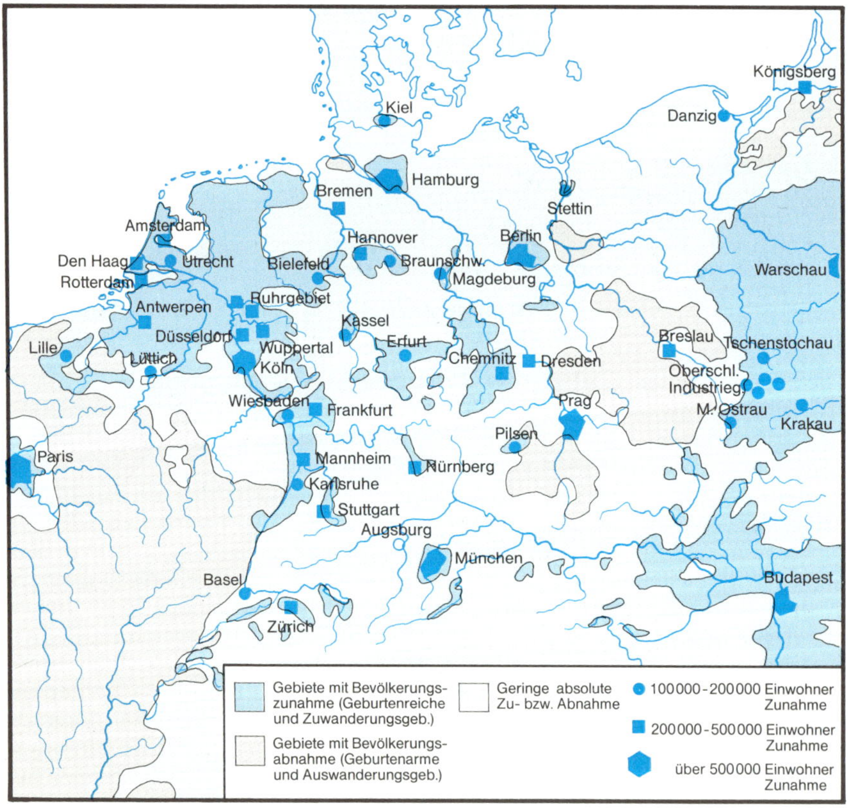

Bevölkerungsverschiebungen im 19. Jahrhundert.

1. *Welche Bevölkerungsentwicklung fand in Ihrem Heimatraum im 19. Jahrhundert statt?*
2. *Erklären Sie die Voraussetzungen für Bevölkerungsgewinne und -verluste.*

Veränderungen in Handel und Gewerbe

Vom Handwerker zur Fabrik: Spinner und Weber werden abgelöst von mechanischen Webstühlen, wie hier in einer Baumwollspinnerei in Manchester um 1830.

Vorindustrielle Gewerbeformen

Die Lage der gewerblichen Wirtschaft war im mitteleuropäischen Raum um 1800 im ganzen unbefriedigend, verglichen mit den führenden Wirtschaftsnationen in Westeuropa. Vor allem England konnte sich neben billigen Rohstoffen und Arbeitskräften aus seinen überseeischen Kolonien auf einen erheblichen technologischen Vorsprung stützen.
Der wichtigste Gewerbezweig in Deutschland war die Herstellung von Textilwaren. Gegenüber der englischen Konkurrenz, die bereits seit den 1760er Jahren mit maschinellen Fertigungsmethoden arbeitete, gerieten die einheimischen, vorwiegend im *Verlagssystem* (▷ M 1) hergestellten Textilwaren auf den in- und ausländischen Märkten ins Hintertreffen. Zuletzt führte dies noch einmal der schlesische Weberaufstand von 1844 vor Augen.
Die am weitesten fortgeschrittene gewerbliche Organisationsform stellte um 1800 zweifellos das *Manufakturwesen* (▷ M 1) dar. Seine typischen Erzeugnisse repräsentierten jedoch vorwiegend Waren für den Luxusbedarf von Hof, Adel und gehobenem Bürgertum (Porzellan, Gobelins oder Kunstmöbel) und nicht Waren der Massennachfrage, die eine tiefgreifende Belebung der Wirtschaftstätigkeit hätten nach sich ziehen können. Deshalb waren nicht mehr als 4 Prozent aller Beschäftigten im Manufakturwesen tätig. Nur rund 1 Prozent der Erwerbstätigen arbeitete im *Bergbau* und *Hüttenwesen*, die um die Jahrhundertmitte erst am Anfang ihres steilen Aufstiegs standen.
Nach wie vor die meisten gewerblich Beschäftigten (rund die Hälfte) fanden ihren Broterwerb im *zünftischen Handwerk* (▷ M 1). Eifersüchtig wachten die Zünfte über die Zahl der Handwerksbetriebe und ihrer Arbeitskräfte, um den Konkurrenzkampf zu regulieren. Diesen Beschränkungen hatte schon der Kampf der aufgeklärten Herrscher des 18. Jahrhunderts gegolten, da sie in ihnen ein Hindernis für die gewerbliche Tätigkeit nach Begabung und Leistungskapazität erblickten (▷ M 2).
Die Grenzen der wirtschaftlichen Entwicklung konnten nicht – wie es durch landesherrliche Förderungsmaßnahmen sehr wohl auch versucht wurde – durch eine bloße Ausweitung oder Intensivierung der bestehenden Methoden überwunden werden; die Mängel waren strukturbedingt. Zu einem Durchbruch bedurfte es grundsätzlicher Veränderungen und anstoßgebender Innovationen, die auf doppeltem Wege erfolgen mußten:

- produktionstechnisch und -organisatorisch durch einen Übergang zur maschinenindustriellen Fertigung,
- politisch durch die Schaffung von Rahmenbedingungen, unter denen wirtschaftliches Wachstum in Gang kommen konnte.

M 1

Formen des Gewerbes um 1800

Bei den nachstehenden Texten handelt es sich um Darstellungen aus moderner wissenschaftlicher Literatur.

Handwerk

Betriebsführung und Produktionsablauf waren [. . .] bestimmt von Handarbeit und Totalität der Arbeit. Handarbeit: Der Handwerker stellte im Regelfalle seine Erzeugnisse überwiegend mit der Hand her; Werkzeuge und einfache Maschinen traten lediglich ergänzend hinzu. Ökonomisch folgt daraus, daß das Handwerk arbeitsintensiv produzierte und daß Kapitalgüter im allgemeinen lediglich eine geringe Rolle spielten. Totalität der Arbeit: Der Handwerker führte in der Regel die Herstellung eines Stückes vom Anfang bis zum Ende selbst durch; andere Personen traten allenfalls helfend hinzu. Ökonomisch folgt daraus, daß es eine Arbeitszerlegung im Handwerksbetrieb nicht gab. Arbeitsteilung war also nur als Berufsteilung möglich, d. h. als Spezialisierung auf bestimmte Produkte; in dieser Form wurde sie auch geübt [. . .].
Ein erheblicher Teil vor allem des städtischen Handwerks [. . .] war um 1800 in gewerblichen Korporationen mit Zwangsmitgliedschaft (Zünfte, Gilden, Innungen und dergleichen) zusammengeschlossen: Nur wer Mitglied war, durfte den Beruf ausüben (Zunftzwang). Die Zunft war eine umfassende, keineswegs auf das Ökonomische beschränkte soziale Organisation. Freilich

Wohnung und Werkstatt des Handwerkers waren häufig noch in einem Raum untergebracht (Radierung von Ludwig Richter um 1834).

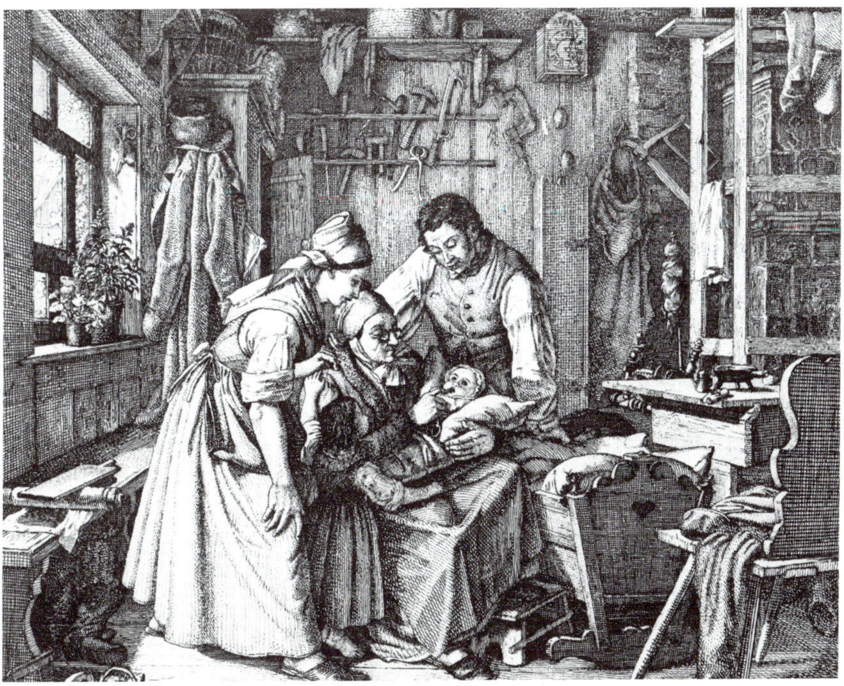

hatte von ihren vielfältigen (berufsbildenden, fürsorgerischen, verwaltenden, rechtsprechenden, kirchlichen, geselligen und eben auch wirtschaftlichen) Funktionen im 18. Jahrhundert die letztgenannte besondere Bedeutung gewonnen: Die Zunft hatte sich mehr und mehr in ein Instrument zur Ordnung der Einkaufs- und Absatzmärkte, zur Preisgestaltung oder -beeinflussung, zur Disziplinierung der Gesellen und zur Regulierung der Konkurrenz verwandelt.

Karl Heinrich Kaufhold, Das deutsche Gewerbe um 1800, in Helmut Berding/Hans-Peter Ullmann (Hrsg.), Deutschland zwischen Revolution und Restauration, Königstein 1981, S. 314 ff.

Verlag

Eigentlich das Auslegen, Vorschießen, nämlich das Kapital in irgendeiner Form: Seit dem 15. Jahrhundert die Form des gewerblichen Betriebs, bei dem ein Unternehmer (Verleger) eine Anzahl Arbeiter beschäftigt, die außerhalb seines Betriebs in ihren Wohnungen arbeiten. Der Arbeiter ist entweder selbständiger Handwerksmeister (verlegter Kleinmeister), der seinerseits Gesellen usw. beschäftigt, oder einfacher Heimarbeiter. In der Regel ist die ganze Familie für den Verleger tätig. [. . .] Der Arbeiter erhält den Rohstoff – oder diesen und das Handwerkszeug – ganz oder zum Teil vom Verleger geliefert. Er arbeitet auf Bestellung, gegen festen Preis. Äußerlich unterscheiden sich Handwerk und Verlag (im weiteren Sinne) kaum, der wesentliche Unterschied besteht darin, daß beim Verlag Produktion und Absatz auf zwei Personen verteilt sind.

Eugen Haberkern/Josef Friedrich Wallach, Hilfswörterbuch für Historiker, München, 4. Auflage 1974, S. 637

Manufakturwesen

Gewichtige Veränderungen in der Organisation der Produktion verbanden sich [. . .] mit der Betriebsform der Manufaktur: Zumindest in ihrer entwickelten Gestalt enthielt sie wesentlich neue Elemente, die sie zu einem Bindeglied zwischen vorindustrieller und industrieller Herstellungsweise machten. Neu [. . .] waren an ihr einmal ihre Eigenschaft als zentralisierter Großbetrieb; zum zweiten die Arbeitszerlegung, unlöslich verbunden mit der planmäßigen Zusammenführung der Teilarbeiten in einem einheitlichen Produktionsprozeß (Kooperation); zum dritten die Beschäftigung von Lohnarbeitern, die nicht mehr mit eigenen, sondern mit vom Manufakturunternehmer gestellten, ihm gehörenden Produktionsmitteln (Werkzeugen und Maschinen) arbeiteten, und schließlich, viertens, die Trennung von Wohnung und Arbeitsplatz. Im Kern unverändert war allerdings die Produktionstechnik im eigentlichen Sinn geblieben: Vorherrschen der Handarbeit, der Werkzeuge und einfache Maschinen lediglich unterstützend zur Seite traten. So nahm die Arbeitsproduktivität zwar durch die Arbeitszerlegung zu, blieb jedoch in den durch die manuelle Fertigung gezogenen Grenzen.

Karl Heinrich Kaufhold, a.a.O., S. 320

Vergleichen Sie die Produktivität von Handwerk, Verlag und Manufakturwesen. Untersuchen Sie ebenso die Organisationsformen sowie Ausmaß und Rolle von Kapitalinvestitionen (evtl. in Tabellenform). Ziehen Sie aus dem Befund Schlüsse auf den Entwicklungsstand und die Entwicklungsmöglichkeiten des Gewerbes in Deutschland um 1800.

Abschaffung der Zünfte?

M 2

Schon im 18. Jahrhundert wurde rege über die Ursachen des Gewerbeverfalls und über Möglichkeiten zur Modernisierung und Ankurbelung diskutiert. Der folgende Text stammt aus einer längeren Abhandlung.

Man könnte denken: Es ist doch sehr billig, daß ein Meister nicht so viel Gesellen halten kann, als er will, sonst würden die Mitmeister am Ende zu sehr darunter leiden, und der eine würde gar zu viele Arbeit bekommen, und die anderen unterdrücken usw. Hierauf antworte ich: Es ist freilich dem Staate vorteilhaft, wenn der Profit unter mehrere Meister geteilt wird. Es können alsdann mehr Familien Unterhalt finden, und die Bevölkerung des Staates profitiert dabei. Allein, es ist wiederum dergleichen Verordnung dem Staate nachteilig, weil sie die Industrie[1]) hemmt und dazu dient, die Stümper mit fortzuhelfen, weshalb man denn den Innungen den Vorwurf macht, daß sie die schlechten Arbeiter mehr begünstigen als die guten. Sobald ein Meister Freiheit hat, so viele Gesellen zu halten, als er will, wird ein geschickter Meister dasselbe Gewerbe in einem größern Umfang treiben können. Er wird alsdann leichter Versuche anstellen und Verbesserungen vornehmen können, weil er nicht befürchten darf, durch einen fehlgeschlagenen Versuch sich gänzlich zu ruinieren. Wollen nun die andern Meister nicht Not leiden, so werden sie sich auch bemühen müssen, gute Waren und Arbeiten zu liefern. Auf diese Art wird also die Industrie sowohl, als erfinderischer Fleiß betrachtet, gewinnen, als auch in der Bedeutung, da sie das Bestreben, gute und viele Arbeit zu liefern, bedeutet. Gesetzt nun, es geht die Familie eines Stümpers dabei zugrunde, so ist doch der Schaden für den Staat lange nicht so groß, als wenn die Industrie leidet.

J. H. Firnhuber, Historisch-politische Betrachtungen der Innungen und deren zweckmäßige Einrichtung, Hannover 1782, in Michael Stürmer (Hrsg.), Herbst des Alten Handwerks, München 1979, S. 319 f.

1. *Ermitteln Sie Grundüberzeugungen, die hinter der hergebrachten zünftischen Beschränkung der Betriebsgröße erkennbar sind.*
2. *Geben Sie mit eigenen Worten wieder, welche Vorteile sich der Verfasser von einer Aufhebung der hier beschriebenen zünftischen Beschränkung verspricht.*

Abbau entwicklungshemmender Faktoren

Die liberale Wirtschaftstheorie

Geistiger Hintergrund für den Abbau überkommener Entwicklungshemmnisse war die *liberale Wirtschaftstheorie.* Sie forderte die freie, vom Staat nicht reglementierte Erwerbsmöglichkeit mit Freiheit des Handels und des Wettbewerbs, Freiheit der gewerblichen Produktion und des unternehmerischen Zusammenschlusses.

Haupttheoretiker des Wirtschaftsliberalismus war der britische Philosoph und Volkswirtschaftler *Adam Smith*[2]). Nach Smith war die Arbeit jedes einzelnen

[1]) hier im Sinne von Gewerbetätigkeit
[2]) Adam Smith (1723–1790), Schöpfer der klassischen Nationalökonomie

Menschen die Quelle des Volkswohlstandes, und nicht der Geldvorrat durch Außenhandel, wie die Merkantilisten[1]) dies angenommen hatten. Aus natürlichem Eigeninteresse zur Verbesserung seiner Lage produziere der arbeitende Mensch Waren für den Markt; dort erhalten alle Waren, so Smith, ihren (Tausch-)Wert durch das Gesetz von Angebot und Nachfrage. Das Gewinnstreben des einzelnen fördere nun aber letztlich das Gemeinwohl, weil am Ende nur ein Interesse an der Produktion solcher Güter bestehen bleibe, für die auch ein Bedarf (eine Absatzchance) vorhanden sei. Die Aufgabe des Staates sah Smith allein in der Wahrung von öffentlicher Ordnung und innerer Sicherheit.

Die Gewerbefreiheit

Die Entwicklung zur *Gewerbefreiheit* bedeutete einen Schritt zur wirtschaftlichen Liberalisierung. In Preußen war die Gewerbefreiheit im Grundsatz durch das Oktoberedikt von 1807 gewährt worden. Seit 1810 wurde die Ausübung eines Gewerbes in der Praxis allein von der Lösung eines Gewerbe-(Steuer-)Scheines abhängig. Davon abgesehen, konnte jedermann in jedem Umfang jeden Produktionszweig mit jeder Produktionstechnik eröffnen und betreiben.

In anderen Ländern des Deutschen Bundes ging die Verwirklichung der Gewerbefreiheit langsamer voran: Württemberg und Baden 1862, Bayern 1868. Zumeist war die Ausübung eines Gewerbes an die Gewährung einer Konzession gebunden, bei der die Behörden einen unterschiedlich gehandhabten Ermessensspielraum besaßen. Aber im allgemeinen wurde die Gewerbezulassung doch großzügig gewährt und belebende Konkurrenz zugelassen.

Die Gewerbereformen konnten allerdings nicht verhindern, daß das gewerbliche Handwerk von der Krise des *Pauperismus* (siehe Seite 172 f.) erfaßt wurde. Teile der wachsenden Bevölkerung fanden zwar eine Stelle als Meister oder Geselle, aber das Überangebot an Arbeitskräften führte zu Unterbeschäftigung und ungenügenden Einkommen. In einer Volkswirtschaft, in der um 1850 noch 55 Prozent der Beschäftigten in der Landwirtschaft arbeiteten, wuchsen gewerbliche Nachfrage und Kaufkraft nicht im selben Maße wie das aus der Bevölkerungsexplosion herrührende Angebot an Arbeitskräften. Ein Großteil der Handwerker und Gesellen lebte so in der Vormärzzeit ständig in der Gefahr, unter das Existenzminimum abzusinken (▷ M 1). Frauen und Kinder mußten durch Mitarbeit oder Nebenerwerb zum Lebensunterhalt der Familien beitragen. Erst mit zunehmender Industrialisierung wanderten viele als „gelernte Arbeiter" in die Fabriken ab.

Die Gewerbereformen in Deutschland haben also keine rapide Umwälzung und keinen Wachstumsschub hin zur Industrialisierung ausgelöst. Ihre hauptsächliche Bedeutung war eine andere: Ständische Herkunft und zünftische Beschränkungen spielten nun bei der Gewerbetätigkeit keine mit früher

[1]) Merkantilismus: Wirtschaftspolitik, die die Macht eines Staates (nach außen) stärken soll. Dazu zählt die Steigerung der Exporte und Beschränkung der Importe mit dem Ziel einer aktiven Handelsbilanz.

vergleichbare Rolle. Die Meister konnten jetzt frei entscheiden, welchen Produkten sie sich zuwenden wollten, um gegenüber Importen oder der aufkommenden heimischen Fabrikindustrie konkurrenzfähig zu bleiben. Gerade in dieser Möglichkeit, sich veränderten Gegebenheiten anzupassen, lag der eigentliche Gewinn der Gewerbefreiheit, so daß das Handwerk schließlich auch in der industriellen Welt zu überleben vermochte (▷ M 2).

Der Deutsche Zollverein

Vom Deutschen Bund hatten sich viele die Niederreißung der unzähligen Zollschranken, die einer Belebung des Binnenhandels im Wege standen, erhofft. Die Verwirklichung blieb zunächst aus, weil die partikularistisch denkenden Mitgliedsstaaten ihre einheimische Wirtschaft nicht der freihändlerischen Konkurrenz aussetzen wollten. Ebenso blieben nach 1815 unterschiedliche Maßeinheiten und Währungen in Gebrauch. Die Initiative von *Friedrich List* (▷ M 3), der 1819 den *Deutschen Handels- und Gewerbeverein* mit dem Ziel einer Aufhebung der Binnenzölle ins Leben rief, blieb erfolglos. Mit Neid blickte das liberale Bürgertum deshalb nach Frankreich und England, wo sich große geschlossene Volkswirtschaften gebildet hatten.
Die Schaffung einheitlicher Zollräume ging besonders von Preußen aus, das sich – nicht zuletzt unter der Notwendigkeit, seine beiden Staatshälften wirtschaftlich zusammenzubinden – schon 1818 auf eine Politik niedriger Zölle festlegte. Dem von Preußen ausgehenden Sog konnten sich die benachbarten mittel- und norddeutschen Staaten auf Dauer nicht entziehen. Über Vorstufen

Karikatur aus den „Fliegenden Blättern" auf die deutschen Zollgebräuche Anfang des 19. Jahrhunderts.

Gränzverlegenheit.

„Sie sehen, Herr Gränzwächter, daß ich nix zu verzolle hab', denn was hinte auf'm Wagen ist, hat die Lippi'sche Gränz noch nit überschritten, in der Mitt' ist nix, und was vorn drauf is, ist schon wieder über der Lippischen Gränze drüben."

eines preußisch-hessischen, eines mitteldeutschen und eines süddeutschen Zollvereins kam es 1834 zur Gründung des *Deutschen Zollvereins* (▷ M 3, M 4). Mit der Zeit traten fast alle deutschen Staaten bei, nur die beiden Hansestädte Hamburg und Bremen schlossen ihre Räume erst 1888 dem Zollgebiet an. Österreich war nicht beteiligt – ein deutliches Zeichen für die politischen Rivalitäten zwischen Österreich und Preußen. Nach Metternich war der Zollverein ein „Staat im Staate", der in der Folge tatsächlich zum Katalysator der (kleindeutschen) Einigung Deutschlands wurde. Die wirtschaftliche Einigung Deutschlands eilte somit der politischen voraus.
Für die wirtschaftliche Entwicklung der folgenden Jahrzehnte erwies sich der Zollverein als sehr förderlicher Rahmen, auch wenn die Verwirklichung einer vollständigen Wirtschaftseinheit noch auf sich warten ließ. Nur in kleinen Schritten kam etwa die Schaffung eines einheitlichen Münz-, Maß- und Gewichtssystems voran: 1857 Schaffung des Zollvereinstalers; 1868 verbindliche Einführung von Meter und Kilogramm.

M 1 Kaufkraftschwankungen der Bauarbeiterlöhne in Leipzig 1781/1800–1850

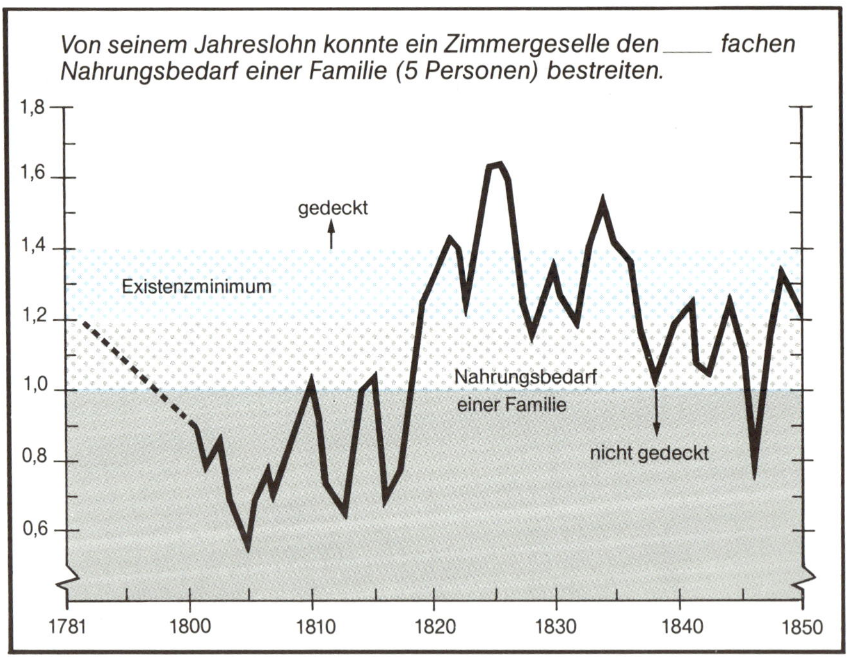

Nach Hermann Aubin/Wolfgang Zorn (Hrsg.), Handbuch der deutschen Wirtschafts- und Sozialgeschichte, Band 2, Stuttgart 1976, S. 349

1. *Was sagt die Graphik über die Lebenshaltungsverhältnisse eines Zimmergesellen in Leipzig aus?*
2. *Überlegen Sie, was die Folgen für die familiären Wirtschafts- und Arbeitsverhältnisse gewesen sein könnten.*

Das Handwerk im 19. Jahrhundert: Existenz in einer veränderten Welt

M 2

Die von Georg von Viebahn ab 1858 in drei Bänden vorgelegte Zollvereins-Statistik ist noch heute eine der wichtigsten Quellengrundlagen zur Erforschung der Wirtschafts- und Sozialgeschichte Deutschlands im 19. Jahrhundert.

In der neueren Zeit haben sowohl im kleinen als im großen Betriebe wesentliche Verbesserungen und Fortschritte in der Vorbildung der Gewerbsleute, in der Anschaffung und Vorbereitung der Rohstoffe, in den Werkzeugen, Maschinen und Absatzveranstaltungen stattgefunden. Es hat sich klarer herausgestellt, welche Zweige dem Handwerke bleiben, welche dagegen in Folge der großartigen Fortschritte, des Kapitals, der Mechanik und der Verkehrsanstalten durch Fabrikation der Gesamtbevölkerung geliefert werden und bei welchen noch ein Wettkampf zwischen Fabrikaten und Handwerkerwaren stattfindet.

Dem kleineren über alle Örtlichkeiten verteilten Betriebe sind zunächst alle diejenigen Gewerbe geblieben, deren Erzeugnisse sogleich nach der Fertigstellung der Konsumtion zugeführt werden: Bäckerei, Fleischerei, Konditorei und Nahrungsbereich, auch persönliche Dienstleistungen, wie Barbieren, Frisieren, Waschen, Baden, Abdecken; alle diese gewerblichen Verrichtungen müssen an den Orten, wo sich das verbrauchende Publikum befindet, durch ebendaselbst anwesende Gewerbetreibende ausgeübt werden. Auch die Bauarbeiten müssen sich überall der Örtlichkeit anschließen. Die Textilindustrie ist dagegen hinsichtlich der Stoffbereitung größtenteils der Fabrikation anheimgefallen und auch bei den Metall-, Holz- und kurzen Waren[1]) hat das Handwerk neuerdings manche wichtige Artikel jenen mächtigeren Rivalen überlassen müssen.

Wie das frühere Ständewesen überhaupt umgestaltet worden ist, so sind auch die äußeren Grenzen verschwunden, welche den Handwerkerstand umgaben und mit ihnen ist die zünftige Ordnung des Handwerks zusammengestürzt, welche eine Folge der alten Standesverhältnisse war. [. . .]

Die alten Beschränkungen in Bezug auf die Zahl der Meister, auf die Grenzen ihres Geschäfts, die früheren Bestimmungen über die Qualität der Handwerkerzeugnisse, über den Gebrauch der Werkzeuge, über das Wandern der Gesellen, über Herbergswesen und Lehrzeit, die mit dem Heiraten einer Meistertochter oder Meisterwitwe verbundenen Vorrechte, die zahllosen Vorschriften, über deren Beobachtung die innere Polizei des Handwerkertums streng zu wachen hatte, haben auch in Deutschland fast überall der freien Wahl, der persönlichen Selbstbestimmung Platz gemacht und es sind damit größtenteils die alten endlosen Streitigkeiten und Konflikte in Gewerbssachen glücklich aus dem Wege geräumt, die früheren zahllosen Prozesse, Untersuchungen und Strafen beseitigt, zu denen die Zunftverfassung beständig Anlaß gab. [. . .]

Die Zahl der Hülfsmaschinen mehrt sich in den Handwerkerstätten von Jahr zu Jahr; die Cirkularsäge, die Nähmaschine, die Vergolderpresse und viele andere mechanische Werkzeuge haben sich in den Schreiner-, Schneider-, Schuster-, Buchbinder- und anderen Werkstätten eingebürgert. Nicht selten macht das Kleingewerbe von der Dampfkraft Gebrauch, welche Wind, Wasser oder Arbeiter ersetzt. [. . .]

[1]) Kurzwaren: Kleine Gebrauchsgegenstände im Textilbereich (Nadeln, Knöpfe, Bänder)

Die Aufgabe des Handwerkers ist es, neben und mit den Fabriken sein Fortkommen zu suchen, durch persönliche Vorzüge und besondere Fähigkeiten auch bei Fabrikwaren die Lücken auszufüllen, welche die Fabrikation in der Befriedigung der Bedürfnisse offen läßt, die ihm von den Fabriken dargebotenen Hülfsmittel und Geschäftserleichterungen kaufmännisch auszubeuten. Verständige Handwerker tun dies mit dem besten Erfolg. Der Schneider arbeitet mit der Nadel und Schere oder mit der Nähmaschine, die ihm die Fabriken liefern; er bezieht das Tuch zu den von seinen Kunden bestellten Kleidern direkt aus den Tuchfabriken. Der Schuhmacher bezieht das Leder zu den von ihm gelieferten Stiefeln vom Lederfabrikanten.

Werner Pöls (Hrsg.), Deutsche Sozialgeschichte 1815–1870. Dokumente und Skizzen, München, 3. Auflage 1979, S. 236 ff.

1. *Kritiker der Gewerbefreiheit gingen davon aus, daß das Handwerk den Fabriken weichen müsse. Welche Entwicklung zeigt der zeitgenössische Bericht auf?*
2. *Welche Veränderungen für das Handwerk werden im einzelnen deutlich?*

M 3 Friedrich List über die Aufgaben des Zollvereins

Der Volkswirt Friedrich List (1789–1846) trat für die liberale Wirtschaftstheorie ein, wobei er für die noch in Entwicklung befindliche deutsche Wirtschaft (befristete) Schutzzölle forderte. Er bemühte sich nachdrücklich um die Zolleinigung Deutschlands, und besonders auf seine Initiative wurde seit dem Bau der Eisenbahnlinie Leipzig–Dresden das deutsche Eisenbahnnetz ausgebaut.

Der Zollverein soll die Deutschen ökonomisch und materiell zu einer Nation verbinden; er soll in dieser Beziehung nach außen die Nation als ein Ganzes kräftigst vertreten und durch die Wahrung seiner auswärtigen Gesamtinteressen wie durch Beschützung seiner inneren Gesamtproduktivkräfte die materielle Kraft der Nation stärken; er soll durch Verschmelzung der einzelnen Provinzialinteressen zu einem Nationalinteresse das Nationalgefühl wecken und heben; er soll nicht bloß die Gegenwart, sondern auch die Zukunft der Nation im Auge haben; die einzelnen deutschen Provinzen sollen stets des Spruchs eingedenk sein: „Was hülfe es dir, so du die ganze Welt gewännest und nähmest doch Schaden an deiner – Nationalität."
Vom Zollverein datiert sich die Wiedergeburt des deutschen Unternehmensgeistes, der jahrhundertelang geschlafen hatte.
Von ihm datiert sich die Teilnahme des deutschen Publikums an allen Nationalangelegenheiten, und erst der Zollverein hat die Deutschen die Notwendigkeit und die Nützlichkeit der politischen Ausbildung gelehrt, erst infolge des Zollvereins hat der deutsche Mittelstand und der Stand der großen Gütebesitzer an der praktischen Politik Anteil genommen.

Friedrich List, Die politisch-ökonomische Nationaleinheit der Deutschen, in: Schriften. Reden. Briefe, Band 7, Berlin 1931, S. 444 f.

1. *List bewertet den Zollverein unter zwei Hauptaspekten. Arbeiten Sie diese heraus.*
2. *Erläutern Sie, vor welchem Zeithintergrund die besondere Argumentationsweise Lists zu verstehen ist.*

M 4

Der Deutsche Zollverein ab 1834

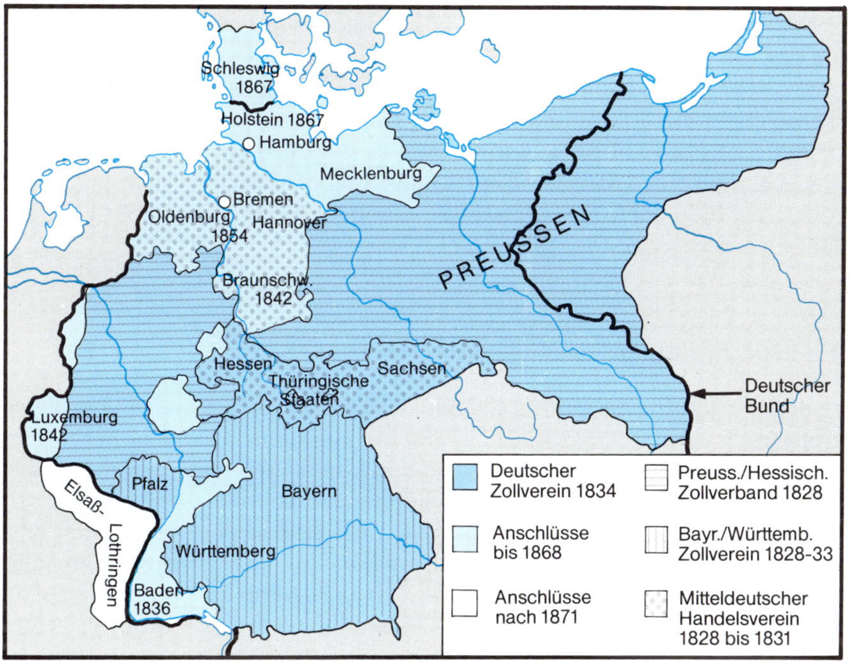

Vergleichen Sie die Zollvereinskarte mit den Grenzen des Deutschen Bundes und des Deutschen Reichs von 1871. Welche Bedeutung hatte der Zollverein für die deutsche Geschichte des 19. Jahrhunderts?

Staatliche Impulse und privates Unternehmertum

Die Rolle des Staates in der Anlaufzeit der Industrialisierung

Wie Gewerbereformen und Zollvereinsgründung zeigen, hatten die Regierungen durchaus Anteil an der Schaffung günstiger Voraussetzungen für wirtschaftliche Betätigung. Wenngleich sich der Staat nach der vorherrschenden liberalen Wirtschaftstheorie nicht in die Wirtschaft einzumischen hatte, besaß er andererseits doch, wie zu allen Zeiten, ein Interesse an ihrem Wachstum. Als Unternehmer trat er dabei selten auf, doch sollte die Eigeninitiative der Bürger geweckt werden. Vor allem aber bemühte sich eine „fortschrittlich" denkende Beamtenschaft zunehmend um eine gezielte Modernisierung der wirtschaftlichen Rahmenbedingungen.

Notwendig für einen intensiveren Austausch von Handelsgütern war der Ausbau des Verkehrsnetzes, der Chausseen, Kanäle und Flüsse, später auch des Baus von Staatsbahnen (siehe Seite 166 ff.). Deutlich sichtbar ist der Einfluß des Staates auch bei der Verbreitung einer modernen, technisch-wissenschaftlichen Bildung. Vergleichsweise früh kam es in Deutschland zur Einrichtung technischer Bildungsanstalten. Gewerbeschulen und Polytechniken wurden seit den 1820er Jahren eingerichtet, die technischen Hochschulen und Realgymnasien traten konkurrierend neben das humanistische Bildungsideal. Nicht zuletzt diese Offensive bei Ausbildung, Forschung und Wissenschaft ermöglichte es ab Mitte des Jahrhunderts dem industriellen „Nachfolgestaat" Deutschland, seinen Rückstand aufzuholen und sich bei den neuen, zukunftsträchtigen Industrien (Elektrotechnik, Chemie, Motorenbau) selbst an die Spitze zu setzen.

Der neue Typ des privaten Unternehmers

Zu den Kräften, die die industrielle Entwicklung in Deutschland vorantrieben, zählte auch eine neue Art privaten Unternehmertums, das die gewerblichen und technischen Möglichkeiten gewinnorientiert umsetzte. Aufgeschlossen für alle Neuerungen, schreckten Unternehmer mit kühnem Geschäftsgeist vor finanziellen Risiken nicht zurück. Viele Unternehmerpersönlichkeiten entwickelten eine selbstbewußte Pioniermentalität und fühlten sich als „Industriekapitäne" über Maschinenanlagen und Arbeiterschaft.
Diese neue gesellschaftliche Gruppe bildete sich durch Zustrom aus verschiedenen gesellschaftlichen Richtungen; erst allmählich entstand ein gemeinschaftliches Bewußtsein. Vielfach gelang es Handwerkern, ihre Werkstätten zu industriellen, kapitalkräftigen Fabrikbetrieben auszubauen. Oft bedurfte es aber auch einer Kooperation zwischen Erfinder (Techniker) und Finanzier, um eine fabrikmäßige Produktion zu verwirklichen.
Als weiterer Typus fand sich der sogenannte Feudalunternehmer, der als Großgrundbesitzer auf seinem Landbesitz Fabriken ansiedelte oder sich mit Erträgen aus seinen Liegenschaften an anderen Unternehmen beteiligte. Die Aktivitäten des Hauses *Fugger* nach 1848 zählen dazu, ebenso das *Gräflich Castellsche Bankhaus*.
Den Typ des Unternehmers, der bereits als gewerblicher Kaufmann, als Bankier oder Verleger zu Kapitalbesitz gekommen war oder solches erbte, verkörperten beispielsweise *Friedrich Harkort* in Wetter, *Friedrich Krupp* in Essen (siehe Seite 188 ff.), *Joseph Anton von Maffei* in München oder *Ferdinand Freiherr von Schaezler* in Augsburg.
Joseph Anton von Maffei (1790–1870) war der Sohn eines eingewanderten italienischen Kaufmanns, der es in München zum Eigentümer einer Tabakfabrik gebracht hatte. 1835 Mitbegründer der *Bayerischen Hypotheken- und Wechselbank*, wurde Maffei 1837 zum Vorstand der *München-Augsburger Eisenbahngesellschaft* gewählt. Er erwarb ein altes Eisenwerk, in dem er zusammen mit dem englischen Mechaniker *Joseph Hall* die erste bayerische Lokomotive baute, auf eigenes Risiko und ohne jeden Auftrag (1841). Maffei legte in der Folgezeit erfolgreich den Grund zu einer einheimischen Schwerindustrie.

Georg Michael Pfaff (1823–1893) aus Kaiserslautern ließ sich nach einer Lehre als Mechaniker und Wanderschaft als Geselle in seiner Vaterstadt nieder. Pfaff begann als Blechinstrumentenbauer, konzentrierte sich dann aber zunehmend auf den Bau der 1862 erfundenen Nähmaschine. Auf dem Foto sitzt der Unternehmer als dritter von rechts im Kreise seiner Arbeiter.

Ganz anders zeigen sich etwa 40 Jahre später, am Beginn des 20. Jahrhunderts, die leitenden Fabrikbeamten der Nünberger Firma Schuckert. Die neue Führungsschicht richtete sich ihr Direktionsgebäude im Stil der Gründerzeit ein und kultivierte eine repräsentative Lebensweise.

Johann Lorenz von Schaezler (1762–1826) heiratete in das Augsburger Bankhaus *Liebert* ein und machte sich bald als umsichtiger und wagemutiger Bankier selbständig. Seine ebenfalls von ihm gegründete Seidenwarenhandlung wurde vom Sohn Ferdinand weiter aufgebaut. Mit der – gegen den Widerstand der Augsburger Handwerker und Spinner – 1837 erreichten Konzessionierung einer mechanischen Baumwollspinnerei und -weberei wurde Ferdinand Freiherr von Schaezler zum Hauptschöpfer dieses Industriezweigs in Bayern. Besonders in der Maschinenindustrie stiegen technisch oder erfinderisch begabte Praktiker zum „Handwerksunternehmer" auf: Der Optiker *Joseph Fraunhofer* wurde Leiter der optischen Betriebe von Utzschneider-Reichenbach-Liebherr; *Friedrich Koenig* und *Andreas Bauer* revolutionierten in London mit der Schnelldruckpresse das Druckgewerbe. Ihre in Obernzell bei Würzburg gebaute Fabrik errang nachmalig Weltgeltung.

M 1 Unternehmer im Industriezeitalter

Im Germanischen Nationalmuseum in Nürnberg fand im Jahr 1985 eine Ausstellung zur Wirtschafts- und Sozialgeschichte Bayerns seit der Industrialisierung statt. Der Ausstellungskatalog berichtet auch über die Entwicklung des Unternehmertums im 19. Jahrhundert.

In den ersten Jahrzehnten des 19. Jahrhunderts war die Neigung, Geld in industrielle Geschäfte zu investieren, recht gering. Ein Erfinder traf zu dieser Zeit selten einen Finanzier, der bereit war, sein Kapital in die Entwicklung einer technischen Neuerung zu investieren, deren kommerzielle Verwertbarkeit nicht sicher war. Häufig waren es daher Handwerker, die sehr allmählich ihre Herstellungsverfahren und ihre Produkte so weit verbesserten, daß sie in größeren Mengen fabriziert und abgesetzt werden konnten. Vor allem die Metallverarbeitung bot hier ein weites Feld. Die steigende Nachfrage nach Werkzeugmaschinen sorgte für einen raschen Absatz entsprechender Produkte samt Zubehör. [. . .]
Die Ausbildung dieser künftigen Unternehmer hatte sich zum Teil noch in traditionell handwerklichem Rahmen vollzogen. Der mehrjährigen Lehrzeit folgte etwa bei Schuckert[1]) eine ausgedehnte Wanderschaft, die ihn durch das ganze Deutsche Reich führte. Schuckert vervollständigte seine Kenntnisse auf einer Reise in die USA; Auslandsreisen in die industriell fortgeschrittenen Staaten, vor allem nach Amerika und England, waren in der Frühphase der Industrialisierung ein wichtiges Mittel des industriellen Technologietransfers. Ebenso kam der *„Werkspionage"* und dem Abwerben qualifizierter Arbeitskräfte erhebliche Bedeutung zu, bevor technische Erkenntnisse und Verfahren systematisch in Zeitschriften, auf Ausstellungen, in Gewerbevereinen und Schulen allgemein verbreitet wurden.
Um eine neue Entwicklung marktgerecht verwerten zu können, war oft ein kapitalkräftiger Partner nötig, der dann zumeist aus dem kaufmännischen Bereich kam. Der kaufmännische Unternehmer war durch große Flexibilität und Engagement in verschiedenen Branchen gekennzeichnet, wobei er oft nur als *„stiller Teilhaber"* ohne Einfluß auf die Geschäftsführung wirkte. [. . .]

[1]) Sigmund Schuckert (1846–1895), gründete 1873 in Nürnberg eine mechanische Werkstatt, aus der sich 1893 die Elektrizitäts-AG entwickelte.

In der Textilindustrie hatte sich der Typ des kaufmännischen Unternehmers aus der Verlagsproduktion entwickelt. Viele Textilfabrikanten hatten zunächst als Verleger in Heimarbeit produzieren lassen, bis die leistungsfähigen modernen Spinnmaschinen und Webstühle eine zentrale Produktionsstätte rentabler erscheinen ließen. [. . .] Mit Hornschuch[1]) ist der dritte Typ der im wesentlichen auf den Nationalökonomen Werner Sombart[2]) zurückgehenden Unternehmertypologie angesprochen, der Unternehmenserbe. Weder handwerkliches Können noch technischer Sachverstand noch große Kapitalien prädestinierten ihn für diese Aufgabe, sondern die Erfordernisse des bereits bestehenden Unternehmens waren ausschlaggebend für die Berufswahl. Anders als die Unternehmer der ersten Generation erhielt Hornschuch eine praktische und theoretische Ausbildung für seinen spezifischen Unternehmerberuf, mit dem er den vielfältigen Anforderungen gewachsen war. Er modernisierte den überalteten Betrieb und organisierte ihn neu. Dies ermöglichte eine Ausweitung der Fabrik, erforderte aber auch eine Erweiterung der Kapitaldecke durch Umwandlung in eine Aktiengesellschaft.
Entscheidungen dieser Art erforderten Sachverstand und Kompetenz in verschiedenen Bereichen. Dem Handwerkerunternehmer fiel es oft schwer, die bei einer Expansion seines Betriebes ebenfalls anwachsende Buchhaltung zu überblicken. Kaufmännische, marktorientierte Fragen gewannen neben der Produktion zunehmend an Bedeutung. War am Beginn des Unternehmens ein Kaufmann als Geldgeber notwendig, so wurde er es jetzt als Träger kaufmännischer Entscheidungen. Die Unternehmertätigkeit, die ursprünglich sowohl technischen Sachverstand wie kaufmännisches Geschick umfaßte, wurde in der Praxis bei wachsendem Umfang der Geschäfte verteilt auf einen technischen und einen kaufmännischen Direktor. Entsprechend erweiterte und vertiefte sich auch die Qualifikation der Unternehmer. Waren die frühen Unternehmer durch ihre berufliche Erfahrung, ihren Besitz und ihre persönliche Autorität für diese Tätigkeit gerüstet, so wurde zunehmend eine technische und betriebswirtschaftliche wissenschaftliche Ausbildung notwendig. [. . .]
Die frühen Unternehmer hatten ein nur geringes Sozialprestige bei den gesellschaftlichen Eliten Adel und Beamtenschaft. [. . .]
Mit dem Aufstieg der Industrie in der zweiten Hälfte des 19. Jahrhunderts änderte sich die gesellschaftliche Bedeutung und das Selbstbewußtsein der Industriellen. Nachdem es dem deutschen Bürgertum in der ersten Hälfte des 19. Jahrhunderts nicht gelungen war, politische Macht zu erringen, bot jetzt das Wirtschaftsleben erhebliche Freiräume der Selbstverwirklichung. [. . .]
Die neue Schicht der Unternehmer begann seit etwa der Mitte des 19. Jahrhunderts sich auch formal in Fabrik- und Gewerberäten, Handelskammern usw. zu konstituieren und Gutachten, Vorschläge und Berichte zu wirtschaftlichen Fragen an die Behörden zu übermitteln.

Cornelia Foerster, in: Leben und Arbeiten im Industriezeitalter, Stuttgart 1985, S. 337 ff.

1. *Welche Gruppen von Unternehmern lassen sich nach ihrer Herkunft unterscheiden?*
2. *Welchen Wandel erfuhr das Unternehmertum?*

---

[1]) Nürnberger Unternehmer
[2]) Werner Sombart (1863–1941), Professor in Breslau und Berlin

Der Durchbruch zur Industrialisierung

Der technische Fortschritt war keineswegs unumstritten. Über den Plan einer neuen Eisenbahnlinie zwischen München und Lochhausen erregten sich Kritiker und Karikaturisten 1842 gleichermaßen.

Grundlegende technische Neuerungen

Die Entwicklung in England

In England veränderten seit dem 18. Jahrhundert richtungweisende technische Innovationen nach und nach den gesamten Produktionsprozeß. Der Übergang von der *Handarbeit* zur *Maschinenarbeit* stellte den Kern des Industrialisierungsvorganges dar.
„Schrittmacher“ der ersten Industrialisierungsphase war das Textilgewerbe, in dem Spinnräder seit 1769 von *Spinnmaschinen* verdrängt wurden. Damit konnte die Produktion von Garnen erheblich gesteigert werden. Ausreichende Versorgung mit Garn bildete die Voraussetzung für die Webbranche, die auf dieses Rohmaterial angewiesen war.
Im *Hüttenwesen* wurde im Laufe des 18. Jahrhunderts die Gewinnung von Roheisen verbessert. Vor allem gelang es durch Entgasen der Steinkohle, ein Verfahren zur Gewinnung von Koks zu entwickeln. Damit hatte man einen hochwertigen Industriebrennstoff zur Verfügung, der in vielen Belangen der bisher verwendeten Holzkohle überlegen war. Bahnbrechend für den Ersatz von Holzkohle durch Steinkohle/Koks wurde die *Dampfmaschine.* Sie wurde zu dem Instrument der Energiegewinnung im frühen Industriezeitalter schlechthin.

Die atmosphärische Dampfmaschine des *Thomas Newcomen*[1]) stellte die eigentliche Basisinnovation bei der Erzeugung von Bewegungsenergie dar, indem sie von Körperkraft, Wasser oder Wind unabhängig machte. Newcomen hatte seine Maschine zum Abpumpen von Grubenwasser konstruiert, und im Bergbau und Hüttenwesen begann auch der Siegeszug der Dampfmaschine. Mit Hilfe von Dampfmaschinen betriebene Pumpen hielten die Schächte und Stollen von Wasser frei und ermöglichten den Abbau von Steinkohle aus tieferen Schichten.
Auf *James Watt*[2]) geht (ab 1763/65) dann die Entwicklung der Dampfmaschine als allgemeine, vielseitige Antriebsmaschine zurück, die nicht nur Auf- und Abwärtsbewegungen ausführte, sondern auch Rotationsbewegungen zu erzeugen vermochte, um zum Beispiel Rührmaschinen oder Mühlen in Gang zu setzen (▷ M 1).
Besonders wichtig wurden von Dampfmaschinen angetriebene *Werkzeugmaschinen* (Bohrmaschinen, Drehbänke), mit denen man gleichmäßig gefertigte, genormte Maschinenteile in großer Zahl herstellen konnte.

Das Eindringen der Neuerungen in Deutschland

Um und nach 1800 fanden die in England entwickelten technischen Neuerungen allmählich auch in Deutschland Eingang. Die erste Spinnmaschine für die Baumwollverarbeitung wurde 1781/84 bei Ratingen aufgestellt. Der niederrheinisch-westfälische Raum hatte schon in der vorindustriell-verlagsorganisierten Textilherstellung zu den führenden Produktionsräumen gezählt. Die erste funktionierende (noch aus England eingeführte) Dampfmaschine wurde 1787 im Kupferschieferwerk Rotenburg a. d. Saale in Betrieb genommen; 1789 folgte in Gleiwitz (Oberschlesien) der erste Kokshochofen.
Bei einem Rückstand von zwei bis drei Jahrzehnten dauerte es in Deutschland dann aber spürbar länger, bis es zu einer Maschinisierung auf breiter Front kam. Noch 1840 standen einer Kapazität von insgesamt 620 000 PS aller Dampfmaschinen in Großbritannien nur 40 000 PS in Deutschland gegenüber (▷ M 2, M 3).

[1]) Thomas Newcomen (1663–1729), Schmied und Eisenhändler
[2]) James Watt (1736–1819), ursprünglich Feinmechaniker

M 1 Daten zur Technik-Entwicklung in England und Deutschland

Dampfmaschinen

1711/12	Die erste brauchbare Kolbendampfmaschine wird von Newcomen entwickelt
1745	Dampfmaschinen nach dem System Newcomen/Cowley werden in einem Kohlebergwerk in Bedminster bei Bristol als Antriebsgerät für Wasserpumpen aufgestellt
1765/69	Erfindung bzw. Patentierung von James Watts Dampfmaschine (Hauptmerkmal: getrennter Kondensator)
1782	Watt konstruiert eine Dampfmaschine mit Übersetzung der Kolbenbewegung in Drehbewegung
Ab 1782	finden Dampfmaschinen in der englischen Eisenindustrie als Antriebsmaschinen Eingang
1785	Die erste in Deutschland gebaute Dampfmaschine wird im Mansfeldischen Bergbau in Gang gesetzt, kann aber nicht in Betrieb gehalten werden
1787	Die erste betriebsfähige (aus England eingeführte) Dampfmaschine in Deutschland wird im Kupferschieferwerk Rotenburg a. d. Saale eingesetzt
1801	Franz Dinnedahl gründet die erste deutsche Dampfmaschinenfabrik in (Burg-)Altendorf bei Essen
1810/14	König und Bauer errichten die ersten Schnellpressen in Eisleben und Stuttgart

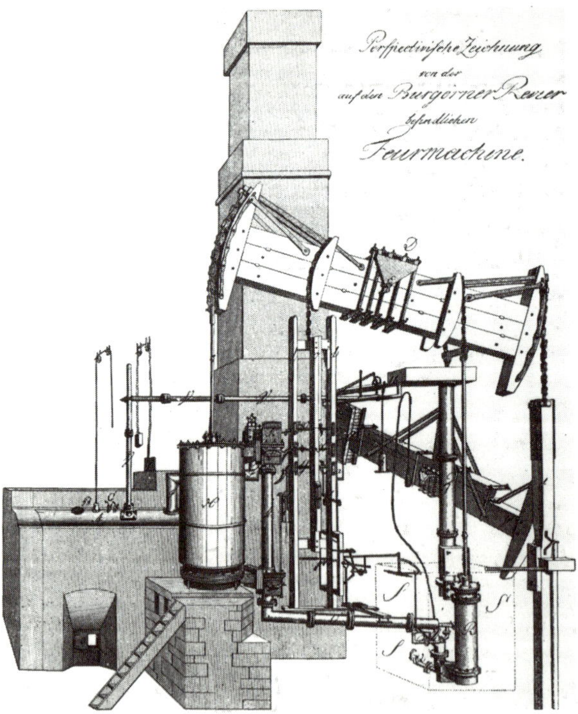

Konstruktionszeichnung der von Bückling 1785 ersten in Deutschland gebauten Dampfmaschine.

Bergbau und Hüttenwesen (Verfahrenstechniken)

1709	Darby erfindet ein Verfahren zur Schmelzung von Roheisen mit Hilfe von Koks; dadurch wird der Ersatz von Holzkohle durch Koks möglich
1735	Gewinnung von Koks aus Kohle durch Darby Erster Kokshochofen in England
1776	Einbau des ersten Dampfgebläses in John Wilkinsons Hochofen in Wilby
1783/84	Henry Corts Erfindung des Puddelns (Rührens) und Walzens ermöglicht die Umstellung des Herstellungsverfahrens von Stahl aus Roheisen auf Kohlebasis und die anschließende Pressung in Walzwerken
1796	Erster Koksofen in Deutschland in Gleiwitz (Oberschlesien) in Betrieb genommen

Textilgewerbe

1733	Erfindung des Schnellschützens durch den Uhrmacher John Kay
1767	Manuell betriebene Spinnmaschine von Hargreaves („Spinning-Jenny")
1769	Arkwrights Erfindung einer durch Wasserkraft betriebenen Spinnmaschine („waterframe")
1771	Errichtung einer Fabrik zur maschinellen Textilherstellung durch Arkwright in Cromford
1774	Verbesserte Spinnmaschine von S. Crompton („Mule-Jenny")
seit ca. 1785	Dampfmaschinen in den Spinnereien als Antriebsmaschinen verwendet
1786	Erster brauchbarer mechanischer Webstuhl durch E. Cartwright (Holzwebstuhl)
1822	Mit dem eisernen Maschinenwebstuhl (R. Roberts) Beginn des eigentlichen Durchbruchs in der Maschinenweberei
1781	Erste Spinnmaschine in Deutschland bei Ratingen aufgestellt
1821	wird in Barmen der erste Jacquard-Webstuhl (maschinelles Verfahren zum Weben komplizierter Muster) aufgestellt (Erfindung durch J.-M. Jacquard in Lyon 1808)

Daten und Fakten nach Wolfgang Köllmann, Die industrielle Revolution, Stuttgart 1982, S. 17 f.; Karl-Heinz Ludwig, Der Aufstieg der Technik im 19. Jahrhundert, Stuttgart 1982, S. 107 f.; Hans-Werner Niemann, Vom Faustkeil zum Computer, Stuttgart 1985, S. 128 ff.; Friedrich-Wilhelm Henning, Die Industrialisierung in Deutschland 1800–1914, Paderborn 1973, S. 114 ff.

1. *Stellen Sie den Entwicklungsrückstand der deutschen Industrialisierung in den verschiedenen Bereichen fest.*
2. *Inwiefern ist erkennbar, daß dieser Rückstand nicht nur Nachteile mit sich bringen mußte?*

M 2 Dampfmaschinen in Preußen 1837–1852 (in PS)

	1837	1840	1843	1846	1849	1852
Spinnerei Weberei Walkerei	1683	2365	2870	3236	3691	5632,5
Maschinen und metallische Fabrikation aller Art	1281,5	2065	2817	4857,5	6652,5	8415,5
Mühlen aller Art	415	601	992,5	1699,5	2046,5	3444,75
Bergbau	3344	5402	7627	9508	13695	19661,6
Schiffahrt	158	226	3869	4737	9319	9232
Eisenbahnen	—	340	6875,5	14676,5	28347,5	40194,5
Alle übrigen hier nicht genannten Zwecke	632	1279,5	2189,5	2415	3397,5	5880,75
Im ganzen Staat	7513,5	12278,5	27240,5	41129,5	67149	92461,6

Tabellen und amtliche Nachrichten über den preußischen Staat für das Jahr 1849, Band VI B, Berlin 1855, S. 1210 f.

1. *Stellen Sie fest, in welchen Wirtschaftszweigen die Dampfmaschine besonders rasch Einzug hielt.*
2. *Überlegen Sie, inwiefern die am meisten technisierten Bereiche für die Industrialisierung besonders wichtige Ansatzpunkte boten.*

M 3 „Ist die Einführung der Maschinen unbedingt zu raten?"

Ein Artikel im „Wöchentlichen Anzeiger für Kunst- und Gewerb-Fleiß im Königreiche Bayern" vom 7. Juni 1817 beschäftigt sich mit den Folgen des Maschinenwesens:

Die Schädlichkeit der Maschinen tritt aber in einem Staate ein, wenn sie Menschenhände ersparen, die dann müßig bleiben; wenn die Manufakturen und der Ackerbau auf einer hohen Stufe von Kultur sich befinden, so daß sie die Bedürfnisse der Nation vollkommen befriedigen, und die Maschinen dann überflüssige Produkte erzeugen, welche in einem Staate um so weniger Absatz finden können, als die Bedürfnisse im Allgemeinen durch die entstandenen nahrungslosen Menschen vermindert werden. In diesem Falle bringen die Maschinen nicht nur eine überflüssige Arbeit hervor, sondern sie machen auch die Menschen überflüssig, die sie brotlos gemacht haben; sie schaden

Im „Staats-Lexikon" von Rotteck/Welcker (Band 1, 1834, S. 653 f.) schrieb Friedrich List in dem Artikel „Arbeit ersparende Maschinen":

Diejenigen, welche gegen neue Maschinen wettern, bedenken nicht, daß der Pflug, die Mahlmühle, das Rad, die Säge, das Beil, ja sogar der Spaten einst neu erfundene Maschinen gewesen sind, und daß man, wenn man zu allen Zeiten die Erfindung neuer Maschinen als ein Unglück betrachtet hätte, noch heute die Erde mit hölzernen Stöcken bearbeiten, das Korn mit den Händen vermittelst zweier Steine zerreiben, und das Mehl auf dem Rücken von Saumrossen[1]) nach der Stadt bringen müßte. Der ganze Unterschied zwischen jenen alten und unseren neuen Maschinen besteht darin, daß jene bereits mit den gesellschaftlichen und industriellen Verhältnissen verwachsen sind, daß

[1]) im Gebirge gebrauchte Packpferde

demnach der Bevölkerung, indem sie notwendig Auswanderung zur Folge haben müssen. Der übrigen Mißverhältnisse und convulsivischen[1]) Verzerrungen nicht zu gedenken, welche in einem Staate der Auswanderung eines Teiles seiner Bevölkerung gewöhnlich vorangehen. – Der Absatz an das Ausland von jenen erzeugten Waren, welche in einem Staate nicht verbraucht werden können, ist nicht so wünschenswert, um damit die Gefahren aufzuwiegen, welchen die Bevölkerung des Staates durch den Überfluß an Produkten mittelst der Maschinen ausgesetzt ist.

Denn dieser äußere Absatz ist unzuverlässig, er macht die Nation von den Verhältnissen abhängig, jede politische Veränderung kann den Absatz stören, und die Produktion hemmen: die Nation wird in die Angelegenheiten anderer Völker verwickelt, und ist dadurch oft zu größeren Kraftanstrengungen genötigt, als ihr der ausländische Absatz an Macht einzubringen vermag.

Konrad von Zwehl (Hrsg.), Aufbruch ins Industriezeitalter, Band 3, München 1985, S. 134 f.

dagegen die Einführung dieser im ersten Augenblick und so lange, bis dies geschehen ist, eine Anzahl von Menschen ihrer gewohnten Beschäftigung beraubt und sie nötigt, zu anderen Geschäftszweigen überzugehen oder ihre bisherige Verfahrensweise mit einer neuen erst einzulernenden zu vertauschen, oder ihren Aufenthaltsort zu verändern, um sich anderwärts Beschäftigung zu verschaffen. Die Klagen dieser Menschen, die, wie nicht zu leugnen, insofern gegründet sind, als dadurch ihr Nahrungsstand vorübergehend gestört oder doch beeinträchtigt wird, veranlassen Kurzsichtige, die Maschinen überhaupt als ein Übel zu betrachten, als ob die Geburt eines Kindes ein Übel wäre, weil sie mit Schmerzen für die Mutter verbunden ist. Sie bedenken nicht, daß die Schmerzen vorübergehen, die Wohltat dagegen bleibt und von Generation zu Generation wächst. Weit entfernt, den arbeitenden Klassen die Gelegenheit zur Arbeit zu schmälern, erweitern sie dieselbe auf außerordentliche Weise. Denn indem die Maschinen dazu beitragen, den Kostenpreis der Fabrikate und Produkte zu vermindern, vermindern sie auch die Marktpreise derselben, wodurch die Konsumtion und dadurch die Nachfrage und dadurch die Produktion in solcher Weise gesteigert wird, daß nun weit mehr als zuvor, ja in einzelnen Fällen zehn Mal mehr Arbeiter durch den nämlichen Industriezweig Beschäftigung finden, ungeachtet jeder einzelne von diesen Arbeitern zehn Mal mehr produziert.

Wolfgang Hardtwig, Vormärz, München 1985, S. 187

1. *Nehmen Sie zu den Überlegungen des Zeitungsartikels über die möglicherweise schädlichen Wirkungen des Fabrikwesens Stellung. Teilen Sie seine Bedenken?*
2. *Mit welcher Argumentation rechtfertigt List im Kern die Einführung von Maschinen?*
3. *List vergleicht die Einführung der industriellen Maschinen mit früheren Erfindungen und Neuerungen. Setzen Sie sich mit dem betreffenden Gedankengang Lists auseinander.*
4. *Suchen Sie zu der Diskussion über technische Innovationen Parallelen in unserer Zeit.*

[1]) krampfartigen

Verkehrserschließung und Eisenbahnbau

Revolutionierung des Verkehrswesens

Der Ausbau des Verkehrs- und Transportwesens war eine wesentliche Bedingung für eine Belebung des Handels, für Rohstofflieferungen und Gütertransporte. Schon seit der Napoleonischen Zeit war – auch aus militärischen Gründen – der *Ausbau befestigter Straßen* (Chausseen) vorangetrieben worden. Noch vor dem Eisenbahnfieber wurde die Zeit von einer Welle des Kanalbaues und des Ausbaus der *Wasserstraßen* erfaßt: Der *Ludwigskanal*, das Projekt des bayerischen Königs zur Verbindung von Rhein, Main und Donau wurde zwar begonnen, verlor dann aber im Aufschwung des Eisenbahnzeitalters an Bedeutung. Die technische Innovation revolutionierte auch die Schiffahrt: Das erste Dampfschiff in Deutschland (1816 in Köln) fuhr fast zwei Jahrzehnte vor der ersten deutschen Eisenbahn.

Ihre eigentliche Prägung erhielt die Verkehrsentwicklung in der Zeitspanne bis zur Reichsgründung jedoch durch die *Eisenbahn*. Die Zeitgenossen erlebten den Anbruch des „Eisenbahnzeitalters" als den Beginn einer neuen Ära der Menschheitsgeschichte, staunend begrüßt von den einen, sorgenvoll beobachtet von nicht wenigen, die befürchteten, daß der naturgemäße Lebensrhythmus der Menschen aus den Fugen geraten würde (▷ M 2).

Bereits zehn Jahre nach dem ersten öffentlichen Eisenbahnbetrieb in England (1825) zwischen Stockton und Darlington wurde die erste deutsche Eisenbahnstrecke zwischen Nürnberg und Fürth mit 6 km Länge eröffnet (7. Dezember 1835). Als Anreger und Pionier des Eisenbahnbaus in Deutschland wirkte – neben einer Reihe von Unternehmern, die an dem neuen Transportmittel interessiert waren – vor allem Friedrich List. Er entwarf 1833 sogar einen Plan

Beim Bau der Süd-Nord-Bahn mußten die technisch verfügbaren Mittel der Zeit eingesetzt werden, um das gewaltige Bauvorhaben zu bewältigen.

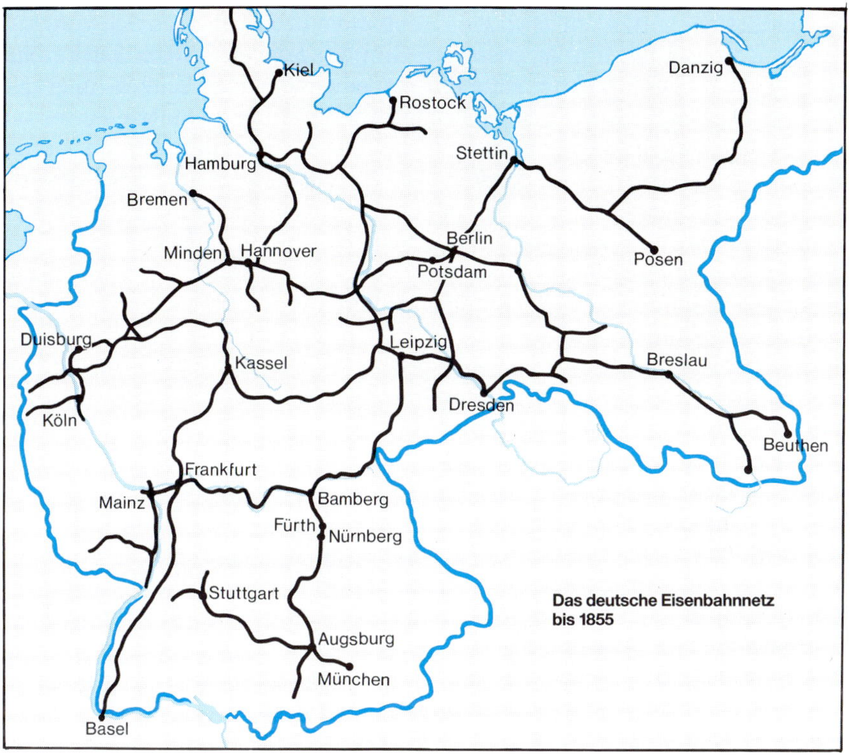

für das Skelett eines gesamtdeutschen Eisenbahnnetzes, das die wichtigsten Städte und Regionen miteinander verbinden sollte (▷ M 1). Das bis gegen 1860 tatsächlich fertiggestellte Streckennetz entsprach weitgehend Lists Plan.
Wie auf einen Startschuß hin setzte Mitte der dreißiger Jahre im deutschsprachigen Raum der Eisenbahnbau ein: 1837/39 die Strecken Wien–Brünn und Leipzig–Dresden, 1838 Berlin–Potsdam, 1837/40 die Strecke München–Augsburg. Nach zehn Jahren waren im Gebiet des Deutschen Bundes Schienen über 5800 km Streckenlänge verlegt, 1860 waren es bereits 11 100 Kilometer.

Wirtschaftliche Bedeutung

Binnen weniger Jahre hatte die Eisenbahn alle anderen Transportmittel überflügelt. Mit ihr konnten nun Massengüter über größere Landstrecken bei wesentlich verkürzter Frachtzeit und unter günstigeren Kosten transportiert werden. Die Eisenbahn erschloß neue Absatzchancen, umgekehrt vermochte eine Anbindung an das Eisenbahnnetz die Standortnachteile revierferner (oder nicht an Wasserstraßen gelegener) Orte auszugleichen. Die Entstehung von Fabriken und industriellen Ballungsräumen fächerte sich geographisch auf (▷M 3).

Auch mittelbar entwickelte sich die Eisenbahn zum wichtigsten Schwungrad der Industrialisierung: Im Gegensatz zur Gründung der ersten Fabriken konnte eine Eisenbahngesellschaft nicht mehr von einem einzigen Unternehmer mit Kapital ausgestattet werden. Dies zwang zum Zusammenschluß in Form von *Aktiengesellschaften*, die nun als beliebtes Mittel der Industriefinanzierung aufkamen. Auf diese Weise bildete sich ein charakteristisch industriewirtschaftliches Merkmal aus: die Kapitalbildung und -investition in gesteigerter Konzentration. Aktiengesellschaften waren freilich von einer staatlichen Zulassung abhängig. Nach anfänglicher Zurückhaltung förderte vor allem die preußische Regierung ihre Errichtung und übernahm sogar die Zinsgarantie für das Eisenbahnkapital.

Ein zweites Phänomen war noch augenscheinlicher: Aus dem Eisenbahnbau resultierte ein plötzlicher Nachfrageschub. Der Bedarf an Lokomotiven regte den einheimischen Maschinenbau an, die benötigten Schienen schufen den Anreiz zur Errichtung moderner Puddel- und Walzwerke und steigerten gleichzeitig die Nachfrage nach Steinkohle. Die *Montan- und Eisenindustrie* stieg zum führenden Sektor der deutschen Industrialisierung auf. Einem Kreislauf ähnlich, erhöhte sich so wiederum die Bereitschaft zu Kapitalinvestitionen in diese offenbar gewinnträchtigen Branchen. Der Beginn des Eisenbahnzeitalters verhalf der industriellen Revolution seit den dreißiger Jahren des 19. Jahrhunderts entscheidend zum Durchbruch.

Eisenherstellung in Preußen

Jahr	Produktion aus Hochöfen 1000 Tonnen	davon mit Holzkohle	Stabeisenerzeugung 1000 Tonnen	davon mit Steinkohle
1836	88,7		50,5	32,1
1842	101,0	82,0	79,3	39,5
1847	137,9		158,5	70,2
1850	135,0	75,1	130,4	63,6
1855	301,4	44,4	247,5	50,9
1860	394,7	24,1	265,7	89,7
1865	771,9	7,8	403,9	

M 1 Die Eisenbahn – Motor der wirtschaftlichen Entwicklung

Friedrich List hatte während seiner Jahre in Amerika den Aufbau des amerikanischen Eisenbahnwesens aktiv miterlebt. 1833 legte er das Projekt einer Eisenbahnstrecke zwischen Leipzig und Dresden vor, die als Ausgangspunkt eines umfassenden deutschen Eisenbahnnetzes gedacht war.

Vor allem bezeichnet das, von Leipzig aus nach allen Richtungen weithin sich erstreckende ebene und feste Terrain, das seine Bewohner einzuladen scheint, ohne Vorbereitung die Schienen auf den Boden zu legen, diese Gegend als eine für die Anlegung von Eisenbahnen besonders geeignete. Wäre es nicht daß die kurzen Krümmungen der Heerstraßen und ihr Lauf mitten durch Dörfer und Städte dem Eisenbahntransport Hindernisse in den Weg legten, so möchte man den Rat geben, die Schienen (Rails) hier unmittelbar auf denjenigen Teil der Heerstraße zu legen, der jetzt von den zum Chausseebau erforderlichen Steinen versperrt ist, in welchem Fall eine sehr starke Bahn von eichenen, mit Eisen beschlagenen Schienen kaum mehr als 15 000 Taler per deutsche Meile kosten würde. [. . .]

Ein zweiter, bei den hiesigen Lokalverhältnissen besonders in Betracht kommender Umstand ist die Eigenschaft des hiesigen Platzes als Herzkammer des deutschen Binnen-Verkehrs, des Buchhandels und der deutschen Fabrikindustrie.

Die Zahl der Hin- und Herreisenden und der Durchreisenden mit Einschluß der Meßfremden ist hier größer als an irgendeinem andern Ort in Deutschland und würde für sich schon die Anlegung von 4 Eisenbahnen, jede 20 Meilen lang, austragen. [. . .]

Endlich kommt die Konsumtion des Platzes selbst in Betracht. Alle Arten von Lebensmittel nebst den Brennmaterialien sind hier teurer als in den Seestädten und dabei bedeutend schlechter. Holz kostet 100 Prozent mehr in der Stadt, als 4 bis 5 Meilen von hier. Während bei so hohen Preisen der großen Masse der Bevölkerung das Brennmaterial äußerst spärlich zugemessen ist, liegen 8 Meilen südlich von hier alle Berge voll Steinkohlen. An Fabriken, die Wasserkraft und Brennmaterial erfordern, ist nicht zu denken; kaum sind die vorhandenen Wasserwerke zureichend, das erforderliche Semmelmehl zu liefern, das Schwarzbrot wird dem ärmeren Teil der Bevölkerung vom Lande zu Markte gebracht. Überall gewahrt man, wie der Mangel an wohlfeilen Transportmitteln die Bevölkerung und die Gewerbsindustrie nieder hält. Wie anders wäre es auch möglich, daß der Zentralpunkt des deutschen Handels nur 40 000 Einwohner zählen könnte?! [. . .]

Eisenbahnen würden Holz, Torf und Steinkohle um mehr als die Hälfte wohlfeiler herbeischaffen. Die Kohle von Zwickau käme nur 1½ bis 2 Groscher pr. Ztr. höher in Leipzig als an der Grube, und würde diese Stadt zu einem bedeutenden Fabrikplatz erheben. Das innere Bayern, wo Mehl, Fleisch und andere Lebensmittel um 50 bis 100 Prozent niedriger stehen, als in Leipzig, würde seinen Überfluß in die Gegenden des Erzgebirges und bis an die Elbe und nach den Hansestädten verführen. [. . .]

Wohlfeile Lebensmittel und Brennmaterialien werden teils größeres Wohlbefinden der arbeitenden Klasse, teils geringere Tagelöhne und größere Bevölkerung und infolge derselben Ausdehnung der Gewerbe bewirken. Wohlfeile Baumaterialien und Tagelöhne werden Baulust erregen und die Mietzinsen in den neuangelegten und entlegenen Teilen der Stadt ermäßigen. Vermehrung der Bevölkerung und der Gewerbe dagegen werden die Mietzinsen und folglich den Wert der zu Handel und Gewerbe gut gelegenen Gebäude im Innern der Stadt erhöhen. Mit einem Wort: Bevölkerung, Gebäudezahl, Gewerbs-Industrie, Handel und Wert der Häuser und Grundstücke von Leipzig würden sich in kurzer Zeit verdoppeln, und ich zweifle keinen Augenblick, daß diese Wertsvermehrung in Leipzig allein das auf die Eisenbahnen verwendete Kapital in wenigen Jahren weit übersteigen würde. [. . .]

Eisenbahnen sind hierzulande noch eine unbekannte Sache, es ist also vor allen Dingen erst eine Probe zu machen, und zwar mit derjenigen Route, welche die meisten Vorteile und die wenigsten Schwierigkeiten darbietet. Dies ist offenbar der Fall zwischen Leipzig und Dresden. Hier ist es eine reine Unmöglichkeit, daß nicht bedeutende pekuniäre Vorteile erreicht werden.

Werner Pöls (Hrsg.), Deutsche Sozialgeschichte 1815–1870. Dokumente und Skizzen, München, 3. Auflage 1979, S. 364 ff.

1. *Stellen Sie die Argumente Lists für eine Eisenbahnstrecke zwischen Leipzig und Dresden zusammen.*
2. *Inwiefern zeigen Lists Gedanken, daß eine industrielle Entwicklung nicht ohne ein leistungsfähiges Verkehrs- und Transportwesen möglich war?*
3. *Welche Bedenken gegen den Eisenbahnbau versucht List zu entkräften? Welcher Hintergrund für die angedeuteten Bedenken läßt sich aus Lists Darlegung erschließen?*

M 2 Warnung vor dem „Delirium furiosum"

Ein Gutachten bayerischer Ärzte aus dem Jahre 1835 warnt vor dem neuen Verkehrsmittel.

Ortsveränderungen mittels irgendeiner Art von Dampfmaschinen sollten im Interesse der öffentlichen Gesundheit verboten sein. Die raschen Bewegungen können nicht verfehlen, bei den Passagieren die geistige Unruhe, „delirium furiosum" genannt, hervorzurufen. Selbst zugegeben, daß Reisende sich freiwillig der Gefahr aussetzen, muß der Staat wenigstens die Zuschauer beschützen, denn der Anblick einer Lokomotive, die in voller Schnelligkeit dahinrast, genügt, diese schreckliche Krankheit zu erzeugen. Es ist daher unumgänglich nötig, daß eine Schranke, wenigstens sechs Fuß hoch, auf beiden Seiten der Bahn errichtet werde.

Werner Pöls (Hrsg.), Deutsche Sozialgeschichte 1815–1870, a.a.O., S. 371

Wie stehen Sie zur „Rückständigkeit" solcher Äußerungen beim Auftauchen technischer Neuerungen?

M 3 Das Verkehrswesen in Zahlen

a) *Die Entwicklung der Transportleistung bei Binnenschiffahrt und Eisenbahn (in Mio. Tonnenkilometer).*

Jahr	Binnenschiffahrt insgesamt	davon auf dem Rhein	Eisenbahn (Gütertransport)
1840	750	216	3,2
1850	900	324	302,7
1860	1350	592	1675,2
1869	1800	—	5520,4
1870	1650	996 (1872)	5875,9

Daten aus: Wolfram Fischer/Jochen Krengel/Jutta Wietog, Sozialgeschichtliches Arbeitsbuch I, 1815–1870, München 1982, S. 81 f.

b) Reisedauer im Laufe des 19. Jahrhunderts. Die Zahlen zeigen die reine Fahrzeit (ohne Übernachtung) in Stunden an.

Von Berlin nach:	Anfang des 19. Jahrhunderts Schnellpost	Ende des 19. Jahrhunderts Eisenbahn (60 km/h)
Breslau	38	5,5
Frankfurt am Main	64	9
Hamburg	36	5
Hannover	40	5
Köln	82	10
München	81	11,2
Stuttgart	83	11,3

Karl-Heinz Ludwig, Der Aufstieg der Technik im 19. Jahrhundert, Stuttgart 1982, S. 51

1. *Welche Schlüsse ziehen Sie aus der Entwicklung der Binnenschiffahrt auf dem Rhein in Relation zur Binnenschiffahrt insgesamt?*
2. *Arbeiten Sie die Veränderungen der Transportleistung auf Wasserstraßen und Schiene heraus.*
3. *Welche Gründe könnten für das unterschiedliche Wachstum maßgeblich sein? Ziehen Sie zur Beantwortung auch Tabelle b) heran.*
4. *Ziehen Sie einen Vergleich zwischen den Transportwegen der Gegenwart. Welche Probleme bestehen heute, welche Entwicklungen lassen sich absehen?*

Gesellschaftliche Auswirkungen der Industrialisierung – die Entstehung der sozialen Frage

Streikende Arbeiter fordern von ihrem Fabrikherrn höheren Lohn (Gemälde von R. Köhler, um 1866).

Der „Pauperismus" der Vormärzzeit und die Anfänge der sozialen Frage

Die dreißiger und vierziger Jahre des 19. Jahrhunderts erlebten eine erste Verschärfung des sozialen Klimas mit einer bis dahin nicht gekannten Armut großer Bevölkerungsteile. Dies führte schon unter den Zeitgenossen zu einer lebhaften Diskussion über die Ursachen der Massenarmut, des sogenannten *Pauperismus*[1]). Vielfach wurde dabei das Elend der schlesischen Weber oder der westfälischen Garnspinner auf das ruinöse Eindringen des Maschinenwesens zurückgeführt. Tatsächlich überlagerten sich jedoch zwei Krisenerscheinungen, deren erste besonders dort stark auftrat, wo das Maschinen- und Fabrikwesen noch keine Rolle spielte. *Bevölkerungswachstum* und eine noch *vorindustrielle, stagnierende Wirtschaft* hatten zum Ergebnis, daß zwar alle Beschäftigung fanden, sei es in der expandierenden Landwirtschaft oder im kleingewerblichen Bereich. Dies gewährleistete häufig jedoch kaum den Lebensunterhalt („Arbeitslosigkeit" im modernen Sinne war jener Zeit noch fremd). Das Bevölkerungswachstum führte also zu vermindertem Arbeitseinkommen und weitverbreiteten Verelendungserscheinungen. Erst die Industrialisierung und die von ihr geschaffenen neuen Arbeitsplätze beendeten den Pauperismus.

Neben dem vorindustriellen Pauperismus waren allmählich aber auch schon jene Elendserscheinungen zu beobachten, die die neue industrielle Arbeitswelt

---

[1]) pauper (lat.): arm

mit sich brachte. Für die betroffene Unterschicht bürgerten sich die Sammelbegriffe *Proletarier*[1]) und *Arbeiter* ein (▷ M 1). Dazu zählten alle diejenigen, die in unselbständiger, lohnabhängiger Stellung lebten und deren Existenz allein von ihrer Arbeitskraft abhing. Die Fabrikarbeiter stellten in Deutschland vorläufig nur einen sehr kleinen Anteil des Proletariats; die sich neu formierende Unterschicht umfaßte daneben das Gesinde, die Landarbeiter, Handwerksgesellen, Heimarbeiter und Tagelöhner.

Wie sehr die freie Lohnarbeit zur Erwerbsform der Massen wurde, zeigt sich daran, daß schon 1846 in Preußen 45 Prozent der über 14 Jahre alten männlichen Bevölkerung von abhängiger Handarbeit lebte. Die dürftigen Lebensverhältnisse dieser ständig zunehmenden Schicht wurden als die *„soziale Frage"* der Zeit empfunden. Armut und ungesicherte Existenz rührten nicht mehr von dem typisch vorindustriellen Kreislauf aus Erntezyklus und Hungerkrisen her, sondern hatten ihre Ursachen in den Arbeitsbedingungen.

Zur Bilanz der Industrialisierungsepoche gehörten nicht nur „Fortschritt" und „Wachstum"; der Übertritt von der ständisch-feudalen zur industriellen Welt kostete – gerade in seiner Anfangsphase – einen oft nicht geringen Preis, mit dem der geschichtliche Wandel erkauft wurde. Die soziale Frage sollte neben der nationalen und der konstitutionellen Frage zum dritten bewegenden Grundproblem der Geschichte des 19. Jahrhunderts werden (▷ M 2).

M 1

Was ist ein Proletarier?

Die folgende Darstellung stammt aus der Schrift „Gradaus mein deutsches Volk" vom 3. 3. 1849.

Wenn wir von dem Proletarier sprechen, so muß, als hier von einem Stück Leben die Rede ist, unsre Schilderung ganz aus dem Leben gegriffen sein. – Wie ist nun, möchte vor allem die Frage gehen, das Proletariat entstanden? Um ganz allgemein die Antwort zu geben: der Fabriken wurden immer mehr, aber auch das Elend der arbeitenden Klasse wuchs zu einer riesigen Höhe an. Jedes größere Unternehmen erheischt ein Kapital, der Arbeiter hat keines, also ist er zur Besitzlosigkeit verdammt. Man weist vielleicht den Arbeiter auf seinen Lohn an, um sich ein Kapital nach und nach zu gründen. Zugegeben: wenn nicht die Maschinen den größten Teil der mechanischen Arbeit verrichteten, bei der größer werdenden Vervollkommnung der Maschinen sind natürlich immer weniger Arbeiter nötig, und statt daß die Arbeit dadurch geringer, der Lohn größer würde, wird die Arbeit immer größer, der Lohn stets geringer. Dem besitzlosen Arbeiter ist also auch die letzte Möglichkeit geraubt, sich ein Kapital zu erwerben, ja noch mehr, er lebt in der tiefsten Abhängigkeit des Unternehmers. Von entscheidendem Einflusse ist auch die Teilung der Arbeit, wodurch der Fabrikherr bereichert wird, während des armen Arbeiters Geist und Körper unter dieser furchtbaren Eintönigkeit gänzlich erschlafft. Der Proletarier ist also ein Mensch ohne Besitz, dem jedes Mittel, je zum Besitz zu gelangen, genommen ist, der Willkür des Arbeitgebers preisgegeben, durch kärglichen

[1]) proletarius (lat.): nichts als Kinder habend, der untersten Volksschicht angehörend

Lohn auf kümmerliche Befriedigung der notwendigsten Bedürfnisse angewiesen, und wenn ein Zufall, oder die Laune seines Herrn ihn aus dem Dienste stößt, der Verzweiflung und dem Hungertode unterliegend.

Konrad von Zwehl (Hrsg.), Aufbruch ins Industriezeitalter, Band 3, München 1985, S. 230

1. *Welche Ursachen für „Armut" werden in dem Artikel genannt? Können Sie weitere Faktoren benennen?*
2. *Überlegen Sie, inwiefern bestimmte Merkmale des „Proletariers", wie sie in dem Text beschrieben werden, auch auf andere Berufs- oder Gesellschaftsgruppen zutreffen. Auf welche Berufsgruppe ist die obige Definition eingeengt?*
3. *Versuchen Sie, aus dem Artikel Einflüsse sozialistischer Theoriebildung (siehe Seite 212 ff.) herauszuarbeiten. Vergleichen Sie auch mit der Proletarier-Definition des Unternehmers Harkort (S. 191 f., M 1).*

M 2 Lebensstandard – damals und heute

Die Ausgabenstrukturen von 1810–1910/13 stammen von vier- bis fünfköpfigen Nürnberger Arbeiterfamilien mit durchschnittlichen Einkommen, vergleichbar den Einkommen von Bauhandwerkern und MAN-Handwerkern (in Prozentwerten). Gegenübergestellt ist das monatlich verfügbare Einkommen (einschließlich Kindergeld etc.) eines mittleren Arbeitnehmerhaushalts mit zwei Kindern im Jahr 1986.

	1810	1849	1883	1899	1910/13	1986
1. *Nahrungs-/Genußmittel*						
Brot	31,1	26,7	18,9	13,9	7,0	
Fleisch, Wurst	9,6	9,4	14,0	16,8	14,8	
Bier	11,0	10,6	8,5	7,5	3,2	
Milch	9,0	8,2	6,8	5,6	5,5	
Mehl, Grieß, Reis	1,5	1,5	1,8	1,7	1,5	
Schmalz, Butter	1,5	2,1	2,3	2,3	2,5	
Kartoffeln	5,8	5,8	4,1	1,3	2,0	
Eier	0,5	0,7	0,9	1,6	3,0	
sonstige	—	—	2,7	5,1	9,0	
insgesamt	70,0	65,0	60,0	55,8	48,5	19,8
2. *Wohnungsmiete*	8,6	8,7	10,1	14,8	14,8	15,2
3. *Bekleidung*	8,0	8,0	7,5	7,4	7,5	7,0
4. *Heizung*	5,8	5,7	3,3	4,0	4,0	5,6[1])
5. *Beleuchtung*	1,9	1,9	0,9	1,0	1,0	
6. *Hausrat*	2,0	2,0	3,0	3,4	4,5	7,0
Zusammen	96,3	91,3	84,8	86,4	80,3	54,5
Nur 1, 2, 4, 5	86,3	81,3	74,3	75,6	68,3	40,5

Daten aus: Wolfram Fischer, Jochen Krengel, Jutta Wietog, Sozialgeschichtliches Arbeitsbuch I. Materialien zur Statistik des Deutschen Bundes 1815–1870, München 1982, S. 171, und Globus Nr. 6916.

1. *Vergleichen Sie die Entwicklung der laufenden Kosten eines Arbeiterhaushaltes von 1810 bis 1910/13. Überlegen Sie, welche Gründe für die langfristigen Tendenzen verantwortlich sein dürften.*

[1]) Heizung, Strom, Gas

2. *Welche Entwicklung wird für die in der Statistik nicht einzeln erfaßten Ausgaben deutlich? Um welche Ausgaben könnte es sich dabei handeln?*
3. *Erläutern Sie, inwiefern die obere Tabelle weithin (besonders vor 1883) eine Lebensführung in ungesicherter Existenz widerspiegelt.*
4. *Vergleichen Sie damit die Haushaltsstruktur einer mittleren Einkommensklasse aus dem Jahre 1986 und stellen Sie auffällige Verschiebungen und Konstanten in den Ausgabenstrukturen fest. Bedeutsam sind 1986 außerdem folgende Ausgaben: Auto und Verkehr: 12,7 %; Ersparnisse: 10,2 %; Versicherungen u. ä.: 9,5 %; Bildung, Freizeit, Unterhaltung: 7,9 %.*

Die Arbeitswelt

Die Fabrik

Die neue industrielle Produktionsweise hatte die ihr gemäße neuartige Organisationsform gefunden: die *Fabrik*. Das Bild der Fabrikarbeit wurde von der überwiegend technischen Apparatur geprägt. In der Fabrik fand ein planmäßiger Produktionsprozeß mit Arbeitszerlegung und Zusammenführung der Teilschritte statt, an dem eine relativ große Zahl von Menschen beteiligt war. Das Ziel war die rationelle Herstellung von Massengütern und von solchen Produkten, die eine vielfältig spezialisierte Gesamtherstellung erforderlich machten. Solche Arbeitsvorgänge ließen sich nur anhand von genauen Zeit- und Ablaufplänen realisieren und erzwangen somit hierarchische Befehlsstrukturen. Die „Erziehung zur Maschine" war ein oft schmerzhafter Anpassungsvorgang an eine früher so nicht gekannte Arbeitsdisziplin. Die Fabrikordnungen trugen oft geradezu paramilitärischen Charakter, mit rigorosen Strafen für die Übertretung von Zeit- und Betriebsvorschriften (⇨ M 1).
Zur Organisation des Fabriksystems gehörte es auch, daß die Arbeiter ihren Wohn- und Familienbereich verlassen mußten. Fabrikarbeit war von den anderen Lebensbereichen getrennt; sie wurde in ihrer technischen und ökonomischen Rationalität als unangenehmer, fremdbestimmter Bereich empfunden. Weder waren die Arbeiter Eigner der von ihnen benutzten Werkzeuge und Maschinen, noch konnte der Arbeitsplatz von ihnen gestaltet werden.
Gesellschaftlich gesehen, fielen nun die Gruppen der Unternehmer (Kapitaleigner) und der Lohnarbeiter (Arbeitskräfte) in zwei unterschiedliche, von ihrer wirtschaftlichen Lage her bestimmte *Klassen* auseinander: Die *Klassengesellschaft* der Früh- und Hochindustrialisierung trat an die Stelle der vorindustriellen, auf Geburt- und Rechtsstatus beruhenden „Ständegesellschaft".

Arbeitszeiten

Zur neuartigen Erfahrung der Fabrikdisziplin gehörten auch die Arbeitszeiten. Zwar vermochten hochqualifizierte Fabrik-Handwerker den Brauch des „blauen Montags" nach Feiertagen mitunter aus der Tradition des alten Handwerks herüberzuretten, aber das Gros der Arbeiter sah sich doch mit einer rigorosen Zeitdisziplin konfrontiert.

Der Heulton einer Sirene, des „Kruppschen Esels", warnte die Arbeiter: noch fünf Minuten bis Schichtbeginn.

In der Frühphase der Industrialisierung nahm die Arbeitszeit schnell zu: Man arbeitete – Frauen wie Männer – nicht unter zwölf Stunden täglich, vielfach 15 bis 17 Stunden lang – und dies mindestens sechs Tage in der Woche. Auch Sonntagsarbeit war nicht selten. „Urlaub" und „Erholung" blieben auf die – gegenüber der Zeit vor 1800 weniger gewordenen – offiziellen Feiertage beschränkt. Seit den sechziger Jahren pendelte sich der Arbeitstag dann auf etwa 12 Stunden ein, die sich um 1890/1900 nochmals um eine Stunde verringern sollten (▷ M 2).

Lohnverhältnisse

Herrührend von dem starken Bevölkerungszuwachs, gab es vor allem in den ersten Jahrzehnten der Industrialisierung ein Überangebot an Arbeitskräften, das auf die Lohn- und Einkommensverhältnisse drückte. Wer die geforderte Arbeitsleistung nicht erbringen konnte, ließ sich leicht ersetzen.
Die Löhne innerhalb der Fabrikarbeiterschaft waren recht unterschiedlich. In der Eisenindustrie und im Maschinenbau lagen die Löhne beispielsweise durchwegs höher als in der Textilindustrie. Einen Unterschied machte es auch, ob die Arbeiter aus einem gelernten Handwerksberuf kamen, ob sie angelernte Kräfte waren oder ungelernte Hilfsarbeiten ausführten. Die gelernten Handwerker durften sich zu einer Art „Arbeiteraristokratie" zählen, die bessere

Löhne und Arbeitsbedingungen geboten erhielt und vorrangig das Reservoir für Vorarbeiter und Fabrikmeister stellte. Im ganzen bildeten aber die ehemaligen Tagelöhner und Landarbeiter, Kleinbauern und Heimarbeiter das Gros der Fabrikarbeiterschaft. Die Lohnunterschiede innerhalb der Arbeiterschaft eines Betriebes konnten sehr beträchtlich ausfallen: Eine Spannweite bis zum drei- oder vierfachen Lohn einer ungelernten Kraft war zum Beispiel in der südwestdeutschen Fabrikindustrie üblich, noch stärker differierende Extreme waren keine Seltenheit (bei Krupp gab es Relationen bis über 1:6). Eine Auswirkung solcher Regelungen war zwangsläufig auch eine innerbetriebliche Konkurrenz, die zu erhöhter Arbeitsleistung veranlassen mochte.

Frauen- und Kinderarbeit

Das niedrige Lohnniveau der an- und ungelernten Kräfte machte es bis weit ins 19. Jahrhundert hinein unumgänglich, daß Frauen und Kinder zur Verbesserung der Einkommenslage beitrugen. Die Löhne der Männer reichten – gerade in den unteren, zahlreich besetzten Lohnstufen – in der Regel nicht zum Lebensunterhalt einer Familie. Und je ärmer eine Familie war, um so größer war der Anteil der Ausgaben für die Beschaffung der Grundnahrungsmittel. Kinder und Frauen arbeiteten vor allem in der Textilbranche und stellten für die Fabrikherren billige Arbeitskräfte dar. Frauen erhielten durchschnittlich höchstens zwei Drittel des Männerlohns ausbezahlt, Kinder lagen noch weit darunter. Teilweise mußten sie schon ab sechs Jahren arbeiten und hatten oft die gleichen Arbeitszeiten wie Erwachsene. Trotz gesundheitlicher und moralischer Bedenken änderte sich an diesen Verhältnissen lange nichts, da die Unternehmer ohne diese billigen Arbeitskräfte angeblich nicht mehr konkurrenzfähig waren (▷ M 2).
Nicht einmal die Eltern wehrten sich gegen die Kinderarbeit, weil sie auf den Beitrag der Kinder zum Familieneinkommen angewiesen waren. Der Staat, der in Preußen 1839 ein (in der Praxis vorläufig erfolgloses) Gesetz zur Beschränkung der Kinderarbeit erließ, tat dies aus einem bezeichnenden Grund: Er reagierte auf einen Militärbericht von 1828, in dem die nachlassende Tauglichkeit der Rekruten kritisiert worden war.
Die Kinderarbeit in den Fabriken nahm dann vor allem auf Grund der sich durchsetzenden Schulpflicht ab. Umgekehrt erhöhte sich die Zahl verheirateter Frauen in den Fabriken, weil gegen Ende des Jahrhunderts die Geburtenquote in den Arbeiterfamilien zurückging.

Alter und Krankheit

Alter und Krankheit waren Schicksale, die eine Arbeiterfamilie besonders hart trafen. Lohnfortzahlungen im Krankheitsfall waren um die Mitte des Jahrhunderts längst keine Selbstverständlichkeit, und dort, wo schon Betriebskassen bestanden, kamen diese nur für die Krankenkosten auf, nicht aber für Verdienstausfall.
Das „Alter“ warf seine Schatten schon recht frühzeitig voraus, wenn man im Akkord nicht mehr mithalten konnte und deswegen zurückgestuft wurde;

auch die Gefahr der Entlassung wuchs. So kam es, daß der Arbeiter – der während der Jahre seiner Berufstätigkeit in relativer Gesichertheit lebte – im Alter fast unausweichlich in eine existenzbedrohende Armut absank, wenn er nicht von jüngeren Familienmitgliedern aufgefangen wurde oder sich von einem Stückchen Land ernähren konnte.

M 1 Fabrikordnung und Arbeitsdisziplin

Typisches Beispiel für die Disziplinierung in der Arbeitswelt ist die Fabrikordnung für die Mechanische Baumwoll-Spinnerei der Herren J. H. Staub & Söhne im hessischen Altenstadt.

§ 6

Jeder Arbeiter ist für die ihm anvertrauten Gegenstände persönlich verantwortlich. Wenn er dieselben bei Nachfragen nicht gleich vorweisen kann, werden sie auf seine Kosten durch neue ersetzt.

§ 7

Wenn in einem Arbeitssaal während der Arbeitszeit, wo alle Arbeiter zugegen sind, ein Gegenstand beschädigt wird, und der Täter Verhehlung wegen nicht auszumitteln ist, so sind die Arbeiter des ganzen Saales bis zur Nachweisung des Täters für den Schaden haftbar.

§ 8

Ein friedliches Betragen wird den Arbeitern zur strengen Pflicht gemacht. Wer sich Streitigkeiten, Beschimpfungen und Tätlichkeiten zu Schulden kommen läßt, unterwirft sich der Strafe, welche der Fabrikaufseher oder Inhaber gegen ihn erkennen wird.

§ 9

Ferner werden bestraft (außer den in § 22 bekannten Fällen, in welchen die Fabrikvorsteher ohne Aufkündigung zur augenblicklichen Entlassung des Arbeiters berechtigt sind):

1. Unehrerbietiges Betragen gegen die Aufseher.
2. Verhehlung von Untreue.
3. Eigenmächtige Abänderung an den Maschinen, der Beleuchtung, Heizung und Werkzeugen.
4. Störung anderer Arbeiter.
5. Verspätung und Versäumnisse, besonders der Unfug des blauen Montags und das Herbeiholen von Speise und Trank. [. . .]
7. Das Tabakrauchen.
8. Lärm machen auf dem Weg zu und von der Fabrik. [. . .]

§ 13

Die erhobenen Geldstrafen (worunter aber die Entschädigungen nicht verstanden sind) werden zur Unterstützung kranker und beschädigter Arbeiter verwendet.

§ 14

Der Arbeitslohn wird von den Fabrikinhabern am ersten Zahltag nach dem Eintritt des Arbeiters festgesetzt und später nach Umständen erhöht oder erniedrigt. Jede Erhöhung oder Erniedrigung desselben, sowie die Arbeitsstunden, sollen den Arbeitern vorher an einem Zahltage angezeigt werden.

Bei Lohnerniedrigung hat der Arbeiter jedoch das Recht einer vierzehntägigen Aufkündigung, von welcher aber am nächsten Arbeitstag Gebrauch gemacht werden muß, indem sonst die sechswöchentliche Aufkündigung in Kraft bleibt.

§ 15

Jedem Arbeiter wird gleich von Anfang sechs Tage oder ein vollständiger Wochenlohn als Decompte[1]) zurückbehalten und bei Lohnerhöhung vervollständigt. [. . .]
Nur bei ordnungsgemäßem Austritt wird Lohn und Decompte bezahlt.

§ 18

Diese sechswöchentliche Aufkündigung wird auch von den Fabrikinhabern gegen jeden Arbeiter beobachtet werden, wo keine besonderen Klagen vorhanden sind.

§ 22

Die Fabrikbesitzer sind jedoch zur augenblicklichen Entlassung des Arbeiters ohne Vergütung von Lohn und Decompte berechtigt, wenn dieser das eine oder das andere der nachstehenden Vergehen sich zu schulden kommen läßt.

1. Diebstahl oder Untreue.
2. Prügelei, Unzucht oder Betrunkenheit im Fabrikgebäude.
3. Komplotte oder Auflehnung gegen die Fabrikordnung.
4. Beschimpfung der Aufseher.
5. Tätliche Widersätzlichkeit.
6. Weigerung der Übernahme einer ordentlichen Arbeit in der Fabrik.
7. Eigenmächtiges Verlassen der Arbeit.
8. Wiederholte Nachlässigkeit in Erfüllung seines Geschäftes.
9. Beharrlicher Ungehorsam.
10. Absichtliche oder bedeutende Verletzung des anvertrauten Arbeitsgerätes oder Arbeitsstoffes.

Jürgen Kuczynski, Die Geschichte der Lage der Arbeiter unter dem Kapitalismus, Teil I, Band 2, Berlin (Ost) 1962, S. 196 ff.

1. *Welchen Zweck verfolgte die Fabrikordnung?*
2. *Diskutieren Sie über die Berechtigung der getroffenen Regelungen. Berücksichtigen Sie dabei sowohl die Erfordernisse des neuen Industriezeitalters als auch die Herkunft der Arbeiter.*
3. *Warum dürften ähnliche innerbetriebliche Reglementierungen heute nicht mehr möglich sein? Was hat sich zwischenzeitlich geändert?*

Arbeit in einer Spinnerei

M 2

Die Augsburger Fabrikarbeiter wandten sich am 24. 10. 1865 mit einer Petition an den bayerischen König Max II.

Indem wir unterzeichneten Arbeiter der Kreishauptstadt Augsburg es wagen, Euerer Königlichen Majestät Thron alleruntertänigst treugehorsamst mit einer Bitte zu nahen, so gibt uns hierfür den Mut die allbekannte Gerechtigkeitsliebe Euerer Königlichen Majestät und die wirklich väterliche Fürsorge, welcher Euere Königliche Majestät auf den Geringsten Ihrer Untertanen zuwendet.

[1]) Abzug vom Lohn

In den hiesigen Baumwollspinnereien, Webereien, Kattundruckereien ist zwar von jeher die Arbeitszeit von 5 Uhr morgens bis abends 7 Uhr festgesetzt; also täglich eine dreizehnstündige Arbeitszeit. Dazu kommt aber noch, daß in den meisten Fabriken keine Frühstücksstunde, Mittagsstunde, keine Abendbrotzeit stattfindet, weil die Werke[1]) in diesen Fabriken fortlaufen.
An diese Arbeitszeit sind sämtliche Arbeiter, Erwachsene wie Kinder gebunden. Nun sind aber hauptsächlich in den Spinn- und Webereien ein Dritteil Kinder beschäftigt. Diese Kinder kommen schon gleich nach Beendigung der Schulzeit, also nach vollendetem 13. Lebensjahr in die Fabrik. Auch sind schon viele Kinder unter diesem Alter in Fabriken dahier aufgenommen worden, obwohl hierüber gesetzliche Bestimmungen erlassen worden sind.
In diesem Alter nun müssen diese Kinder morgens 5 Uhr in der Arbeit sein, da jedes Versäumnis mit Geld bestraft wird. Sie sind daher genötigt, morgens 4 Uhr aufzustehen und kommen nach der Arbeit erst gegen 8 Uhr abends wieder nach Hause. Dieses ist aber bei den Kindern wie bei den erwachsenen Arbeitern nur bei jenen der Fall, welche in der Stadt selbst leben.
Ein noch größeres ungünstiges Verhältnis tritt bei jenen Kindern [. . .] ein, welche ihr Domizil in den umliegenden Ortschaften haben. [. . .]
Um nun rechtzeitig an ihre Arbeit einzutreffen, sind diese Arbeiter genötigt, morgens schon um 3 Uhr aufzustehen. Um 5 Uhr morgens beginnt diese Arbeit und dauert bis abends 7 Uhr. Bis die Arbeiter nach Hause kommen, wird es neun Uhr und bis sie zu Nacht gegessen und ihre Ruhestätte aufsuchen können, wird es 10 Uhr. So bleibt diesen Arbeitern, wovon die Hälfte Kinder und Weibspersonen sind, nur fünf Stunden zur nötigen Ruhe. Hinzu kommt aber noch [. . .] die Arbeitszeit in diesen Fabriken, welche wochenweise oft bis 8 Uhr abends, an Samstagen sogar bis 11 Uhr nachts arbeiten lassen. Hier tritt nun ein noch traurigeres Verhältnis für die Erholung und nötige Ruhe der Arbeiter ein.
Bei einer solchen Sachlage ist es nun selbstverständlich, daß darunter die Gesundheit der Arbeiter empfindlichen Schaden leiden muß. Der Mangel an Schlaf und der nötigen Erholung und Ruhe, besonders bei Kindern im Alter von 13–17 Jahren, kann nicht anders als höchst nachteilig auf die Gesundheit einwirken.
Es ist eine offenbare Tatsache, daß die Fabrikarbeiter schon auf den ersten Blick an ihrem blassen und kränklichen Aussehen kennbar sind. Dazu trägt nun hauptsächlich die lange Arbeitszeit bei.
Allein noch andere Umstände sind hierbei in Betracht zu ziehen. In den Sälen dieser Fabriken atmet der Arbeiter ungesunde, mit schädlichen Dünsten geschwängerte Luft ein. Die große Anzahl Arbeiter, welche in einem solchen Saale zu arbeiten haben, erzeugt natürlich ungesunde Ausdünstungen, dazu kommt noch der Staub der Wolle, den die Arbeiter einzuatmen haben, der scharfe Geruch der Öle und Fette, welche in den Fabriken verwendet werden. Diese ungesunde, mit Dünsten geschwängerte Luft aller Art hat nun der Arbeiter 13 volle, oft auch 14 und noch mehr Stunden einzuatmen. Frische reine Luft dringt nicht in diese Säle, weil die Fenster im Sommer nur kurze Zeit, im Winter aber gar nicht geöffnet werden. [. . .]
Hauptsächlich leiden dadurch die Kinder in den Fabriken und es ist leicht vorauszusehen, daß in kurzer Zeit wir eine ganz entkräftigte, verkommene

[1]) Gemeint sind Maschinen.

Kinderarbeit in einer Aschaffenburger Papierfabrik (Holzschnitt aus dem Jahre 1858).

Arbeiterbevölkerung zu erwarten haben. Diejenigen Kinder, welche genötigt sind, ihr Brot in den Fabriken zu suchen, sind, wenn sie das 21. Lebensjahr erreicht haben, bereits ausgearbeitet und körperlich zu Grunde gerichtet. Der beste Beweis hierfür kann bei den Militärkonskriptionen[1]) ersehen werden, denn wie viele Konskriptionspflichtige sind auch dienstuntauglich unter den Fabrikarbeitern. Ein weiterer Punkt, der wesentlich in die Waagschale fallen dürfte, ist der weibliche Teil der Fabrikbevölkerung.

Nur ein gesunder Mensch ist fähig, gesunde Kinder zu erzeugen und zu gebären. Wenn aber die Lebenskraft einer zukünftigen Mutter schon in ihrem Keime erstickt wird, wie wird sie dann imstande sein, dem Staate kräftige und gesunde Kinder gebären und erziehen zu können.

Dieses sind die Gründe, welche wir Euerer Königlichen Majestät in gedrängter Kürze alleruntertänigst, treu gehorsamst vorzutragen wagen und an welche wir um die alleruntertänigste Bitte anreihen: Euere Königliche Majestät wolle durch Gesetzeskraft zu bestimmen geruhen, daß die Arbeitszeit in denjenigen Fabriken, wo dieses noch nicht geschehen ist, von morgens 6 Uhr bis abends 7 Uhr festgestellt werden, ferner daß eine Überschreitung dieser Arbeitszeit unter keinem Namen mehr statthaft sei.

Konrad von Zwehl (Hrsg.), Aufbruch ins Industriezeitalter, Band 3, München 1985, S. 207

1. *Nennen Sie die konkrete Kernforderung der vorliegenden Eingabe.*
2. *Der größte Teil der Bittschrift ist der Kinderarbeit gewidmet. Wie läßt sich dieser Umstand erklären (im Vergleich mit der Kernforderung der Eingabe)?*
3. *Nennen Sie die Argumente, die gegen die Kinderarbeit zusammengetragen werden.*
4. *Zeigen Sie auf, wovon – über Kinderarbeit hinaus – die Realität der Fabrikarbeit generell geprägt war.*

[1]) Konskription: gesetzlich geregelte Aushebung der wehrfähigen Staatsbürger für den Militärdienst

Mobilität und Wohnverhältnisse

Wanderung und Verstädterung

Die säkulare Wanderungsbewegung (siehe Seite 138 f.) setzte sich fort, doch änderte sich seit der Jahrhundertmitte ihre Richtung in die neuen Standorte industrieller Arbeitsplätze. Zu einem deutlichen Gewinner entwickelte sich vor allem das sächsisch-oberschlesische Industrierevier noch vor dem Ruhrgebiet als dem zweiten großen industriellen Ballungsgebiet. An den Standorten industrieller Einrichtungen wuchsen Industriedörfer binnen weniger Jahrzehnte zu Städten mit mehreren zehntausend Einwohnern. Verschlafene Kleinstädte schnellten durch Fabrikansiedlungen zu industriellen Metropolen hoch (Essen wuchs in den ersten fünf Jahrzehnten der Firma Krupp um das Dreißigfache!), in der Nähe großer Städte gelegene Dörfer wandelten sich zu Arbeitervororten. Ihre allmähliche Eingemeindung trieb die Entstehung der modernen Großstadt voran (▷M 1).

Um 1800 hatten im Gebiet des Deutschen Reiches nur Wien, Berlin und Hamburg mehr als 100 000 Einwohner, in der Einwohnerzahl allen anderen weit voraus. Bis zum Jahre 1850 kamen immerhin zwei weitere Städte dieser Größenordnung hinzu (Breslau, München), drei weitere standen mehr oder weniger knapp davor (Dresden, Köln, Elberfeld-Barmen).

Fortschritt in der Großstadt: Auf der Elektrizitätsausstellung im Münchner Glaspalast wird erstmals die Kraftübertragung von Miesbach nach München einem bewundernden Publikum vorgestellt (1882).

Freilich waren diese wachsenden Städte noch weit davon entfernt, eine großstädtische Infrastruktur aufzuweisen. An einer Abwässerkanalisation fehlte es ebenso wie an Wasserversorgungsleitungen; Versitzgruben und Rinnsteine dienten der Abwässerbeseitigung und verbreiteten üble Gerüche – Ansteckungsherde für immer wieder aufbrechende Cholera-Epidemien. Um die öffentliche Hygiene war es schlecht bestellt (▷M 2). Gepflasterte Straßen und – seit Mitte des Jahrhunderts – Gaslaternen waren zumeist nur in den Hauptstraßen zu finden; Nebenstraßen und Vorstädte blieben noch für längere Zeit „im Dunkeln".
Merklich fortschrittlicher wurden die Verhältnisse in Deutschland erst seit den 1860er Jahren, voran in der Metropole Berlin, als Pferdebahnen, Gasbeleuchtung und Kanalisation auf breiter Front ein großstädtisches Gepräge schufen. Eine Pioniertat war im Jahre 1882 die erste Stromübertragung der Welt von Miesbach nach München. Bereits sechs Jahre später führte die Stadt München die elektrische Straßenbeleuchtung ein.

Wohnungselend

Der Zuzug in die Städte und Industrieorte heizte eine Hochkonjunktur im Bauwesen an. Die Investitionen in die Bauwirtschaft waren in der ersten Jahrhunderthälfte die zweithöchsten nach der Landwirtschaft; in späteren Jahren übertrafen sie diese sogar.

Auch das ist die Großstadt: Am Kottbusser Damm in Berlin hausen obdachlose Familien in Baracken (Holzschnitt nach Knut Ekwall, 1872).

Gleichwohl waren die Wohnverhältnisse oft miserabel, weil die Bautätigkeit dem Bevölkerungswachstum der Städte hinterherhinkte. In Berlin nahm die Bevölkerungsdichte in wenigen Jahrzehnten von 2829 (1818) auf 11 239 pro Quadratkilometer (1870) zu. (Zum Vergleich: 1976 betrug die Bevölkerungsdichte West-Berlins 4079.) Für die Arbeiterschaft entstanden vor allem in der zweiten Jahrhunderthälfte jene „Mietskasernen", mangelhaft heizbar, mit Toiletten im Hausflur und auf Zwischenetagen, in denen mehrere Familien gemeinsam die relativ großen Wohnungen mieteten. Offiziell galt eine Wohnung erst als überbelegt, wenn sich sechs oder mehr Personen ein Zimmer teilten. Oft mußten drei Generationen – von den Großeltern bis zu den Enkelkindern – in ein oder zwei Zimmern unterkommen. Allerdings machten feste Wohnung und Arbeit sowie das Leben in einem zusammengehörigen Sozialmilieu jenen wesentlichen Unterschied aus, der den „kleinen Mann" in seinem eigenen Bewußtsein von wirklicher Armut abhob.

M 1 **Bevölkerung deutscher Städte in Tausend**

	um 1800	durchschnittl. Jahreszuwachs in % 1800–1850/51	um 1850/51	um 1870/71	durchschnittl. Jahreszuwachs in % 1850–70
Augsburg	26	0,8	39	51	1,4
Berlin	172	1,8	419	826	3,5
Bremen	40	0,6	53	83	2,3
Breslau	60	1,3	114	208	3,1
Chemnitz	11	2,6	34	68	3,5
Danzig	41	0,7	58	89	2,2
Dortmund	4	2,0	11	44	7,2
Düsseldorf	10	2,0	27	69	4,8
Essen	4	1,6	9	52	9,2
Frankfurt a. M.	48	0,6	65	91	1,7
Hamburg	130	0,6	175	290	2,6
Hannover	18	1,0	29	88	5,7
Kiel	7	1,7	16	32	3,5
Köln	50	1,3	97	129	1,4
Krefeld	8	3,4	40	57	2,0
Leipzig	30	1,5	63	107	2,7
Mannheim	19	0,5	24	46	2,9
München	40	1,9	107	169	2,6
Nürnberg	30	1,2	54	83	2,2
Prag	75	0,9	118	157	1,4
Stuttgart	18	1,9	47	92	3,8
Wien	247	1,2	444	834	3,2

Zahlen aus Thomas Nipperdey, Deutsche Geschichte 1800–1866, München, 2. Auflage 1984, S. 113

Stellen Sie eine Rangfolge des Wachstums deutscher Städte her. Welche regionalen Sonderentwicklungen werden deutlich?

M 2

Berlin um 1835

Der Berliner Hugo Wauer erinnert sich in der Reichsgründungszeit an das Berlin der 1830er Jahre.

Ich kann nie an unsre idyllische Wohnung in der Bellevuestraße zurückdenken, ohne daß sich mir das Bild der Leipziger Straße im Winter aufdrängt. [. . .] Und wie es in der vornehmen Leipziger Straße war, so war es selbstverständlich auch in allen andern Straßen . . .
In allen Straßen, die nebenbei gesagt fast ohne Ausnahme ein so miserables Pflaster hatten, wie es heute in keiner Straße Berlins mehr zu finden ist, trennte auf jeder Seite ein tiefer, stets mit dickflüssigem und meistens stinkendem Schmutz angefüllter Rinnstein den Bürgersteig vom Fahrdamm. Auf jedem Hof mußte ein Brunnen und eine Senkgrube für Abwässer und Exkremente vorhanden sein; aber die Anlagen waren fast überall so verständnissinnig eingerichtet, daß die ausgegossenen Abwässer nicht in die Senkgrube liefen, sondern durch den Abflußkanal, der, bedeckt mit starken Bohlen, sich in der Mitte eines jeden Hausflurs und unter dem Bürgersteig hinzog, und sich dann in den Straßenrinnstein ergossen, und zwar unter der ebenfalls aus starken Bohlen bestehenden „Brücke", welche in einer Länge von etwa vier Metern vor jeder Hauseinfahrt von dem Bürgersteige bis nach dem 20–40 Zentimeter tiefer liegenden Fahrdamm führte. [. . .]
Wenn dann im Winter alles Flüssige festfror und darauf der Schnee fiel, der sich in der Nähe der Schlächtereien blutig färbte und den man getrost und ruhig liegen ließ, bis er wegtaute, dann erwuchsen rechts und links neben der „Brücke" stattliche Berge von Eis, Schmutz, Schnee, Asche, Küchenabfällen usw. und oft – sehr oft sah ich auf solchen Bergen auch Menschenkot!! [. . .]

Die besseren Wohnungen hatten ihre Klosetträume – aber ohne Abfluß. Nachts durchfuhren geschlossene Wagen von der Größe unserer allergrößten modernen Möbelwagen die Straßen. Jeder dieser Wagen führte etwa hundert verdeckte Eimer. Zehn bis zwölf mit Laternen ausgerüstete alte Frauen begleiteten das unheimliche Gefährt, drangen mit leeren Eimern in jedes Haus, holten die gefüllten und stellten sie in den Wagen. Kam man um diese Zeit nach Hause, dann mußte man mit fest an Nase und Mund gepreßtem Taschentuch das Treppenhaus durcheilen! [. . .]
Alles Trink-, Wasch- und Wirtschaftswasser mußte vom Hof – oder sogar von einem Straßenbrunnen geholt, jeder mit Abgang gefüllte Eimer nach dem Hof hinuntergetragen werden. Tatsächlich eine schwere, bittere, menschenunwürdige Arbeit! Ich habe die armen Mädchen immer herzlich bedauert. Aber sie wußten sich einigermaßen schadlos zu halten, denn unten, wo sich bei jedem Gange mindestens zwei trafen, wurde geklatscht, daß die Zeit mit Windeseile dahinflog. Ein Mädchen, das zu einem solchen Gange weniger als eine halbe Stunde brauchte, war ein weißer Rabe und wurde von den anderen Mädchen verhöhnt und angefeindet, wie heute ein Streikbrecher.

Werner Pöls (Hrsg.), Deutsche Sozialgeschichte 1815–1870. Dokumente und Skizzen, München, 3. Auflage 1979, S. 16 ff.

Welche Probleme der „Infrastruktur" in den wachsenden Städten lassen sich erkennen?

Lösungsversuche der sozialen Frage im Rahmen der traditionellen Ordnung

Schmuckblatt aus dem Jahre 1851 anläßlich der Gründung der Pensionskasse der Maschinenspinnerei Augsburg. Der Unternehmer steht in der Mitte vor seinem Fabrikgebäude unter den Strahlen der Vorsehung Gottes.

Unternehmerische Fürsorge im Zeitalter des Liberalismus

Die Proletarierfrage in Staat und Gesellschaft

Die aus dem Geist der Aufklärung stammenden liberalen Wirtschaftstheorien sahen in der Bewältigung der „sozialen Frage" keine Aufgabe des Staates. Der „Nachtwächterstaat" des 19. Jahrhunderts sollte vornehmlich Ruhe und Ordnung herstellen. Militäreinsatz und drakonische Strafen waren auch seine Antwort auf den Aufstand der schlesischen Weber in den vierziger Jahren. Die

wirtschaftspolitische Laisser-faire-Haltung wurde erst dort zugunsten von Anfängen einer Arbeiterschutzgesetzgebung aufgegeben, wo elende Arbeitsbedingungen die Interessen des Staates gefährdeten.
Obwohl 1848 die Unterschichten erstmals als revolutionäre Kraft in Erscheinung traten, sollte der Weg zu einer wirklichen staatlichen Sozialpolitik noch bis in das Kaiserreich hinein dauern. In der Zeit der Frühindustrialisierung war im Grunde keine Kraft in Staat und Gesellschaft für die Behebung der Arbeitersorgen „zuständig". Abhilfe oder Linderung sozialer Not blieben – in Übereinstimmung mit dem christlich-restaurativen Geist der Zeit – in erster Linie der privaten Mildtätigkeit überlassen.

Anfänge von Hilfe und Selbsthilfe

Die Anfänge unternehmerischer Fürsorge reichen zurück bis in die Vormärzzeit, wobei neben der Sorge gegenüber dem sich anhäufenden sozialen Sprengstoff auch ehrliche ethisch-humanitäre Überzeugungen Pate standen. Nach der Jahrhundertmitte, als sich ein Klassenbewußtsein der Arbeiterschaft zu formieren begann, sollten Unterstützungsmaßnahmen vor allem der Verbreitung einer revolutionären Gesinnung vorbeugen (siehe Seite 204 ff.).
Vornehmlich seit Mitte der 1830er Jahre entstanden in Deutschland betriebliche Sozialeinrichtungen, zunächst in der Form von *Betriebskrankenkassen*, seit den 1850er Jahren verstärkt auch *Pensionskassen*. Freilich waren die Einrichtungen noch recht lückenhaft in der Abdeckung der Notfälle und erbrachten auch in der Höhe oft nur unzureichende Leistungen. Im ganzen aber wurden doch zukunftsträchtige Wege beschritten.
Sozialmaßnahmen entstanden zunächst vor allem aus dem Interesse des einzelnen Unternehmens heraus. Dem Betrieb war in dem Maße an einem Erhalt der Arbeitskraft seiner Beschäftigten gelegen, als der Anteil der gut ausgebildeten Facharbeiter wuchs. Über Sozialeinrichtungen ließ sich sowohl eine innerliche wie auch materielle Bindung des Arbeiters an „seinen" Betrieb herstellen; Ansprüche auf betriebliche Leistungen entfielen deshalb beim Wechsel der Arbeitsstelle.
Charakteristisch für jene Jahre war zudem, daß unternehmerische Hilfe und Selbsthilfe der Arbeiter nicht immer streng zu trennen sind. Gerade die Anfänge der Arbeiterbewegung in Deutschland sind dadurch gekennzeichnet, daß sozial und liberal eingestellte Unternehmer und Politiker *Selbsthilfeorganisationen* propagierten und oft selbst gründeten. Trotz der bestehenden Koalitionsverbote für Arbeitskämpfe in der Vormärzzeit bildeten sich zunehmend Arbeitervereine und -verbrüderungen (oft auch in Form von Arbeiter-Bildungsvereinen oder Gesangvereinen), und es wurden Hilfs- und Unterstützungskassen für wirtschaftliche Notfälle eingerichtet. In Preußen bestanden im Jahre 1847 immerhin insgesamt 66 solcher Hilfskassen der Arbeiterschaft, die vereinzelt auch schon bei frühen Streikaktionen eine Rolle spielten.
Gewerkschaften im heutigen Sinn entstanden in Deutschland erst in den späten 1860er Jahren in nennenswertem Umfang. Damals (endgültig 1869) fiel

das Koalitionsverbot für Arbeitskämpfe. Gleichzeitig begann sich auch der parteipolitische Flügel der deutschen Arbeiterbewegung zu formieren. *Ferdinand Lassalle*[1]) erstrebte mit seinem *Allgemeinen Deutschen Arbeiterverein* von 1863 eine evolutionäre Weiterentwicklung der bestehenden Verhältnisse durch politische Reformen.

Friedrich Wilhelm Harkort

Einer der bedeutendsten liberal-sozialen Wortführer wurde der Unternehmer *Friedrich Wilhelm Harkort*[2]), der Gründer der „Mechanischen Werkstätte", einer Fabrik für Dampf- und Textilmaschinen in Wetter an der Ruhr (1819). In einer Vielzahl von Veröffentlichungen entwarf Harkort seine Vorstellung von der sozialen Integration des „vierten Standes", die er im Rahmen seines eigenen Betriebes vorbildhaft zu praktizieren suchte. Seine Gedanken kreisten um vier Schwerpunktbereiche:

- Einrichtung von *Alters-, Kranken- und Invalidenversicherungen.* In seiner „Mechanischen Werkstätte" hatte Harkort bereits 1820 eine Betriebskrankenkasse eingerichtet, die sich aus den Beiträgen der Arbeiterschaft speiste und ihrer Selbstverwaltung unterstand. Die Kasse erstattete Arzt- und Arzneikosten, zahlte für ein halbes Jahr Krankengeld und gewährte ein Sterbegeld. Eine Invalidenkasse entstand unter gemeinsamer Trägerschaft von Unternehmer- und Arbeiterseite in den 1850er Jahren.
- *Förderung von Eigentumserwerb und Seßhaftigkeit.* Maßnahmen dazu waren die Errichtung von Sparkassen, Erleichterung von Grunderwerb und die Anlage von Reiheneigenheimen. Mit dem Besitz von Grund und Boden sollte der Arbeiter auch über eine zusätzliche Nahrungs- und Einkommensmöglichkeit verfügen. Für seine eigenen Betriebsangehörigen ließ Harkort bereits Wohnungen errichten.
- Eine *Betriebsverfassung* auf der Basis von Mitberatung, aber noch nicht Mitbestimmung der Arbeiterschaft. Durch ein gewisses Maß an Gewinnbeteiligung und Mitgestaltungsmöglichkeit hoffte Harkort, die Arbeiter zu einem echten Interesse am Betrieb und der eigenen betrieblichen Leistung zu veranlassen.
- Ein *Bildungssystem* vom Kindergarten bis zur Erwachsenen-Fortbildung zielte nicht nur auf die berufliche Fachausbildung ab, sondern sollte den Arbeiter auch geistig, sittlich-religiös sowie staatsbürgerlich bilden.

Für eine wirklich breite Realisierung solcher Ziele sah Harkort auch den Staat zum Handeln aufgerufen: Er forderte den Ausbau des Volksschulwesens, die Einführung des allgemeinen Schulzwanges und damit verbunden ein Verbot von Kinderarbeit, schließlich eine gesetzliche Höchstgrenze der Arbeitszeit.

[1]) Ferdinand Lassalle (1825–1864), Sohn eines wohlhabenden Tuchhändlers, ehemaliger Anhänger von Karl Marx, trat als Publizist und Politiker für die Arbeiterbewegung ein.

[2]) Friedrich Wilhelm Harkort (1793–1880) stammte aus einer Unternehmerfamilie, wurde einer der Pioniere der Industrialisierung in Deutschland.

Harkorts fortschrittlicher Liberalismus: Hilfe zur Selbsthilfe

Mit diesem breit angelegten Konzept repräsentierte Harkort keineswegs den durchschnittlichen Unternehmer seiner Zeit, aber seine Vorstellungen kennzeichneten im großen und ganzen die liberale Antwort auf die „Arbeiterfrage". Über die materielle Existenzsicherung hinaus sollte der Arbeiter schrittweise als „Arbeiterbürger" in das bestehende Staats- und Gesellschaftssystem integriert werden. Namhaftester Wortführer dafür war später der preußische Abgeordnete *Hermann Schulze-Delitzsch*[1]). Besonderen Nachdruck legten die Liberalen auf das genossenschaftliche Prinzip. Es erschien als Mittel der „Hilfe zur Selbsthilfe", aber auch zur Mitverantwortung der Arbeiterschaft besonders geeignet. So sollten *Konsumvereine* durch Großeinkauf, Umgehung des Zwischenhandels und Gewährung von Barzahlungsrabatt für eine erschwingliche Lebenshaltung der Arbeiter sorgen. Das *Genossenschaftsprinzip* sollte aber noch weitergehend Fuß fassen: Durch Produktionszusammenschlüsse *(Produktivassoziationen)* sollte der Arbeiter zum kapitalbesitzenden Kleinunternehmer aufsteigen können.

Nach Harkorts Vorstellungen sollte freilich nur der arbeits- und bildungswillige Arbeiter der Empfänger einer solchen Sozialpolitik sein. Hierin erweist er sich als Vertreter des „bürgerlichen" Ideals von Arbeit als Tugend und als Weg zum Glück (▷M 1).

Alfred Krupp

Die Familie Krupp leitet sich auf eine seit dem späten 16. Jahrhundert in Essen nachweisbare patrizische Kaufmannsfamilie zurück. Beim Tode seines Vaters übernahm *Alfred Krupp*[2]) eine mit fast 10 000 Talern verschuldete Firma für Gußstahlherstellung. Ausgehend von einer Belegschaft von 30 Arbeitern (1824), schuf er im Laufe seines Lebens daraus ein Stahlimperium.

Alfred Krupp versuchte mit Erfolg, durch Sozialmaßnahmen eine qualifizierte Stammarbeiterschaft, eine „Gemeinschaft der Kruppianer" heranzubilden. Dafür zahlte er überdurchschnittliche Löhne und beschäftigte seine Stammbelegschaft auch in Krisenzeiten. Zu den betrieblichen Sozialmaßnahmen zählte der Aufbau einer Konsumgenossenschaft, die neben der Lebensmittelversorgung auch für die Herstellung von Bekleidung arbeitete. Die Konsumanstalt verkaufte nur an Betriebsangehörige und nur gegen Barzahlung; die Preise waren niedrig gehalten. Den Bau von Werkswohnungen veranlaßte Krupp seit Anfang der 1860er Jahre. Bis 1874 ließ er in ganzen Wohnkolonien über 3200 firmeneigene Familienwohnungen errichten, die zum Selbstkostenpreis vermietet wurden.

---

[1]) Hermann Schulze-Delitzsch (1808–1883), demokratischer Abgeordneter, gründete ab 1849 eine Reihe von Genossenschaften; der größte Erfolg war seinen Kreditgenossenschaften (Volksbanken) beschieden.

[2]) Alfred Krupp (1812–1887) schuf die größte Gußstahlfabrik der Welt, die neben Walzen, Stahlachsen und Rädern für Eisenbahnwaggons auch Kanonen herstellte.

Die Kruppsche Arbeiterkolonie Alfredshof bei Essen um 1900.

Beispielhaft ist die Entwicklung der Kruppschen Betriebskrankenkasse, eine der ersten ihrer Art (1836). Sie basierte zunächst auf freiwilliger Mitgliedschaft und finanzierte sich aus Mitgliedsbeiträgen, freiwilligen Zuwendungen des Firmeninhabers sowie Strafgeldern aus Verstößen gegen die Betriebsordnung. Seit 1853 zahlte sie auch Sterbegelder an Hinterbliebene aus. Weil die Mitgliedschaft zu stark abgesunken war, wurde 1855 eine *Beitrittspflicht* für alle Werksangehörigen eingeführt. Im Jahre 1858 erreichte die Kruppsche Versorgungskasse schließlich jene Ausbaustufe, in der sie zum Vorbild für die spätere gesetzliche Krankenversicherung wurde, indem sich die Firma zur Zahlung von 50 Prozent der Mitgliedsbeiträge verpflichtete. Im Gegenzug erhielt sie den Vorsitz im Vorstand der Betriebskasse und ein Drittel der Stimmen in der Generalversammlung.
In derselben Weise wurde 1858 eine *Arbeiterpensionskasse* ausgestaltet. Anspruchsberechtigt war jeder Arbeiter, je nach Schwere seiner Tätigkeit, ab 15 oder 20 Jahren Betriebszugehörigkeit, außerdem auch bei dauernder Arbeitsunfähigkeit in Folge eines Betriebsunfalls. Witwen erhielten zwei Drittel der Rentenbezüge ihrer verstorbenen Männer.
Der weit überdurchschnittlichen materiellen Sicherung des Arbeiters standen auf der anderen Seite von patriarchalischem Geist geprägte Reglementierungen des Firmenchefs gegenüber: So durften seine Arbeiter keine gewerkschaftliche oder sozialdemokratische Betätigung ausüben; in den Krupp-Siedlungen durfte auch keine sozialdemokratische Zeitung gelesen werden. Hier wird der patriarchalisch-autoritäre „Herr-im-Hause-Standpunkt" erkennbar, der vieles für die Arbeiter leistet, ihnen jedoch keine Selbstbestimmung einräumen will. Krupp repräsentierte in besonderem Maße den Unternehmertypus der „Herren an der Ruhr", die im Bergwerkswesen und in der Eisenindustrie den Arbeiter noch lange als ihren Untertan empfanden (▷M 2).

Der Bienenkorb-Brief

M 1

Im Mai 1849 schrieb der Unternehmer Friedrich Harkort an seine Arbeiter einen „offenen Brief". Seinen Namen erhielt der Brief nach einem auf der Titelseite des Originals abgedruckten Holzschnitt.

Einige Briefe habe ich Euch geschrieben, wohl aufgenommen [. . .] von vielen, mißachtet von manchen, die Brot ohne Arbeit verlangen! In böser Zeit trete ich ebenfalls auf und fordere vor Gericht jene falschen Propheten, welche dem Volk Aufruhr und Verrat predigen, um eine goldene Zeit herbeizuführen. Wo sind jetzt diese Maulhelden, welche, anstatt für ihre faule Sache zu fechten, feige davonliefen und das irregeleitete Volk im Stich ließen? [. . .] Die Wühler haben Euren Eigennutz aufgestachelt gegen jene, welche die Früchte des Fleißes und der Sparsamkeit besitzen. Bedenke doch, wenn das Eigentum nicht mehr sicher ist, so wird aller Verkehr erliegen und Verwilderung und Mangel das Los aller sein. Niemand wird säen, wenn er nicht weiß, daß die Ernte sein eigen ist. Nicht durch Lottospiel erwirbt der Fleiß sein Kapital, sondern durch Arbeit. Seid vernünftig, bedenkt, daß niemand Geld verdienen kann, ohne andere mit verdienen zu lassen. Wenn ein Kaufmann für hundert Taler Tuch verkauft, so verdient er 10 Taler und 90 Taler die Arbeiter und jene, so die Wolle und Farben geliefert haben. [. . .]

Wäre das Kapital an alle zu gleichen Teilen verteilt, so würde in Mangeljahren niemand imstande sein, ein Schiff auszurüsten und zu befrachten, um auf seine Kosten und Gefahr Korn aus fremden Ländern zu holen und dem Hunger zu wehren. [. . .] Wer könnte 100 000 Taler daran wagen, um ein Bergwerk zu eröffnen, das 500 Menschen ernährt? Verteilt die Habe, und das Land wird eine Armen-Kolonie, die ohne Kunst, Wissenschaft und Bildung der Barbarei anheimfällt! Gibt es nicht unter uns Fabrikherren, Handwerker und Bauern, die früher Arbeiter waren und sich emporgeschwungen haben durch Fähigkeit, Glück und des Fleißes Hände? Keinem unter Euch ist derselbe Weg verschlossen, wenn Ihr Euch tüchtig macht und es Gottes Wille ist, dessen Ordnung Ihr nimmer brechen könnt. Gönnt jedem Mitbürger das Seine und vergrabt Euer Pfund nicht, damit auch Ihr zu den Getreuen des Evangeliums gerechnet werdet! Nicht alle können auf einem Posten stehen, allein jeder ist berufen, seinen Platz mit Ehren auszufüllen. Die treue, fromme Dienstmagd, welche dem Kindlein das erste Gebet lehrt, gilt vor Gott so viel als der Bischof mit seinem Hirtenstabe! [. . .] Es ist gesagt worden, der Lohn muß so gestellt werden, damit jeder Arbeiter leben kann. Gerne sage ich ja, wenn mir jemand die Möglichkeit zeigt. Hat denn jeder Arbeiter einen Brotherrn? Arbeiten nicht viele auf eigne Hand auf dem Acker oder beim Handwerk? Und wenn nun von diesen einer Weizen säet, wo nur Hafer wächst, oder der andere gutes Leder zu schlecht genähten Schuhen verschneidet, wer soll da für den Pfuscher auslohnen? [. . .]

Es kann und darf nicht alles beim alten bleiben, vieles kann besser werden, wenn man es vernünftig angreift, nichts Unmögliches verlangt, und jeder seine Schuldigkeit tut. Da spricht man viel von Proletariern, ohne das Wort zu deuten. Einen Proletarier nenne ich den, welchen seine Eltern in der Jugend verwahrlost, nicht gewaschen, nicht gestriegelt, weder zum Guten erzogen noch zur Kirche und Schule angehalten haben. Er hat sein Handwerk nicht erlernt, heiratet ohne Brot und setzt seinesgleichen in die Welt, welche stets

Die Harkortsche Fabrik auf der Burg Wetter um 1834. Das Gemälde Alfred Rethels ist eine der frühesten künstlerischen Darstellungen aus der Welt der Industrialisierung.

bereit sind, über anderer Leute Gut herzufallen, und den Krebsschaden der Kommunen bilden. Warum sorgen die Gemeinden selbst nicht besser für die Ausrottung dieser Zuchthauskandidaten? Ferner heiße ich Proletarier: Leute, die, von braven Eltern erzogen, durch die Verführung der großen Städte zu Grunde gegangen sind; Wüstlinge und Zecher, die den blauen Montag heiliger halten als den Sonntag; verlorene Söhne ohne Reue, denen Gesetz und Ordnung ein Greuel ist. An den Innungen wäre es, solcher Schande des Gewerks vorzubeugen und Zucht und Sitte herzustellen, anstatt ihre Fahnen den Demokraten vorzutragen. Diese beiden Klassen bilden die echten Hilfstruppen der Aufwiegler, bestehend aus verdorbenen Schreibern, schlechten Rechnungsführern, Haarspaltern und Doktoren ohne Kranke, Judenjungen, weggejagten Militärs und allen Taugenichtsen, die ohne Mühe zu Ehren und Ansehen gelangen wollen! [. . .] Nicht aber rechne ich zu den Proletariern den braven Arbeiter, dem Gott durch die Kraft seiner Hände und den gesunden Menschenverstand ein Kapital verlieh, welches ihm niemand rauben kann, es sei denn Krankheit oder Alter. Der wird schon durchkommen, wenn jene bösen Buben die Ruhe und die öffentliche Wohlfahrt nicht stören. Diesen ehrenwerten Leuten muß geholfen werden, durch Hebung der Gewerbe, Vorschußkassen, guten Unterricht für die Kinder und Sicherstellung gegen Krankheit und Invalidität.

Karl E. Jeismann (Hrsg.), Friedrich Harkort. Schriften und Reden zur Volksschule und Volksbildung, Paderborn 1969, S. 101 ff.

1. *Umreißen Sie den erkennbaren zeitgenössischen Kontext, aus dem heraus Harkorts Brief verfaßt worden ist. Was ist in diesem Zusammenhang sein Anliegen?*
2. *Worauf gründen sich in Harkorts Vorstellungswelt Lohn und soziale Laufbahn des einzelnen? Versuchen Sie den weltanschaulichen Standort Harkorts herauszuarbeiten.*
3. *In welchen Fällen sozialer Not sollen nach Harkorts Vorstellungen Hilfsmaßnahmen ergriffen werden?*
4. *Welcher Personenkreis wird ausgegrenzt? Welchen Lösungsvorschlag hat Harkort dafür?*
5. *Wie verwendet Harkort den Begriff „Proletariat"? Vergleichen Sie mit den Ausführungen von Karl Marx (siehe Seite 212).*

M 2

Alfred Krupp: „Ein Wort an die Angehörigen meiner gewerblichen Anlagen" (1877)

Die wirtschaftliche Stagnation, die sogenannte „Große Depression", führte ab 1874 zu einer größeren Anzahl von Firmenzusammenbrüchen und parallel dazu zur Bildung von Großbetrieben innerhalb bestimmter Branchen. In verschiedenen Berufszweigen sanken die Reallöhne. In den 70er Jahren kam es auch zu einer bislang nicht gekannten Streikwelle, und 1875 hatten sich Lassalles Allgemeiner Deutscher Arbeiterverein und die marxistisch orientierte Sozialdemokratische Arbeiterpartei zur Sozialistischen Arbeiterpartei Deutschlands zusammengeschlossen.

Trotz wiederholter Warnung scheint sich unter einem Teile von Euch der Geist der Sozialdemokratie einschleichen zu wollen. Dieser Geist aber ist verderblich, und jeder Verständige muß ihn bekämpfen, der Arbeiter so gut wie der Arbeitgeber. Daß Ihr dies erkennen möchtet, das ist mein Wunsch und Streben. [. . .]

Um die Lage meiner Arbeiter zu verbessern, war ich von jeher zunächst darauf bedacht, ihnen ein möglichst sorgenfreies Dasein für die Zeiten zu verschaffen, in denen sie selbst nicht mehr arbeiten könnten. Ihr selbst wißt es am besten, wie es mit Kranken, Invaliden und ausgedienten Arbeitern bei uns gehalten wird. Dann habe ich den Arbeitern Wohnungen gebaut, worin bereits 20 000 Seelen untergebracht sind, habe Schulen gegründet, Schenkungen verliehen und Einrichtungen getroffen zur billigen Beschaffung von allem Lebens- und Hausbedarf. Ich habe mich dadurch in eine Schuldenlast gesetzt, die abgetragen werden muß. Damit dies geschehen kann, muß jeder seine Schuldigkeit tun in Frieden und Eintracht und in Übereinstimmung mit unseren Vorschriften.

Die jetzt allgemein verbreitete Geschäftsstille hat bereits viele Fabriken, Hütten und Gruben unseres Landes empfindlich berührt. Geringe Preise haben geringe Löhne zur Folge gehabt, und bei einigen Werken ist schon vollständiger Mangel an Arbeit und dadurch Stillstand eingetreten.

[. . .] Unter den schwierigsten Umständen habe ich den Mut gehabt, für meine Leute einzutreten, und behalte ihn auch in der jetzigen schweren Zeit. Ich hoffe, daß wir sie überwinden werden, daß wir Arbeit behalten werden. Alle Kräfte werden dafür nach allen Seiten aufgewandt. Das sollten die Arbeiter dankbar erkennen [. . .].

Ich gebe Euch nun diesen Rat:
Laßt Euch nicht blenden durch schöne Worte und erwartet das Heil nicht von solchen, die einen neuen mühelosen Weg zur Volksbeglückung gefunden haben wollen. Die Angelegenheiten des ganzen Vaterlandes sollen jedem wichtig und teuer sein, aber dazu hilft gar nichts das Kannegießern[1]), das Schwatzen über politische Angelegenheiten, das ist nur den Aufwieglern willkommen und stört die Pflichterfüllung. Eine ernste Beschäftigung mit der Landespolitik erfordert mehr Zeit und tiefere Einsicht in schwierige Verhältnisse, als Euch zu Gebote steht. Das Politisieren in der Kneipe ist nebenbei sehr teuer, dafür kann man im Hause Besseres haben. Nach getaner Arbeit verbleibt im Kreise der Eurigen, bei den Eltern, bei der Frau und den Kindern. Da sucht Eure Erholung, sinnt über den Haushalt und die Erziehung. Das und Eure Arbeit sei zunächst und vor allem Eure Politik. Dabei werdet Ihr frohe Stunden haben.

Gerhard Adelmann u. a. (Hrsg.), Quellensammlung zur Geschichte der sozialen Betriebsverfassung – Ruhrindustrie, Band 2, Bonn 1965, S. 295

1. *Welche konkreten Sozialmaßnahmen Krupps lassen sich aus dem Text erschließen?*
2. *Welche Motive werden für die betrieblichen Sozialmaßnahmen deutlich, welche Gegenleistungen erwartet Krupp?*
3. *Arbeiten Sie heraus, welche Stellung Krupp dem Unternehmertum beimißt. Was für ein Bild vom Arbeiter schwebt ihm vor? Inwieweit hat sich das Verhältnis Unternehmer – Arbeiter heute geändert?*

Christliche und kirchliche Bemühungen

Christentum und moderne Welt

Die Kirchen waren der modernen industriellen Welt gegenüber kritisch eingestellt, entstammte die Industrialisierung letztlich doch demselben Geist der Aufklärung, der für den Sturz der vermeintlich gottgewollten traditionellen Ordnung verantwortlich gemacht wurde. Von diesem Standpunkt aus entwickelten sich allerdings mitunter recht hellsichtige Erkenntnisse über Merkmale des Kapitalismus.
Der Staats- und Gesellschaftstheoretiker *Adam Heinrich Müller*[2]) beklagte bereits vor 1820 die „lasterhafte Tendenz" der Arbeitsteilung und erkannte in der Trennung von Kapital und Arbeit ein Merkmal der industriell-kapitalistischen Produktionsweise. Müller, zur Schule der Romantik gehörig, sah die Lösung der sich abzeichnenden sozialen Probleme demgemäß in der Wiederherstellung der geschichtlich gewachsenen, christlich-ständischen Gesellschaftsordnung. Wie dies in einer vom Industrialisierungsprozeß gewandelten Welt aussehen sollte, mußte zwangsläufig im unklaren bleiben.

[1]) Im Sinne von: Reden am Stammtisch halten
[2]) Adam Heinrich Müller, Ritter von Nittersdorf (1779–1829), trat wegen seines Widerstands gegen die Hardenbergschen Reformen 1813 in österreichische Dienste.

Franz von Baader

Franz von Baader[1]) war ebenfalls ein Anhänger der organischen, christlich-romantischen Staatsauffassung; seine Gedanken zur Proletarierfrage waren jedoch geprägt von eigener unmittelbarer Anschauung der Verhältnisse in England, die den deutschen schon weit vorauseilten.
Bereits vor Karl Marx formulierte Baader den Begriff „Prolétaire" für den Angehörigen der industriellen Arbeiterklasse und nahm auch sonst eine Reihe späterer Gedanken von Marx vorweg. So beklagte er die Entwürdigung der Arbeit durch die Maschine, deren ausgedehnten Einsatz er außerdem als Quelle künftiger Massenarbeitslosigkeit prophezeite. Volkswirtschaftliche Zusammenhänge formulierte Baader im Gesetz der fallenden Lohnquote: Wenn einerseits Arbeiterzahl und Produktivität immer weiter anstiegen, würde auf der anderen Seite Reichtum bei immer weniger Menschen akkumuliert.
Als Ursache des Übelstandes nannte Baader das ungleiche Kräfteverhältnis zwischen den vermögenslosen und den besitzenden Schichten. Er erkannte, daß eine Eingliederung der Proletarier nur gelingen würde, wenn diese auch ihre Interessen artikulieren konnten. Dazu sollte den Arbeitern das Recht des Zusammenschlusses *(Koalitionsrecht)* gewährleistet werden. Vor allem aber forderte Baader die Aufstellung von „Spruchmännern", die in den Ständeversammlungen der Länder ein Petitions- und Beschwerderecht für die Arbeiter erhalten sollten. Diesen Delegierten sollten Priester zur Seite stehen zum Schutz vor demagogischen Anfechtungen. Die Kirche sollte so wieder Einfluß auf die Lebensführung der Proletarier gewinnen.
Baaders Ideen fanden freilich keinerlei Widerhall, unter anderem auch deswegen, weil die von ihm prognostizierte Revolution für den Fall einer scheiternden Integration der besitzlosen Schichten zu weit von den damals in Deutschland bestehenden Verhältnissen entfernt schien.

Die Kirchen und die Proletarierfrage

In Deutschland wie in anderen Ländern Europas konnte die Kirche im 19. Jahrhundert die Arbeiter kaum ansprechen. In Hamburg nahmen im Jahre 1853 von 150 000 Gläubigen nur noch weniger als 18 000 am Abendmahl teil; vergleichbare Entwicklungen zeigten sich in anderen industriellen Ballungsräumen. Die Kirche war in den Großstädten und schnell aus dem Boden gestampften Industrieansiedlungen kaum präsent. So tat sie sich lange Zeit schwer, das wahre Ausmaß des sich ansammelnden sozialen Sprengstoffs zu erkennen. Erst spät entwickelte sich die Einsicht, daß die Lösung der sozialen Frage nicht in einer Ablehnung der Industriegesellschaft und in einer Rückbildung des Arbeiters zum vorindustriellen Handwerker oder Landarbeiter bestehen konnte.

[1]) Franz von Baader (1765–1841), katholischer Philosoph und Theologe, lehrte an der Universität in München.

Die zumeist antikirchlichen und antireligiösen Tendenzen der frühen Sozialisten erschwerten es der Kirche zudem, ein entkrampftes Verhältnis zu den neuen sozialen Ideen zu gewinnen und einen spezifisch christlichen Weg zwischen traditioneller karitativer Armenfürsorge einerseits und sozialrevolutionärer Verheißung andererseits zu finden.

Johann Hinrich Wichern und die „innere Mission" der evangelischen Kirche

Innerhalb der evangelischen Kirche war *Johann Hinrich Wichern*[1]) einer der Repräsentanten eines „praktischen Christentums der Gesinnung und der Tat". Im Jahre 1833 gründete er in Hamburg-Horn das sogenannte „Rauhe Haus", ein Erziehungsheim für verwahrloste Jugendliche, die in Familiengruppen von bis zu zwölf Kindern zusammengefaßt wurden und in christlichem Geist für Handwerker- und Dienstbotenberufe ausgebildet wurden.
Auf dem ersten evangelischen Kirchentag in Wittenberg (1848) trug Wichern sein Konzept einer „inneren Mission" vor und fand große Resonanz (▷M 1). Im Jahr darauf konstituierte sich ein „Centralausschuß", in dem alle gleichgesinnten Vereinigungen zusammengefaßt wurden. Die Arbeit dieser Bewegung schuf das Modell für die moderne Diakonie und kirchliche Sozialarbeit.

Knabenarbeitssaal im Rauhen Haus (Holzstich um 1840).

[1]) Johann Hinrich Wichern (1808–1881), evangelischer Pastor in Hamburg, stammte selbst aus ärmlichen Verhältnissen.

Wichern erkannte die Ursachen massenhafter Pauperisierung in unverschuldeten, überindividuellen Wirtschaftsbedingungen. Daß sich solche entwickeln konnten, betrachtete er freilich als Folge einer inneren Abwendung von Gott. Durch Rückbesinnung auf das Evangelium würden Achtung des Nächsten und soziales Verhalten wieder von selbst entstehen. Innere Evangelisation ging Wichern entschieden vor politisch-soziale Reformen. Weltanschaulich stand er noch im Bannkreis des restaurativen Denkens. 1848 trat er gegen die Revolution auf.

Wilhelm Emmanuel von Ketteler

Als einer der wenigen Vertreter der kirchlichen Hierarchie erkannte auf katholischer Seite der spätere Bischof von Mainz, *Freiherr von Ketteler*[1]), relativ früh die Tragweite der Arbeiterfrage, die er als Kaplan und Pfarrer aus eigener Anschauung kennengelernt hatte. In seiner vielbeachteten Schrift „Die Arbeiterfrage und das Christentum" (1864) forderte Ketteler Rückbesinnung auf die christliche Morallehre und – davon ausgehend – vor allem einen Ausbau des Genossenschaftswesens als Hilfe zur Selbsthilfe (▷M 2).
In den folgenden Jahren verstärkte sich die politische Komponente in Kettelers Denken, vor allem unter dem Eindruck von Ferdinand Lassalle. Ketteler suchte wie Lassalle nach einem Weg zu einer nichtrevolutionären Konfliktregelung, der beschritten werden mußte, wenn die klassenkämpferische Propaganda des revolutionären Sozialismus nicht weiteren Zulauf erhalten sollte. So bejahte er 1869 ausdrücklich die gewerkschaftliche Arbeiterbewegung und den Streik als Mittel des Arbeitskampfes, wenn dabei die christlichen Gebote nicht mißachtet würden. Erstmals forderte er auch vom Staat eine politische Lösung der Arbeiterfrage durch eine wirksam überwachte Arbeiterschutzpolitik und Sozialgesetzgebung. Dazu sollten unter anderem beitragen eine Begrenzung und Eindämmung der Kinderarbeit, eine gesetzliche Regelung der Arbeitszeit, der Sonntag als arbeitsfreier Tag, die Schließung gesundheitsgefährdender Betriebe.
Innerhalb des katholischen Episkopats blieb Ketteler freilich weitgehend isoliert, nicht nur wegen der Intensität, mit der er sich den Nöten der Arbeiterschaft widmete, sondern weil er auf eine ungewohnt vorwärtsgewandte politische Strategie der Kirche abzielte, die nicht mehr bei dem Aufruf zur „Caritas" allein stehenblieb.

---

[1]) Wilhelm Emmanuel Freiherr von Ketteler (1811–1877), einer der Wortführer der katholischen Sozialpolitik; 1871 Mitbegründer der Zentrumspartei.

Papst Leo XIII.

Einen entscheidenden Durchbruch erbrachte auf katholischer Seite erst 1891 die Sozialenzyklika *Rerum Novarum* von *Papst Leo XIII.*[1] (▷M 3). In ihr wurde die offizielle Haltung der Kirche zur Arbeiterfrage formuliert. Die sozialen Gegensätze wurden nicht mehr aus der Abkehr des Menschen vom christlichen Geist abgeleitet, sondern als Folgen wirtschaftlicher, technischer und sozialer Wandlungsprozesse gewertet. Das Christentum müsse deshalb jetzt die Aufgabe übernehmen, Unternehmern wie Arbeitnehmern ihre Verpflichtung zu gegenseitiger Gerechtigkeit zu lehren.
In der Lohnfrage bezog Leo XIII. klar Stellung gegen die liberale Auffassung vom Warencharakter der Arbeit. Der Lohn müsse ein vernünftiges Maß an Lebensbedürfnissen gewährleisten, und zwar über das bloße Existenzminimum hinaus.
Die Arbeiterschaft erinnerte der Papst an ihre Pflicht zur Arbeitserfüllung und zur Gewaltfreiheit im Arbeitskampf. Das Recht zur Wahrnehmung ihrer Interessen – somit also auch genossenschaftlicher Zusammenschluß und vielleicht auch Streik – wird den Arbeitern aber zugestanden.
Ihre besondere Bedeutung erhielt die Enzyklika „Rerum Novarum“ nicht zuletzt dadurch, daß die Rolle des Arbeiters beim Zustandekommen der Volkswohlfahrt herausgestellt wurde. Daraus leitete der Papst die Verantwortung des Staates zu einer aktiven Sozialpolitik zum Schutz und Nutzen der Arbeiterschaft ab. Leo XIII. ging damit deutlich über das hinaus, was der Staat in den meisten europäischen Ländern bisher als seine Aufgabe an sich gezogen hatte. Konkret liefen die päpstlichen Forderungen unter anderem auf staatliche Regelungen zur Arbeitszeit, zur zulässigen Arbeitsbelastung in Anbetracht von Gesundheit, Alter, Geschlecht und Menschenwürde, weiterhin auf Schutz des Eigentums und Gewährung der Religionsausübung hinaus.
Trotz aller Bemühungen gelang es den Kirchen nicht, die Arbeiter zurückzugewinnen. Eine moderne, fortschrittsgläubige Zeit und eine säkularisierte Gesellschaft erwarteten offensichtlich neue Antworten auf die Frage nach einer Sinngebung des Lebens.

M 1 Was kann zur Errettung des Proletariats geschehen?

Auf dem evangelischen Kirchentag 1848 in Wittenberg setzte sich der Pastor Johann Hinrich Wichern für kirchliche Lösungsvorschläge der sozialen Frage ein.

Was von der *Kirche* als Kirche geschehen muß, um den untern Klassen der Gesellschaft christlich gründlich zu helfen, ist in dem einen Wort zusammenzufassen: *Den Armen muß das Evangelium gepredigt werden!* Diese zukünftige Tatsache muß eins der größten Zeichen der Wiedergeburt und innern Erneuerung der Kirche werden. Die Frucht wird sein, daß die Armen in Kraft der göttlichen Predigt glauben, glauben, wie das Glauben allein gemeint sein kann,

[1]) Papst Leo XIII. (1810–1903), Papst seit 1878. Ihm gelang eine Verbesserung in den Beziehungen zwischen dem Heiligen Stuhl und den Staaten Europas.

namentlich zur Erneuerung ihres ganzen persönlichen, häuslichen, gesellschaftlichen und politischen Lebens. [. . .]

Die *Evangelisierung* des Volkes [. . .] ist durch providentielle[1]) Fügung dem Zeitabschnitte vorbehalten, der mit der Mitte des 19. Jahrhunderts beginnt; das Zeitalter der innern Mission, welche an den einstigen Anfang der äußern Mission in der germanischen Welt wieder angeknüpft hat, bricht an, [. . .] als eine Mission an die Getauften. [. . .]

Die Angelegenheiten des Proletariates müssen auf die Kanzeln und so in die Gemeinden gebracht werden. Ist es nötig, daß wir uns erst wieder verwahren, daß wir hier nicht von der *politischen,* sondern von der *kirchlichen* Lösung der Proletarierfragen handeln? Also ob direkte oder indirekte Wahlen, ob Zensus oder kein Zensus, die Verhandlungen über Eigentumsrecht, Ablösungen, Lohn und Arbeitsverhältnisse etc., diese Fragen haben als solche gar keine Statt; [. . .]

Was für ein Bedenken könnte z. B. jemand haben, das Recht der Urwahlen zuzugestehen, wo eine städtische oder ländliche Population mit dem christlichen Geiste der Demut, Treue und Pietät durchdrungen wäre? [. . .]

Der Einwand liegt nahe, daß gerade die Proletarier nicht in die Kirchen kommen. [. . .] Ich sprach noch dieser Tage einen Geistlichen aus einer großen deutschen Stadt, in der man vor wenigen Jahren mitten in das Armenquartier hinein Kirchen für diese Armenbevölkerung gebaut hat. Die Kirche steht jetzt da, Prediger sind angestellt, aber keiner der Proletarier – ihrer sind dort Tausende – kommt, um zu hören. Suchen die Proletarier nicht eher die Kirche, so muß die Kirche anfangen, die Proletarier zu suchen, und nicht rasten, bis sie sie mit dem heilbringenden Worte gefunden hat. *Wir müssen Straßenprediger haben.* Die Kirche muß Männer aus sich hervorgehen lassen, für die sich jede Stelle im Volksgetriebe in eine Kanzel verwandelt [. . .].

Aber es soll nicht bloß gepredigt werden. Für ebenso wichtig halten wir den damit verbundenen persönlichen Besuch der Proletarier und den Verkehr mit ihnen in ihren Häusern, an ihren öffentlichen Arbeitsstätten, bei Eisenbahnen, bei Erd- und Wasserarbeiten usw. Was hilft es, wenn der Staat Tausende dieser armen Brüder in ferne Arbeit, z. B. an Eisenbahnen, zu Kanalbauten u. dgl. entsendet [. . .]? Durch diese Entsendung der Proletarier wird die kommunistisch-revolutionäre Materie nur um so mehr verteilt, aber nicht überwunden, denn Ortsveränderungen wecken keine Gesinnungsveränderungen, wie freilich hundertmal geglaubt wird. Die Kirche muß ein allumfassendes Auge werden und ein für alle ihre Glieder und für die unglücklichsten derselben am wärmsten schlagendes Herz. Das wird sich unseres Erachtens kaum anders ermöglichen lassen, als durch Aufstellung solcher Armen- und Proletarierprediger, die selber arm sein müssen.

Peter Meinhold (Hrsg.), Johann Hinrich Wichern. Sämtliche Werke, Band I, Berlin/Hamburg 1962, S. 142 ff.

1. *Was versteht Wichern unter dem Begriff der „inneren Mission"?*
2. *Zeigen Sie auf, welche Rolle Wichern der inneren Mission in der politischen Auseinandersetzung um die Proletarierfrage zuweist.*
3. *Ermitteln Sie aus Zeitpunkt und inhaltlichen Ausführungen, auf welche zeitgenössischen Herausforderungen zur Proletarierfrage Wicherns Programm eine Antwort darstellen wird.*

---

[1]) vorhersehende

M 2

Wilhelm Emmanuel Freiherr von Ketteler: Die Arbeiterfrage und das Christentum

Kettelers Abhandlung aus dem Jahre 1864 erlebte im Jahr ihres Erscheinens insgesamt drei Auflagen. Im Jahr zuvor hatte der Liberale Schulze-Delitzsch eine Serie von Vorträgen veröffentlicht, in denen er die Bildung von Produktionsgenossenschaften nach dem Selbsthilfeprinzip propagierte. Auf sozialistischer Seite war im selben Jahr die Gründung des Allgemeinen Deutschen Arbeitervereins durch Ferdinand Lassalle die Reaktion auf das Proletarierproblem.

Das ist die Lage unseres Arbeiterstandes; er ist angewiesen auf den Arbeitslohn; dieser Arbeitslohn ist eine Ware; ihr Preis bestimmt sich täglich durch Angebot und Nachfrage; [. . .] und so kann es bei dieser ganz mechanisch-mathematischen Bewegung nicht ausbleiben, daß zuweilen selbst die äußerste Notdurft nicht mehr durch den Preis der Arbeit gedeckt werden kann und daß ein Hinsiechen ganzer Arbeiterklassen und Arbeiterfamilien, ein langsames Verhungern derselben eintritt. [. . .]
Die Vorschläge der liberalen wie der radikalen Partei[1]) genügen [. . .] nicht, um das große Problem der Gegenwart zu lösen und die Nahrungsverhältnisse des Arbeiterstandes [. . .] wirksam zu verbessern [. . .].
Vor allem will ich den allgemeinen Gedanken [. . .] hier förmlich an die Spitze stellen, daß das Christentum und die Kirche auf die sozialen Verhältnisse nicht unmittelbar und durch äußere, mehr oder weniger mechanische Mittel und Einrichtungen, sondern zunächst und vorzüglich durch den Geist einwirkt, den es den Menschen einflößt. [. . .]

Die von Ketteler sodann aufgeführten Hilfsmittel seitens der Kirche sind:
1. *Anstalten für den arbeitsunfähigen Arbeiter, aus dem Geist der christlichen Hingabe heraus.*
2. *Die unauflösliche christliche Familie, die dem Verfall des Lebenswandels gegensteuert.*

Das *dritte Hilfsmittel*, wodurch das Christentum dem Arbeiterstande hilft, besteht in seinen Wahrheiten und Lehren, die dem Arbeiterstande zugleich die wahre Bildung geben. [. . .]
Das Christentum gibt dem Menschen den bewußten Besitz und den vollen Gebrauch aller seiner Kräfte. Das Christentum hat ihm allein seine volle Persönlichkeit wiedergegeben. Das Heidentum kannte nicht den Wert des einzelnen Menschen. [. . .]
Das Christentum verleiht aber nicht nur dem Arbeiter eine tiefe Einsicht in seine Menschenwürde und den höchsten Beweggrund, sich auf Antrieb seines Gewissens nach allen Kräften auszubilden, sondern es gibt ihm zugleich auch jene Gedanken, die seine Vernunft und sein Herz bei einer verhältnismäßig niederen Stellung, unter mancherlei Entbehrungen glücklich machen können. [. . .] Diese arme Existenz [. . .], die ihm an den eigentlichen irdischen Lebensgenüssen nur hie und da in ganz beschränktem Maße Anteil gibt, ist aber ein unerträglicher Widerspruch mit dem innersten Verlangen nach Glückseligkeit, wenn [. . .] das Dasein des Menschen auf sein irdisches Dasein beschränkt ist und wenn sein ganzer Durst nach Glück und Zufriedenheit nur durch irdische Dinge befriedigt werden soll. [. . .]

[1]) Gemeint sind die Sozialisten.

Das *vierte Hilfsmittel* des Christentums zur Verbesserung der materiellen Lage des Arbeiterstandes besteht in den *sozialen Kräften* desselben. Die liberale Partei nennt das soziale Selbsthilfe [. . .]. Nun ist aber das ganze genossenschaftliche Wesen ein Natur- und Grundgesetz des Menschenwesens, und das Christentum kann daher allen Bestrebungen der Gegenwart, durch Pflege der Genossenschaften dem Arbeiterstande zu helfen, nur die freudigste Unterstützung gewähren. Es wäre eine große Torheit, wenn wir uns diesen Bestrebungen fremd gegenüber verhalten wollten, weil in diesem Augenblick die Anregung zu denselben vielfach von Männern ausgeht, die dem Christentum entfremdet sind. [. . .]

Mag der Zweck noch so verschieden sein, der viele zu einer Genossenschaft zusammenführt; mögen sich die Arbeiter verbinden, um sich durch gegenseitige Hilfe in ihrer materiellen Not zu unterstützen; mögen sich andere zu geselligen, zu wissenschaftlichen Zwecken zusammenfinden; sobald sie als Christen zusammentreten und im Geist des Christentums, ist neben diesem Zweck ein höheres, ein geistigeres, ein heiligeres Band vorhanden, das die Glieder umfaßt und sie unvermerkt, wie eine Seelenkraft, die in ihnen wirkt, aus einer bloßen Genossenschaft zu einer inneren lebendigen Körperschaft umgestaltet. [. . .]

Als *fünftes Hilfsmittel*, dem Arbeiterstande durch das Christentum zu helfen, nennen wir endlich die Förderung der *Produktiv-Assoziationen* durch die besonderen Mittel, die eben nur dem Christentum zu Gebote stehen. Das Wesen der Produktiv-Assoziationen haben wir in der Teilnahme der Arbeiter am Geschäftsbetrieb selbst erkannt. Der Arbeiter ist in ihnen zugleich Geschäftsunternehmer und Arbeiter und hat daher einen doppelten Anteil an dem Einkommen, den Arbeiterlohn und seinen Anteil an dem eigentlichen Geschäftsgewinne.

Erwin Iserloh u. a. (Hrsg.), Wilhelm Emmanuel Freiherr von Ketteler. Sämtliche Werke und Briefe, Band 1, Mainz 1977, S. 379 ff.

1. *Charakterisieren Sie Kettelers Analyse zur „Lage des Arbeiterstandes". Worin sehen Sie traditionelle kirchliche Erklärungsmuster, worin erkennen Sie Abweichungen?*
2. *Wie kann das Christentum nach Kettelers Meinung zur Verbesserung der Lage des Arbeiters beitragen? Stellen Sie die Vorschläge zusammen.*
3. *Gegen welche weltanschaulichen und politischen Positionen seiner Zeit wendet sich Ketteler im besonderen? Arbeiten Sie seinen Standpunkt heraus.*

Rerum Novarum

M 3

In seiner Enzyklika vom Jahre 1891 faßte Papst Leo XIII. die Soziallehre der katholischen Kirche zusammen.

Zunächst kann die religiöse Lebensauffassung, deren Hüterin und Lehrerin die Kirche ist, Besitzende und Nichtbesitzende miteinander versöhnen, indem sie nämlich beide Teile zu ihren wechselseitigen Pflichten zurückruft; vor allem kommen hier die Pflichten der Gerechtigkeit in Betracht.

Folgende Pflichten berühren den Lohnarbeiter: Er soll zu dem, was in seinem Arbeitsvertrag mit Freiheit und Gerechtigkeit abgemacht ist, voll und ganz stehen; er soll sich im Arbeitsverhältnis jeder Sachbeschädigung und auch persönlichen Verletzung des Arbeitgebers enthalten; bei der Wahrnehmung seiner Interessen soll er nicht zu Gewalttätigkeiten greifen und Empörung anzetteln; er soll nicht gemeinsame Sache machen mit verbrecherischen Menschen, die in wohlgesetzten Reden das Blaue vom Himmel versprechen und schließlich ihren Gläubigen allzu späte Reue und die Scherben von Hab und Gut zurücklassen.

Folgende Pflichten gehen den Besitz und das Arbeitgebertum an: Man soll den Arbeiter nicht wie einen Hörigen ansehen; man soll in ihm jene persönliche Würde achten, die ihm als Christen eignet; ferner lehren uns die Natur und auch die christliche Philosophie, daß es keine Schande, sondern eine Ehre für den Menschen ist, einen Erwerbsberuf zu haben, da er ja die Möglichkeit verschafft, in Ehren den Lebensunterhalt zu sichern. Dies allerdings ist schändlich und spricht jedem Menschentum Hohn, wenn man anstatt des toten Kapitals den Menschen im Erwerbsbetrieb verbraucht und ihn nicht höher wertet, als seine Nerven und Muskeln hergeben können. Desgleichen ist zu fordern, daß den religiösen und geistigen Bedürfnissen des Lohnarbeiters Rechnung getragen wird. Daher gehört es mit zum Pflichtenkreis des Arbeitgebers, dem Arbeiter die genügende Freizeit zur religiösen Betätigung zu geben, ihn nicht verführerischen und sittlich bedenklichen Gelegenheiten auszusetzen und auch nicht irgendwie ihn in der Sorge für seine Familie und im Willen zur Sparsamkeit zu behindern. Der Arbeitgeber soll den Arbeiter auch nicht über seine Gebühr belasten und ihm nicht Arbeiten geben, die entweder zu seinem Alter oder zu seinem Geschlecht nicht passen.

Zu den wichtigsten Verpflichtungen des Arbeitgebers gehört es aber, jedem ein gerechtes Entgelt zu geben. Gewiß wirken verschiedene Faktoren zur Bestimmung der gerechten Lohnhöhe zusammen, aber im allgemeinen mögen sich die Besitzer der Produktionsmittel und die Leiter der Unternehmungen erinnern, daß es weder nach göttlichem noch nach menschlichem Recht angängig ist, um des höheren Ertrags willen die Bedürftigen und Schwachen im Lohn zu drücken und so aus der Not der andern Kapital zu schlagen. Jemand um den geschuldeten Lohn zu bringen, ist fürwahr eine schwere Sünde, die laut zum Himmel um Rache ruft. [. . .]

Indessen sind zweifellos zur Behebung der sozialen Schwierigkeiten auch jene Mittel heranzuziehen, die ausschließlich in der Macht der Menschen sind. [. . .] Daher mögen die verantwortlichen Staatslenker zuerst und vor allem durch den ganzen Aufbau der Gesetzgebung und der Verwaltung dahin streben, daß daraus von selbst das Wohlergehen der Allgemeinheit wie auch der Einzelnen erblühe. [. . .]

Immer muß es Männer geben, die sich unmittelbar dem Staate zur Verfügung stellen, die in der Gesetzgebung, in der Rechtsprechung, und auch mit ihrem Rat und ihrem Ansehen in der Verwaltung der Gemeinden oder des Militärwesens sich betätigen. Jedermann sieht ein, daß diese Männer eine höhere Stellung einnehmen, daß sie bei jedem Volke sehr viel gelten, weil sie eben unmittelbar und in hervorragender Weise dem Gemeinwohl dienen. Die anderen aber, die in der Erzeugung der Güter arbeiten, sind nicht in derselben Weise wie jene und mit denselben Obliegenheiten dem Gemeinwesen dienstbar; dennoch freilich dienen auch sie, wenn auch weniger unmittelbar, dem gemeinen Besten. Gewiß [. . .] ist die allgemeine Wohlfahrt vor allem in der sittlichen Wohlfahrt zu suchen. Dennoch aber gehört es zu einem wohlbeschaffenen Staatswesen, daß auch die Güter der materiellen Welt beschafft werden, deren Gebrauch notwendig ist zur Ausübung der Tugend. Zur Herstellung dieser Güter ist nun die Arbeiterschaft besonders wirksam und notwendig, sei es, daß sie ihr Können und ihre Kraft in der Landwirtschaft oder im Gewerbe betätigt. Ja auf diesem Gebiet ist ihre Kraft und Wirksamkeit so groß, daß zweifellos nicht anderswoher als aus der Arbeitsleistung der schaffenden Hand die Wohlhabenheit im Staate herkommt. Es ist also eine Forderung der Billigkeit, daß man sich seitens der öffentlichen Gewalt des Arbeiters annehme, damit er an dem, was er zum allgemeinen Nutzen beiträgt, Anteil hat und so hinsichtlich Wohnung, Kleidung und Nahrung gesichert ist, um ein weniger schweres Leben führen zu können. Daher ist alles zu fördern, was irgendwie der Lage der Arbeiterschaft nützen kann.

Gustav Gundlach (Hrsg.), Die sozialen Rundschreiben Leos XIII. und Pius XI., Paderborn 1931, S. 19 f. und S. 31 ff.

1. *Nennen Sie die wesentlichen Thesen zur Rolle der Arbeiterschaft in der modernen Industriegesellschaft. Berücksichtigen Sie besonders die Tatsache, daß es sich um eine kirchliche Stellungnahme handelt.*
2. *Wie schätzen Sie die Aufnahme und Wirkung der Enzyklika nach ihrer Veröffentlichung ein? Begründen Sie Ihre Meinung.*

Die soziale Frage aus der Sicht von Marx und Engels

Karl Marx und Friedrich Engels.

Der philosophische Ansatz des Marxismus (Dialektischer Materialismus)

Vom „utopischen" zum „wissenschaftlichen" Sozialismus

Anfänge sozialistischer Ideen – als Gegenentwurf zu Ungleichheit und Abhängigkeit in bestehenden gesellschaftlichen Ordnungen – reichen weiter zurück als die Theorien zur Lösung der sozialen Frage im 19. Jahrhundert. Den frühen Sozialisten des 19. Jahrhunderts (z. B. *Claude-Jean Saint-Simon, Charles Fourier, Robert Owen*) war die Anschauung gemeinsam, der Mensch brauche sich lediglich der Vernunft zu bedienen, um aus eigener Kraft die Idee der Gerechtigkeit in der Gesellschaft zu verwirklichen. Durch die Verbreitung dieser Ideen könne, ja müsse es schließlich zu ihrer praktischen Verwirklichung kommen. Wegen dieses ideellen Moments wurde ihr Denken später als „utopisch" bezeichnet.
Anders dagegen Marx und Engels: Sie deuteten die sozialen Konflikte als notwendige Folge vorhandener wirtschaftlicher und gesellschaftlicher Verhältnisse. Da sie ihre Aussagen aus einer Analyse der wirtschaftlichen Verhältnisse in Gegenwart und Vergangenheit gewannen, beanspruchten sie für ihre Theorien den Begriff eines „wissenschaftlichen Sozialismus".

Karl Marx und Friedrich Engels

Karl Marx wurde am 5. Mai 1818 in Trier geboren. Er war der Sohn eines Rechtsanwalts jüdischer Abstammung. In Bonn und Berlin studierte Marx zunächst Staatswissenschaften, später Philosophie, und schloß mit der Doktorwürde ab. 1842 zum Chefredakteur der liberalen *Rheinischen Zeitung* bestellt, mußte Marx bereits 1843 wegen seiner radikalen Haltung wieder ausscheiden. Er emigrierte nach Paris, wo er *Friedrich Engels* traf. Aus dieser Begegnung resultierte eine lebenslange Freundschaft und Zusammenarbeit. Die Anteile der beiden Männer an der Entwicklung des *Marxismus* sind schwer voneinander zu trennen. Für Marx, der sich kaum zu beruflicher Erwerbstätigkeit Zeit nahm, waren die Zuwendungen des wirtschaftlich abgesicherten Engels zeitlebens eine große Hilfe.

Friedrich Engels, am 28. November 1820 in Barmen als Sohn eines Textilfabrikanten geboren, hatte eine großkaufmännische Ausbildung hinter sich. Während eines zweijährigen Englandaufenthalts in Manchester lernte er die Lebensbedingungen der englischen Arbeiter kennen.

In ihren Grundanschauungen übereinstimmend, stießen Marx und Engels in London zu einer Gruppe utopischer Sozialisten, die sich selbst *Kommunisten*[1]) nannten. Während der Revolution von 1848 agierten Marx und Engels publizistisch in Deutschland, nach der Niederlage der Revolution emigrierten sie nach England, wo die wissenschaftlichen Hauptwerke von Marx entstanden (*Das Kapital*, 1. Band, 1867).

Nach dem Tode von Marx (14. 3. 1883) brachte Engels aus den hinterlassenen Manuskripten den zweiten und dritten Band des „Kapitals" heraus (1885/94). Bis zu seinem Tode (1895) war Engels das geistige Haupt der sozialistischen Bewegung und verfaßte eine Reihe von wissenschaftlichen Hauptwerken des Marxismus, neigte dabei jedoch eher zu einer gewissen Mäßigung.

Auseinandersetzung mit dem Idealismus

Besondere Bedeutung als Anreger und Widerpart besaß für Marx der Philosoph Hegel, der die sogenannte *idealistische Philosophie* vertrat. Für Hegel waren Ideen die treibenden Kräfte für den Gang der Geschichte, wobei die großen Persönlichkeiten nur scheinbar autonome Lenker der Geschicke ihrer Zeit seien; in Wirklichkeit seien sie Werkzeuge einer höheren Macht, die Hegel als Weltvernunft bezeichnete und die letztlich mit Gott identisch zu denken ist. Gott bedient sich der großen Persönlichkeiten mittels der „List der Vernunft", und so verwirklicht sich in der Weltgeschichte letztlich die Idee Gottes. Die Geschichte nimmt somit einen vorgeschriebenen Lauf *(historischer Determinismus)*, den sich Hegel – darin noch ganz der Aufklärung verhaftet – allerdings nur in einer andauernden Höherentwicklung vorstellen kann (historischer Optimismus).

---

[1]) Kommunismus: politisch-soziale wie auch wirtschaftliche Gleichheit, nicht nur Gleichberechtigung, bei allgemeiner Wirtschafts- und Besitzgemeinschaft.

Der gefesselte Prometheus. Polemische Zeichnung gegen die Unterdrückung der Rheinischen Zeitung. Der Prometheus der antiken Sage brachte der Menschheit das Feuer. Mit ihm vergleicht der anonyme Künstler Karl Marx. Marx ist an eine Druckerpresse gekettet, während ihm der (preußische) Adler die Leber heraushackt. Auf dem Thron in den Wolken sitzt ein Eichhörnchen in Anspielung auf den preußischen Kultusminister Eichhorn, der das Verbot der Zeitung veranlaßte.

Der Materialismus

Marx kritisierte Hegels Vorstellung, daß eine Idee allein schon imstande sei, die gesellschaftlichen Verhältnisse schöpferisch zu beeinflussen. Eine solche Hoffnung schien ihm von der Wirklichkeit widerlegt. Optimistische Wirtschaftstheorien hätten sich angesichts der durch die Industrialisierung vorangetriebenen Verschärfung des sozialen Konflikts als wirkungslos erwiesen. Konsequent drehte Marx den Hegelschen Satz um und formulierte eine seiner grundlegenden Prämissen: Nicht das Bewußtsein der Menschen bestimme ihr „Sein", sondern das Sein bestimme das Bewußtsein. Nach Marx sind nun die verschiedenen politischen, philosophischen, moralischen oder religiösen Ideen sowie die Einrichtungen der Gesellschaftsordnung nichts anderes als ein Spiegelbild des materiellen gesellschaftlichen Zustands, ihr „ideologischer Überbau". Das Primäre seien jedoch zu allen Zeiten die ökonomischen Verhältnisse, die materielle „Basis", von der alles andere ausgehe.

Die Dialektik

Das „allgemeine Bewegungs- und Entwicklungsgesetz der Natur, der Menschengesellschaft und des Denkens" (Engels) erblickten Marx und Engels, ähnlich wie Hegel in der *Dialektik*[1]). Dahinter steht die Vorstellung, daß jegliche Verhältnisse *(These)* notwendig ihren Gegensatz und Widerspruch *(Antithese)* hervorrufen. Damit entsteht Bewegung; These und Antithese gehen schließlich in einer höheren Entwicklungsstufe *(Synthese)* auf. Diese Synthese bildet nun ihrerseits als These den Ausgangspunkt eines neuen dialektischen Dreischrittes. Auf diese Weise werde alle Geschichte vorangetrieben. Im ganzen ergibt sich auf diese Weise eine Art spiralenförmiges Aufsteigen zu immer höher entwickelten Daseinsformen – Erbe des optimistischen Fortschrittsglaubens der Aufklärung (▷ M 1).

Friedrich Engels über die Dialektik

M 1

Engels' Schrift „Herrn Eugen Dührings Umwälzung der Wissenschaft" (1878), der sogenannte „Anti-Dühring", wurde später zum eigentlichen Lehrbuch des dialektischen Materialismus, neben der „Dialektik der Natur" desselben Autors (erschienen posthum 1925).

Die Bewegung ist die Daseinsweise der Materie. Nie und nirgends hat es Materie ohne Bewegung gegeben, oder kann es sie geben. [. . .]
Nehmen wir ein Gerstenkorn [. . .]. Findet solch ein Gerstenkorn die für es normalen Bedingungen vor, fällt es auf günstigen Boden, so geht unter dem Einfluß der Wärme und der Feuchtigkeit eine eigene Veränderung mit ihm vor, es keimt; das Korn vergeht als solches, wird negiert, an seine Stelle tritt die aus ihm entstandne Pflanze, die Negation des Korns. Aber was ist der normale Lebenslauf dieser Pflanze? Sie wächst, blüht, wird befruchtet, und produziert schließlich wieder Gerstenkörner, und sobald diese gereift, stirbt der Halm ab, wird seinerseits negiert. Als Resultat dieser Negation der Negation haben wir wieder das anfängliche Gerstenkorn, aber nicht einfach, sondern in zehn-, zwanzig-, dreißigfacher Anzahl [. . .]. Nehmen wir [. . .] eine bildsame Zierpflanze, z. B. eine Dahlie oder Orchidee; behandeln wir den Samen und die aus ihm entstehende Pflanze nach der Kunst des Gärtners, so erhalten wir als Ergebnis dieser Negation der Negation nicht nur mehr Samen, sondern auch qualitativ verbesserten Samen, der schönere Blumen erzeugt, und jede Wiederholung dieses Prozesses, jede neue Negation der Negation steigert diese Vervollkommnung. [. . .]
Nicht anders *in der Geschichte.* Alle Kulturvölker fangen an mit dem Gemeineigentum am Boden. Bei allen Völkern, die über eine gewisse Stufe hinausgehen, wird dies Gemeineigentum im Lauf der Entwicklung des Ackerbaus eine Fessel für die Produktion. Es wird aufgehoben, negiert, nach kürzeren oder längeren Zwischenstufen in Privateigentum verwandelt. Aber auf höherer, durch das Privateigentum am Grund und Boden selbst herbeigeführter Entwicklungsstufe des Ackerbaus wird umgekehrt das Privateigentum eine Fessel für die Produktion – wie dies heute der Fall ist [. . .]. Die Forderung, es ebenfalls zu negieren, es wieder in Gemeingut zu verwandeln, tritt mit Notwendigkeit hervor. Aber diese Forderung bedeutet *nicht die Wiederherstellung* des altursprünglichen Gemeineigentums, sondern die Herstellung einer weit höher entwickelten Form von Gemeinbesitz, die, weit entfernt, der Produktion

[1]) Dialektik: wörtlich eigentlich Unterredungskunst; hier im Sinne von Rede und Gegenrede.

eine Schranke zu werden, sie vielmehr erst entfesseln und ihr die volle Ausnutzung der modernen chemischen Entdeckungen und mechanischen Erfindungen gestatten wird.

Iring Fetscher, Der Marxismus. Seine Geschichte in Dokumenten, München, 3. Auflage 1983, S. 186 ff.

1. *Erläutern Sie mit eigenen Worten die folgenden „Gesetze" der Dialektik:*
   - *das Gesetz von der (dialektischen) Bewegung als Daseinsweise der Materie;*
   - *das Gesetz des Umschlags von Quantität in Qualität;*
   - *das Gesetz von der Negation der Negation.*
2. *Was meint Engels, wenn er an anderer Stelle ausführt: „Negieren heißt nicht einfach nein zu sagen, oder ein Ding für nicht bestehend zu erklären."*
3. *Halten Sie die Gleichsetzung von Geschichte der Natur und Menschheitsgeschichte für überzeugend? Was spricht für, was spricht gegen einen solchen Vergleich?*

Die materialistische Geschichtsauffassung (Historischer Materialismus)

Entsprechend seinem materialistischen Ansatz sah Marx die Geschichte vom Wandel der wirtschaftlichen Verhältnisse bestimmt. Letztere beinhalten nach Marx zu allen Zeiten zwei Faktoren:
- die *Produktivkräfte:* die Mittel und Kräfte, die dem produzierenden Menschen für die Einwirkung auf die Natur jeweils zur Verfügung stehen, also Werkzeuge oder Maschinen, aber auch menschliche Fähigkeiten und Erfahrung;
- die *Produktionsverhältnisse:* alle gesellschaftlichen Beziehungen, unter denen die Menschen produzieren (z. B. Arbeitsteilung); vor allem versteht Marx darunter die Eigentumsverhältnisse an den Produktionsmitteln. Bei Privateigentum trage der Arbeitsprozeß den Charakter von Herrschaft und Unterordnung; bei gesellschaftlichem Eigentum finde dagegen Zusammenarbeit und gegenseitige Hilfe statt.

Die jeweilige Form der Produktionsverhältnisse hängt vom Entwicklungsstand der Produktivkräfte ab; beide zusammen bilden die *Produktionsweise.* Verändert sie sich, so verändern sich auch Moral, Recht, politische Einrichtungen, Religion, kurz: der „ideologische Überbau" der Gesellschaft.
Historischer Wandel kommt nun dadurch zustande, daß sich zu allen Zeiten die Produktivkräfte dynamisch weiterentwickeln, weil der Mensch neue, bessere Werkzeuge oder Verfahrensweisen ersinnt. Demgegenüber neigen jedoch die Produktionsverhältnisse – also vor allem die Eigentumsverhältnisse – dazu, statisch zu verbleiben. Dadurch kommt es von Zeit zu Zeit zu einem dialektischen, widersprüchlichen Verhältnis innerhalb der Produktionsweise, da die überlebten Produktionsverhältnisse zur Fessel der Produktivkräfte werden und im Interesse einer Höherentwicklung der ganzen Produktionsweise überwunden werden müssen (▷ M 1).

In jeder bisherigen Menschheitsepoche repräsentierte somit die herrschende Gesellschaftsschicht oder -klasse jeweils diejenige Gruppe in der Gesellschaft, die das Privateigentum an den Produktionsmitteln besaß. Deshalb hatte sie auch ein Interesse am Fortbestehen dieser Verhältnisse. Wenn aber die Konflikte, entstanden durch die vorwärtsdrängenden Produktivkräfte, groß genug waren, unternahm die an einer Veränderung interessierte benachteiligte Klasse jedesmal einen revolutionären Umsturz und übernahm selbst die Herrschaft.

Marx glaubte, den notwendigen Gang der Geschichte mit wissenschaftlicher Exaktheit in fünf Gesellschaftsepochen diagnostizieren zu können:

1. die Urgesellschaft mit dem Übergang von gemeinschaftlicher Produktion zu Arbeitsteilung und Privateigentum, somit zu Herrschaft und Ausbeutung;
2. die antike Sklavenhaltergesellschaft mit dem Gegensatz zwischen Herren und Sklaven; letztere hätten der Epoche schließlich durch Aufstände ein Ende bereitet;
3. die mittelalterliche Feudalgesellschaft mit dem Gegensatz zwischen Feudalherr und Bauer;
4. der bürgerliche Kapitalismus mit dem Gegensatz zwischen Fabrikant (Bourgeois) und Arbeiter (Proletarier);
5. der Sozialismus (in seiner vollendeten Form der Kommunismus) mit vergesellschafteten Produktionsmitteln auf hohem technischen Niveau, ohne Ausbeutung und Klassenherrschaft (▷ M 2).

Die Lehre von Basis und Überbau

M 1

Seine Lehre von Basis und Überbau stellte Karl Marx anschaulich in einer 1859 erschienenen Schrift dar.

In der gesellschaftlichen Produktion ihres Lebens gehen die Menschen bestimmte, notwendige, von ihrem Willen unabhängige Verhältnisse ein, Produktionsverhältnisse, die einer bestimmten Entwicklungsstufe ihrer materiellen Produktivkräfte entsprechen. Die Gesamtheit dieser Produktionsverhältnisse bildet die ökonomische Struktur der Gesellschaft, die reale Basis, worauf sich ein juristischer und politischer Überbau erhebt, und welcher bestimmte gesellschaftliche Bewußtseinsformen entsprechen. Die Produktionsweise des materiellen Lebens bedingt den sozialen, politischen und geistigen Lebensprozeß überhaupt. Es ist nicht das Bewußtsein der Menschen, das ihr Sein, sondern umgekehrt *ihr gesellschaftliches Sein, das ihr Bewußtsein bestimmt.* Auf einer gewissen Stufe ihrer Entwicklung geraten die materiellen Produktivkräfte der Gesellschaft in Widerspruch mit den vorhandenen Produktionsverhältnissen, oder, was nur ein juristischer Ausdruck dafür ist, mit den Eigentumsverhältnissen, innerhalb derer sie sich bisher bewegt hatten. Aus Entwicklungsformen der Produktivkräfte schlagen diese Verhältnisse in Fesseln derselben um. Es tritt dann eine Epoche sozialer Revolution ein. Mit der Veränderung der ökonomischen Grundlage wälzt sich der ganze ungeheuere Überbau langsamer oder rascher um. In der Betrachtung solcher Umwälzungen muß man stets unterscheiden zwischen der materiellen, naturwissenschaftlich treu zu konstatierenden Umwälzung der ökonomischen Produktionsbedingungen und den juristischen, politischen, religiösen, künstlerischen oder philosophischen, kurz *ideologischen Formen*, worin sich die Menschen dieses Konflikts bewußt werden und ihn ausfechten. [. . .] Eine Gesellschaftsformation geht nie unter, bevor alle Produktivkräfte entwickelt sind, für die sie weit genug ist, und neue höhere Produktionsverhältnisse treten nie an die Stelle, bevor die materiellen Existenzbedingungen derselben im Schoße der alten Gesellschaft selbst ausgebrütet worden sind. [. . .] Die bürgerlichen Produktionsverhältnisse sind die *letzte* antagonistische[1]) Form des Produktionsprozesses [. . .]. Aber die im Schoße der bürgerlichen Gesellschaft sich entwickelnden Produktivkräfte schaffen zugleich die materiellen Bedingungen zur Lösung dieses Antagonismus. Mit dieser Gesellschaftsformation schließt daher die Vorgeschichte der menschlichen Gesellschaft ab.

Karl Marx, Vorwort zur Kritik der politischen Ökonomie, in: Iring Fetscher, Der Marxismus, Seine Geschichte in Dokumenten, München, 3. Auflage 1983, S. 119

1. *Stellen Sie aus dem Text die für den Fortgang der Geschichte wesentlichen Kräfte und die Art ihres Zusammenwirkens zusammen.*
2. *Arbeiten Sie die Grundgedanken der materialistischen Geschichtsauffassung von Karl Marx heraus.*

M 2 Das Manifest der Kommunistischen Partei

Marx und Engels unterhielten im Londoner Exil Beziehungen mit dem „Bund der Kommunisten". In dessen Auftrag verfaßten sie 1847 das „Manifest der Kommunistischen Partei".

Die Geschichte aller bisherigen Gesellschaft ist die Geschichte von Klassenkämpfen.

Freier und Sklave, Patrizier und Plebejer, Baron und Leibeigener, Zunftbürger und Gesell, kurz, Unterdrücker und Unterdrückter standen in stetem Gegensatz zueinander, führten einen ununterbrochenen, bald versteckten, bald offenen Kampf, einen Kampf, der jedesmal mit einer revolutionären Umgestaltung der ganzen Gesellschaft endete oder mit dem gemeinsamen Untergang der kämpfenden Klassen. [. . .]

Unsere Epoche, die Epoche der Bourgeoisie, zeichnet sich jedoch dadurch aus, daß sie die Klassengegensätze vereinfacht hat.

Die ganze Gesellschaft spaltet sich mehr und mehr in zwei große feindliche Lager, in zwei große, einander direkt gegenüberstehende Klassen: Bourgeoisie und Proletariat. [. . .]

Die Entdeckung Amerikas, die Umschiffung Afrikas schufen der aufkommenden Bourgeoisie ein neues Terrain. Der ostindische und chinesische Markt, die Kolonisierung von Amerika, der Austausch mit den Kolonien, die Vermehrung der Tauschmittel und der Waren überhaupt gaben dem Handel, der Schiffahrt, der Industrie einen nie gekannten Aufschwung und damit dem revolutionären Element in der zerfallenden feudalen Gesellschaft eine rasche Entwicklung.

Die bisherige feudale oder zünftige Betriebsweise der Industrie[2]) reichte nicht

---

[1]) miteinander im Widerstreit stehend

[2]) zünftig: soviel wie zünftisch; mit Industrie bezeichnet Marx hier die gewerbliche Produktion der vorindustriellen Zeit.

mehr aus für den mit neuen Märkten anwachsenden Bedarf. Die Manufaktur trat an ihre Stelle. Die Zunftmeister wurden verdrängt durch den industriellen Mittelstand; die Teilung der Arbeit zwischen den verschiedenen Korporationen verschwand vor der Teilung der Arbeit in der einzelnen Werkstatt selbst. Aber immer wuchsen die Märkte, immer stieg der Bedarf. Auch die Manufaktur reichte nicht mehr aus. Da revolutionierten der Dampf und die Maschinerie die industrielle Produktion. An die Stelle der Manufaktur trat die moderne große Industrie, an die Stelle des industriellen Mittelstandes traten die industriellen Millionäre, die Chefs ganzer industrieller Armeen, die modernen Bourgeois.

[. . .] Die Produktions- und Verkehrsmittel, auf deren Grundlage sich die Bourgeoisie heranbildete, wurden in der feudalen Gesellschaft erzeugt. Auf einer gewissen Stufe der Entwicklung dieser Produktions- und Verkehrsmittel entsprachen die Verhältnisse, worin die feudale Gesellschaft produzierte und austauschte, die feudale Agrikultur und Manufaktur, mit einem Wort die feudalen Eigentumsverhältnisse den schon entwickelten Produktivkräften nicht mehr. Sie hemmten die Produktion statt sie zu fördern. Sie verwandelten sich in ebenso viele Fesseln. Sie mußten gesprengt werden, sie wurden gesprengt.

An ihre Stelle trat die freie Konkurrenz mit der ihr angemessenen gesellschaftlichen und politischen Konstitution, mit der ökonomischen und politischen Herrschaft der Bourgeoisklasse.

Franz Borkenau (Hrsg.), Marx – Auswahl, Frankfurt 1956, S. 98 ff.

1. *Fassen Sie zusammen: Welcher Art ist das zyklisch wiederkehrende Ablaufschema, das nach Marx den Fortgang aller bisherigen Geschichte ausgemacht hat?*
2. *Wie lassen sich „Klassen" aufgrund ihrer Begriffsverwendung bei Marx definieren?*
3. *Führen Sie aus, wie es zur Herausbildung und Durchsetzung neuer „herrschender Klassen" kommt. Verfolgen Sie den Vorgang anhand des von Marx beschriebenen Übergangs vom Feudalismus zum Kapitalismus.*
4. *Wie stehen Sie zu der Aussage von Marx, in der bürgerlichen Wirtschaftsgesellschaft habe sich der Klassengegensatz auf die Konfrontation Bourgeois – Proletarierer vereinfacht (siehe dazu Seite 218, M 3)?*

Die marxistische Wirtschaftslehre

Die politische Ökonomie im Rahmen der marxistischen Anschauung

Das von Marx und Engels entwickelte Gedankengebäude läßt sich in drei große Themenkomplexe gliedern; in die philosophischen Grundlagen (den dialektischen und historischen Materialismus), eine Wirtschaftslehre und eine Lehre von der praktischen Politik. Die Wirtschaftslehre – die sogenannte *politische Ökonomie* – stellt im Kern eine kritische Analyse der kapitalistischen Wirtschaftsgesellschaft dar.

Die Lehre vom Mehrwert

Die kapitalistische Wirtschaft sieht Marx als Marktwirtschaft: Güter werden produziert, um auf dem Markt ihren Tauschwert in Geld zu erzielen. Marx geht deshalb der Frage nach, ob der Warenwert eines Produkts – ausgedrückt im Warenpreis – dem Wert der aufgewendeten Arbeit entspricht. Da sich auch der Wert der Ware Arbeitskraft in ihrem Preis (Lohn) ausdrückt, kommt Marx zu folgendem Ergebnis: Der vom Fabrikanten erzielte Verkaufspreis liegt höher als der Wert der bei der Produktion verausgabten Arbeitskraft des Arbeiters; mit seiner Arbeitskraft erzeugt der Arbeiter also mehr Werte, als er in Form von Lohn erhält. Die Differenz entnimmt der Unternehmer als Überschuß aus dem Warenerlös, und diesen Überschuß nennt Marx den *„Mehrwert"* oder den Profit. Allerdings stellt der Mehrwert nicht vollständig den Gewinn des Unternehmers dar, da Rohstoffe oder Produktionsmittel auch ersetzt werden müssen. Das Faktum einer Entnahme von Mehrwert durch den Fabrikanten bleibt davon jedoch unberührt, und damit erweist sich für Marx die kapitalistische Produktionsweise als Ausbeutung fremder Arbeitskraft (▷ M 1).

Die Verelendungstheorie

Nach Marx liegt es im Interesse des kapitalistischen Unternehmers, den Mehrwert möglichst stark zu steigern, etwa durch eine Erhöhung der Produktivität. In dem Maße, in dem nun die Unternehmer auf eine beständige Profitsteigerung hinarbeiten, rufen sie periodisch wiederkehrende Wirtschaftskrisen hervor, unter anderem, weil die entstehende Überproduktion nicht mehr verkauft werden kann. Es kommt zu Bankrott- und Konkurserscheinungen sowie zu Konzentrationsbewegungen, weil viele in Not geratene Unternehmen von anderen aufgekauft werden. Auf diese Weise erholt sich die Wirtschaft zwar wieder und kommt auch in eine neue Phase der Belebung und Produktionssteigerung hinein, womit aber nur die Voraussetzungen für die nächste Krise der gleichen Art gelegt werden.

Durch diese ihr eigentümliche Entwicklung produziert die kapitalistische Wirtschaft nach Marx ihren eigenen Totengräber: das Proletariat. In einem immer mehr mechanisierten Arbeitsprozeß kann nämlich immer mehr Arbeit von ungelernten Kräften verrichtet werden – die Löhne sinken dadurch. Zugleich steigt durch die fortschreitende Mechanisierung auch die Arbeitslosigkeit, und ihr Anwachsen übt einen zusätzlichen Druck auf die Löhne aus. In den zyklischen Wirtschaftskrisen (siehe oben) sinken die Löhne der weiterbeschäftigten Arbeiter erneut ab, viele Arbeitskräfte werden zusätzlich entlassen. Es bildet sich die *„industrielle Reservearmee"*, jederzeit bereit, zu einem niedrigeren Lohn als der Konkurrent einen Arbeitsvertrag einzugehen.

Marx sagt einen zunehmenden Prozeß der Verelendung des Proletariats voraus, gekennzeichnet durch Klassengegensätze zwischen immer mehr Kapitalkonzentration und Reichtum auf der einen, immer mehr Elend auf der anderen Seite. Ab einem bestimmten Zeitpunkt würden jedoch die Proletarier ihre Klasseninteressen erkennen, sich politisch zusammenschließen und endlich in

Die Kommunisten. „Ja, du redest immer von Gleichheit und Güterverteilen, allein ich setze den Fall, wir haben geteilt und ich, ich spare meinen Teil, doch du verschwendest den Deinigen, was dann?" – „Ganz einfach! Dann teilen wir wieder!" (Karikatur aus den „Fliegenden Blättern", 1845).

einem revolutionären Vorgang die kapitalistische Produktionsweise abschaffen, indem sie die Produktionsmittel in gesellschaftliches Eigentum überführen. An die Stelle der bourgeoisen Klassenherrschaft tritt die *„Diktatur des Proletariats"*. Aufgrund der vorhergegangenen, extremen Verelendung fast der gesamten Bevölkerung (bis auf wenige Großkapitalisten) entfallen nach einem revolutionären Umsturz alle Anlässe für Klassengegensätze und Klassenherrschaft, ja für Klassen überhaupt. Es entsteht die klassenlose, kommunistische Gesellschaft, in der auf einer höher entwickelten Stufe wieder – wie in der Urgesellschaft – das Eigentum als Gemeinbesitz verteilt ist und jeder die benötigten Wirtschaftsgüter entnehmen kann (▷ M 2, M 3).

Die Entfremdungstheorie

Neben den ökonomischen und sozialen Wirkungen der Produktionsverhältnisse beschäftigt sich Marx auch mit ihren Folgen für den inneren seelischen Zustand der Menschen. Unter diesem Aspekt gelangte er zur Theorie der *Entfremdung*.

Arbeit bedeutet für den Menschen, so sagt Marx, ursprünglich Selbstverwirklichung, weil er durch sie seine Anlagen und Fähigkeiten ausdrücken kann. Mit dem Aufkommen von Arbeitsteilung und Privateigentum an den Produktionsmitteln (schon in der Urgesellschaft also) wurde jedoch der entscheidende „Sündenfall" zur Entfremdung des Menschen von sich selbst getan.

Zum einen wird das vom arbeitenden Menschen erzeugte *Produkt* zum Eigentum eines anderen, der es verkauft. Der Arbeiter wird somit dem Produkt seiner Arbeit und weitgehend auch der Verfügung über den Ertrag seiner Arbeit entfremdet, da er nicht über die Verwendung des erzielten Mehrwerts zu bestimmen hat.
Der arbeitende Mensch wird aber auch seiner *Arbeit* entfremdet: Indem er fremde Arbeit annimmt, ist er nicht mehr selbständig schöpferisch tätig; bei eintönig spezialisierter Fabrikarbeit ist er gar zum bloßen Handlanger degradiert. Stellt der Unternehmer mehr Maschinen auf oder beschäftigt er mehr Arbeitskräfte, gerät der Arbeiter in eine Konkurrenzsituation, in der er die Arbeit geradezu als Feind betrachten muß.
Der Mensch, der seinem Produkt und seiner Arbeit entfremdet ist, wird sich schließlich selbst fremd, denn der arbeitende Mensch legt immer etwas von sich selbst in seine Arbeit hinein. Das Schicksal der Entfremdung ist aber, so Marx, nicht auf den Arbeiter beschränkt; auch der Unternehmer ist diesem Vorgang ausgesetzt, denn er verrichtet die Arbeit ja nicht selbst und steht seinen Arbeitern fremd gegenüber. So stellt sich schließlich eine allgemeine Entfremdung unter den Menschen ein.

Zur Einschätzung der Lehren von Marx und Engels

Ein angemessenes Urteil über das Gedankengut von Marx und Engels muß notwendigerweise vielschichtig ausfallen. Der historische Materialismus überwand das Verständnis von Geschichte als Ideengeschichte und räumte den wirtschaftlichen und sozialen Verhältnissen als historischen Wirkungskräften den ihnen gebührenden Platz ein. Aber in Umkehrung der idealistischen Geschichtsbetrachtung haben Marx und Engels in ebenso unhaltbar monokausaler Weise den wirtschaftlichen Produktionsverhältnissen den allein ausschlaggebenden Anteil an der geschichtlichen Entwicklung zugeschrieben.
Auch eine Reihe weiterer Aussagen des „wissenschaftlichen Sozialismus" gelten zumindest in der westlichen Forschung heute als überholt. Weder wurde die antike „Sklavenhaltergesellschaft" durch einen Aufstand der Sklaven gestürzt, noch stehen am Beginn des Feudalismus – in einer Phase des zivilisatorischen Abstiegs im Frühmittelalter – neue, epochemachende Produktionsmittel.
Der Klassengedanke – zentraler Bestandteil von Marx' Geschichtsauffassung – hat sich als ein in vielen Fällen zwar fruchtbarer Ansatz erwiesen, da weder die Existenz von Klassen noch von Klasseninteressen und -auseinandersetzungen in der Geschichte ernsthaft zu leugnen ist. Als durchgängiges Erklärungsprinzip der Geschichte kann der Marxsche Ansatz allerdings nicht herhalten. Besonders offenkundig zeigt sich das am Beispiel des vorausgesagten Untergangs des Kapitalismus. Das Ausbleiben einer revolutionären Konfrontation zwischen „Kapitalisten" und „Proletariat" deckt freilich noch einen weiteren Mangel des Marxschen Klassengedankens auf: Tatsächlich hat sich die Gesellschaft keineswegs immer stärker polarisiert, sondern im Gegenteil weiter

Maifestblatt von 1896 mit einem symbolischen Händedruck zwischen Industrie- und Landarbeiter.

differenziert. Die neu aufgestiegene Gruppe der Angestellten und die Berufe des „tertiären Sektors" sprengten das antagonistische Klassenschema. Neben dem „neuen" ist aber auch der „alte Mittelstand" keineswegs zerrieben worden, sondern hat sich erhalten.

Es hatte seinen Grund, daß sich die aufsteigende Arbeiterbewegung im 19. Jahrhundert programmatisch ganz überwiegend unter der sozialistischen Theorie organisierte. In dem Maße freilich, in dem es möglich war, Veränderungen in Wirtschaft und Gesellschaft auf dem Wege der Mitarbeit und der reformerischen Veränderungen herbeizuführen, verlor der Glaube an die Notwendigkeit von Revolution und klassenloser Gesellschaft an Boden. Eine „revisionistische" Richtung durchdrang schon früh die Praxis der Gewerkschaften und mit Verzögerung auch der Arbeiterparteien. Gegenüber dieser reformerisch-sozialistischen Richtung beharren die „orthodoxen" Sozialisten und Kommunisten allerdings bis heute auf den Dogmen von Marx und Engels.

Karl Marx über die Bildung des unternehmerischen Profits

M 1

Was der Arbeiter verkauft, ist nicht direkt seine Arbeit, sondern seine Arbeitskraft, über die er dem Kapitalisten vorübergehend die Verfügung überläßt. [. . .] Von dieser Basis ausgehend, werden wir imstande sein, den Wert der Arbeit wie den aller anderen Waren zu bestimmen. [. . .]

Wie der jeder anderen Ware ist der Wert bestimmt durch das zu ihrer Produktion notwendige Arbeitsquantum. Die Arbeitskraft eines Menschen existiert nur in seiner lebendigen Leiblichkeit. Eine gewisse Menge Lebensmittel muß ein Mensch konsumieren, um aufzuwachsen und sich am Leben zu erhalten. [. . .]

Unterstellt nun, daß die Produktion der Durchschnittsmenge täglicher Lebensmittel für einen Arbeitenden 6 Stunden Durchschnittsarbeit erheischt. Unterstellt überdies auch, 6 Stunden Durchschnittsarbeit seien in einem Goldquantum gleich 3 sh.[1]) vergegenständlicht. Dann wären 3 sh. der *Preis* oder Geldausdruck des Tageswerts der Arbeitskraft jenes Mannes. Arbeitet er täglich 6 Stunden, so würde er täglich einen Wert produzieren, der ausreicht, um die Durchschnittsmenge seiner täglichen Lebensmitel zu kaufen oder sich selbst als Arbeitenden am Leben zu erhalten.

Aber unser Mann ist Lohnarbeiter. Er muß daher seine Arbeitskraft einem Kapitalisten verkaufen. [. . .]

Durch die Bezahlung des Tages- oder Wochenwertes der Arbeitskraft [. . .] hat nun aber der Kapitalist das Recht erworben, diese Arbeitskraft während des ganzen Tages oder der ganzen Woche zu nutzen. Er wird ihn daher zwingen, sage 12 Stunden täglich zu arbeiten. Über die zum Ersatz seines Arbeitslohns oder des Werts seiner Arbeitskraft erheischten 6 Stunden hinaus wird er daher noch 6 Stunden zu arbeiten haben, die ich Stunden der Mehrarbeit nennen will, welche Mehrarbeit sich vergegenständlichen wird in einem Mehrwert und einem Mehrprodukt. [. . .]

Da er seine Arbeitskraft dem Kapitalisten verkauft hat, so gehört der ganze von ihm geschaffene Wert oder sein ganzes Produkt dem Kapitalisten, dem zeitweiligen Eigentümer seiner Arbeitskraft. Indem der Kapitalist 3 sh. vorschießt, realisiert er also einen Wert von 6 sh., weil ihm für den von ihm vorgeschossenen Wert, worin 6 Arbeitsstunden kristallisiert sind, ein Wert zurückerstattet wird, worin 12 Arbeitsstunden kristallisiert sind. Durch tägliche Wiederholung desselben Prozesses wird der Kapitalist täglich 3 sh. vorschießen und täglich 6 sh. einstecken, wovon eine Hälfte wieder auf Zahlung des Arbeitslohns geht und die andere Hälfte den *Mehrwert* bildet, für die der Kapitalist kein Äquivalent zahlt. Es ist *diese Art Austausch zwischen Kapital und Arbeit,* worauf die kapitalistische Produktionsweise oder das Lohnsystem beruht [. . .].

Der Kapitalist [. . .] verkauft nicht nur, was ihm ein Äquivalent gekostet, er verkauft vielmehr auch, was ihm nichts gekostet, obgleich es die Arbeit seines Arbeiters gekostet hat. [. . .]

Den Mehrwert oder den Teil des Gesamtwerts der Ware, worin die Mehrarbeit oder unbezahlte Arbeit des Arbeiters vergegenständlicht ist, nenne ich *Profit.*

Karl Marx/Friedrich Engels, Studienausgabe, Band II: Politische Ökonomie, Frankfurt 1966, S. 193 ff.

1. *Stellen Sie auf der Grundlage des Gedankenguts von Marx den vom ihm entwickelten Zusammenhang zwischen Wert der Arbeit – Warenwert – Mehrwert dar.*
2. *Vergleichen Sie Marx' Ausführungen über den unternehmerischen Profit mit Harkorts Äußerung zur unternehmerischen Gewinnbildung (Seite 191 f., M 1). Gibt es Berührungen, wo liegen die Unterschiede? Begründen Sie, welche Darlegung Ihnen zutreffender erscheint.*

[1]) sh.: Abkürzung für die englische Schillingwährung

M 2

Der Untergang der kapitalistischen Ordnung

Das Proletariat macht verschiedene Entwicklungsstufen durch. [. . .]
Im Anfang kämpfen die einzelnen Arbeiter, dann die Arbeiter einer Fabrik, dann die Arbeiter eines Arbeitszweiges an einem Ort gegen den einzelnen Bourgeois, der sie direkt ausbeutet. Sie richten ihre Angriffe nicht nur gegen die bürgerlichen Produktionsverhältnisse, sie richten sie gegen die Produktionsinstrumente selbst; sie vernichten die fremden konkurrierenden Waren, sie zerschlagen die Maschinen, sie stecken die Fabriken in Brand [. . .].
Auf dieser Stufe bilden die Arbeiter eine über das ganze Land zerstreute und durch ihre Konkurrenz zersplitterte Masse. [. . .]
Aber mit der Entwicklung der Industrie vermehrt sich nicht nur das Proletariat; es wird in größeren Massen zusammengedrängt, seine Kraft wächst, und es fühlt sie mehr. [. . .] Die Arbeiter beginnen damit, Koalitionen gegen die Bourgeois zu bilden; sie treten zusammen zur Behauptung ihres Arbeitslohns. Sie stiften selbst dauernde Assoziationen, um sich für die gelegentlichen Empörungen zu verproviantieren. [. . .]
Diese Organisation der Proletarier zur Klasse, und damit zur politischen Partei, wird jeden Augenblick wieder gesprengt durch die Konkurrenz unter den Arbeitern selbst. Aber sie entsteht immer wieder, stärker, fester, mächtiger. Sie erzwingt die Anerkennung einzelner Interessen der Arbeiter in Gesetzesform, indem sie die Spaltungen der Bourgeoisie unter sich benutzt. [. . .]
Es werden ferner [. . .] durch den Fortschritt der Industrie ganze Bestandteile der herrschenden Klasse ins Proletariat hinabgeworfen oder wenigstens in ihren Lebensbedingungen bedroht. Auch sie führen dem Proletariat eine Masse Bildungselemente zu.
In Zeiten endlich, wo sich der Klassenkampf der Entscheidung nähert, nimmt der Auflösungsprozeß innerhalb der herrschenden Klasse, innerhalb der ganzen alten Gesellschaft, einen so heftigen, so grellen Charakter an, daß ein kleiner Teil der herrschenden Klasse sich von ihr lossagt und sich der revolutionären Klasse anschließt [. . .].
Wenn das Proletariat im Kampf gegen die Bourgeoisie sich notwendig zur Klasse vereint, durch eine Revolution sich zur herrschenden Klasse macht und als herrschende Klasse gewaltsam die alten Produktionsverhältnisse aufhebt, so hebt es mit diesen Produktionsverhältnissen die Existenzbedingungen des Klassengegensatzes, die Klassen überhaupt und damit seine eigene Herrschaft als Klasse auf.
An die Stelle der bürgerlichen Gesellschaft mit ihren Klassen und Klassengegensätzen tritt eine Assoziation, worin die freie Entwicklung eines jeden die Bedingung für die freie Entwicklung aller ist.

Franz Borkenau (Hrsg.), Marx – Auswahl, Frankfurt 1956, S. 105 f., 116

1. *Ermitteln Sie, wie sich nach Marx eine gesellschaftliche Klasse herausbildet.*
2. *Zeigen Sie auf, worin sich die proletarische Revolution von allen früheren Revolutionen in der Geschichte unterscheiden soll.*

M 3 Kapitalistische Klassengesellschaft nach Marx

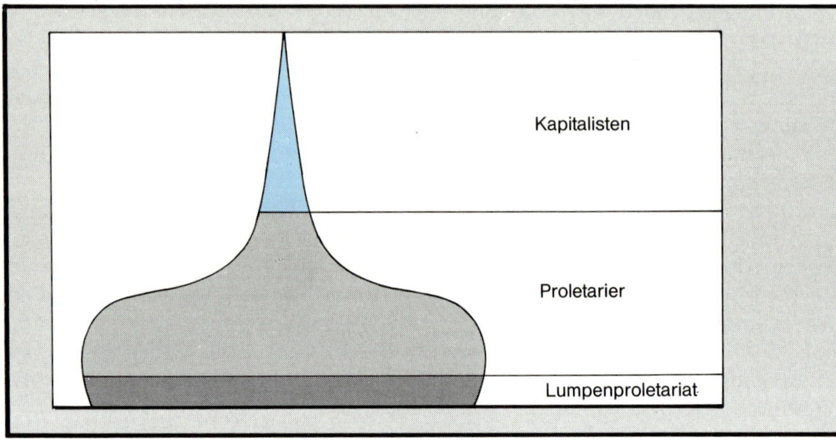

Nach Bundeszentrale für politische Bildung (Hrsg.), Kommunistische Ideologie, Bonn 1978, S. 17

Soziale Schichtung in der Bundesrepublik Deutschland

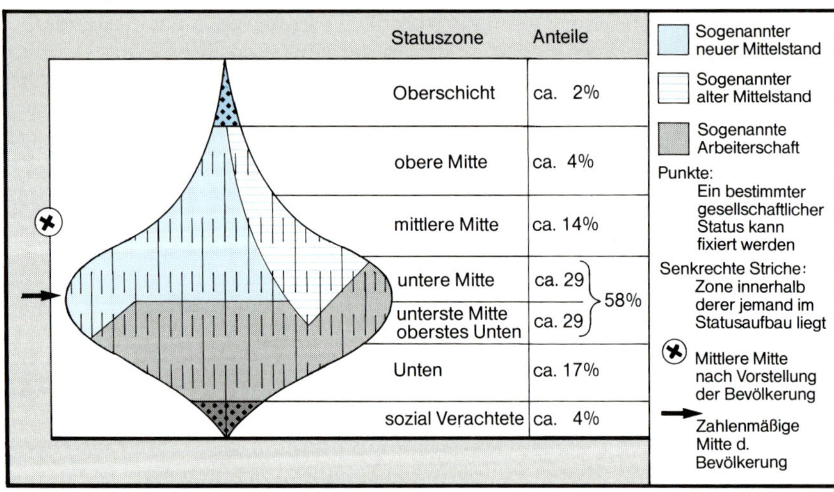

Nach Karl Martin Bolte u. a., Deutsche Gesellschaft im Wandel, Opladen, 2. Auflage 1967, S. 316

Vergleichen Sie das Schichtenmodell der Bundesrepublik Deutschland mit den Prognosen von Karl Marx über die Entwicklung der bürgerlichen Gesellschaft. Was sah Marx nicht voraus?

¹) Mit Lumpenproletariat bezeichnet Marx eine vom Industrieproletariat genau unterschiedene Masse von sozial Verachteten und moralisch Korrumpierten (vor allem in den großen Städten), die kein eigenes Klassenbewußtsein ausbildeten.

Das industrielle Europa um 1870

Ehrgeiziges Projekt des neuen technischen Zeitalters und Symbol für den Wettlauf der jungen Industrienationen war der Eiffelturm. Er wurde gebaut als Attraktion der Pariser Weltausstellung von 1889. Die Aufnahme stammt aus dem Jahr 1888 nach Fertigstellung der zweiten Plattform.

Expandierende Volkswirtschaften

Schlüsselindustrien

Maßgebliche Impulse für das industrielle Wachstum gingen zunächst nur von wenigen sogenannten *„Schlüsselindustrien"* aus. In der ersten Aufschwungphase waren dies in allen betroffenen Ländern die Textil- und Montanbranche. Vor allem in England setzen sich die Neuerungen zuerst in der *Textilindustrie* durch. In Deutschland besaß sie zwar nicht das gleiche Gewicht, doch war sie auch hier der größte gewerbliche Zweig. Seit der Jahrhundertmitte wurde sie dann immer deutlicher von der *Montan- und Eisenindustrie*, dem neuen „Führungssektor" der Industrialisierung, abgelöst. Dies ging einher mit der Erschließung der Steinkohlereviere an der Ruhr und in Schlesien. Zwischen 1860 und 1870 erhöhte sich die Förderleistung in Deutschland um 170 Prozent! Dennoch erreichte sie nur knapp 30 % der englischen Steinkohleförderung. Zurück blieb in jenen Jahren die Entwicklung in der Habsburger Monarchie. Im Alpenraum, dem traditionellen Sitz des vorindustriellen Montangewerbes, fehlte es an Steinkohle. Die ungünstige Verkehrslage tat ein übriges, so daß man auf Holzkohle und Wasserkraft angewiesen blieb.
Angetrieben von der Kohlegewinnung entwickelte sich hingegen im Gebiet des späteren Deutschen Reiches eine auf Kokshochöfen basierende Eisenindustrie, die Frankreich bereits kurz vor dem Krieg von 1871 vom zweiten Platz in der Roheisenerzeugung in Europa verdrängen konnte. Unangefochtene Führungsmacht blieb freilich England, dessen Wachstumsrate – auf dem bereits erreichten Niveau einer hohen Industrialisierung – zwar hinter der

Frankreichs zurücklag, aber selbst um 1870 kam immer noch die Hälfte des in der Welt hergestellten Roheisens aus Großbritannien (▷ M 1).
Der Aufstieg der Eisenindustrie wie überhaupt die Schwungkraft der wirtschaftlichen Expansion seit der Jahrhundertmitte stand in engstem Zusammenhang mit dem *Maschinenbau,* voran dem Bau der *Dampfmaschine,* die ihren Siegeszug durch die industrielle Welt begann. Im Einsatz von Dampfmaschinen vermochte Deutschland, vor allem aufgrund des industriellen Aufschwungs in Preußen, gegenüber den anderen europäischen Ländern aufzuholen und sie sowohl an Zahl wie Kapazität zu überrunden, wiederum mit Ausnahme Großbritanniens. Seit 1835 hatte sich die Zahl der Maschinenbauanstalten im Zeichen des Lokomotiven- und Eisenbahnbaus in rascher Folge vermehrt. Seit der Jahrhundertmitte kamen dann Maschinen zur Metallverarbeitung und Feinmechanik, die Elektro- und die chemische Industrie hinzu. Bei der Fertigung von Maschinen konnte sich Deutschland schon seit den 1860er Jahren auf den großen Weltausstellungen konkurrenzfähig präsentieren. Erstmals 1863 überflügelte der Export den Import.
Die ständig steigende Nachfrage nach Anlagekapital in den expandierenden Schlüsselindustrien revolutionierte das *Bank- und Finanzwesen.* Erste Banken auf Aktienbasis wurden gegründet, an denen auch kleinere Anleger Anteile erwarben. Das so gesammelte Kapital konnte sich an der Gründung oder Kreditvergabe an große Unternehmen beteiligen und finanzierte damit den Aufschwung.

Wirtschaftswachstum

Eine erste Phase steigender Einkommen je Kopf der Bevölkerung hatte England, dann aber auch Frankreich schon im ausgehenden 18. Jahrhundert erlebt, und eine zweite in der ersten Hälfte des 19. Jahrhunderts. Man nimmt an, daß damals in Frankreich die Zuwachsrate höher lag als in Deutschland. Seit den 1830er Jahren wurde der Durchbruch industrieller Wachstumskräfte auch in Deutschland erkennbar (Beginn des Eisenbahnzeitalters; Gründung des Zollvereins) – ein Prozeß, der sich nach 1850 nochmals erheblich beschleunigte. Jetzt kehrte sich das Verhältnis der Steigerungsraten zwischen Frankreich und Deutschland um. Einen zusätzlichen, in seiner Auswirkung freilich ungesund überhitzten Impuls zugunsten Deutschlands lieferte schließlich der gewonnene Krieg von 1870/71.
In Österreich entwickelte sich das Wirtschaftswachstum wesentlich gleichmäßiger und langsamer. Ein Vergleich der industriellen Güterproduktion macht dies deutlich: Im Jahre 1840 lag sie in Deutschland (in den Grenzen von 1871) nur unwesentlich über der Österreich-Ungarns (150 bzw. 142 Millionen englische Pfund); zwanzig Jahre später verzeichnete Deutschland eine Steigerung um mehr als 100 Prozent, Österreich lediglich um 40 Prozent. Noch am Ende des Jahrhunderts war Österreich nicht unter die „Industrieländer" zu rechnen (▷ M 2).

Schon frühzeitig karikiert eine englische Lithographie aus dem Jahre 1828 die Verkehrsentwicklung mit Dampfwagen und Dampffahrrädern.

Repräsentative Maßzahl für den Industrialisierungsprozeß ist der *Anstieg des Nettosozialprodukts* pro Kopf der Bevölkerung, das in Deutschland zwischen 1800 und 1870 fast auf das Anderthalbfache kletterte. Diese wirtschaftliche Wertschöpfung wurde zunehmend im gewerblich-industriellen Bereich erzielt, während umgekehrt die Landwirtschaft an Bedeutung verlor.
Eine vergleichbare Entwicklung zeigt die Verwendung des *Investitionskapitals* seit den 1830er Jahren. Anfangs floß es noch überwiegend in die Landwirtschaft und in die Bautätigkeit. Nach 1870 machte der Anteil der landwirtschaftlichen Investitionen nur noch 10 Prozent aus. Die industriellen Investitionen lagen dafür bei einem Drittel, diejenigen für Eisenbahnen bei einem knappen Viertel der gesamten Investitionen.
Auch die *Verteilung der Beschäftigten* auf die verschiedenen wirtschaftlichen Sektoren wurde von der Industrialisierung beeinflußt. Gewerbe und Industrie sowie der Dienstleistungsbereich (sekundärer bzw. tertiärer Sektor) nahmen zu Lasten der Landwirtschaft (primärer Sektor) zu, die sich 1871 allerdings noch mit ca. 50 Prozent behaupten konnte. Obwohl lediglich ein Drittel der gewerblich Beschäftigten in Fabriken tätig waren, so hatte sich deren Anteil seit der Jahrhundertmitte mehr als verdoppelt. Die Industrialisierung kostete also keine Arbeitsplätze – wie von ihren Kritikern befürchtet – sondern schuf im Gegenteil zusätzliche Erwerbsmöglichkeiten.
In der Struktur ähnelten sich Frankreich und Deutschland noch um die Jahrhundertmitte sehr, doch seither fiel Frankreich beim Anteil der gewerblich Beschäftigten zurück; den Stand Englands um die Jahrhundertmitte sollte Deutschland allerdings nicht einmal bis zum Ersten Weltkrieg ganz erreichen (▷ M 3).

Die Entwicklung des Handels

Eisenbahn, Zollverein und schließlich Reichseinigung setzten der deutschen Industrie und damit auch dem Handel neue, entwicklungsgünstige Rahmenbedingungen. Die Aneignung moderner Techniken und Verfahrensweisen machte die deutsche Produktion zudem international marktfähig. Deutschland war auf dem Weg zu einer wirtschaftlichen Großmacht, wie die Entwicklung des Exports zeigte.
Die Expansion setzte sprunghaft nach 1850 ein. In dem Jahrzehnt bis 1860 stieg die deutsche Ausfuhr stärker als die Einfuhr, und im selben Zeitraum eroberte sich Deutschland den Platz der drittgrößten Handelsnation in Europa, hinter dem führenden Großbritannien und Frankreich. Damit einher ging eine Strukturveränderung innerhalb des Handels. Hatten bei der Ausfuhr in der vorangegangenen Periode noch Nahrungsmittel (Getreide, Rübenzucker) obenan gestanden und bei den gewerblichen Erzeugnissen textile Halb- und Fertigprodukte, so verschoben sich nun die Gewichte zugunsten industrieller Fertigprodukte, wie Maschinen und Präzisionsgeräte, und zugunsten von Eisen und Stahl. Der Anteil des Textilexports ging hingegen zurück. Umgekehrt stieg der Import industrieller Rohstoffe, aber auch der von Nahrungsmitteln an (▷ M 4, M 5).

M 1 Europäische Schlüsselindustrien

	Kohleproduktion				*Roheisen-produktion*			*Baumwoll-spindeln*		*Eisenbahn-netz*	
	1820	*1840*	*1850*	*1870*	*1825/29*	*1850*	*1873*	*1834*	*1867*	*1840*	*1870*
Großbritannien	17,7	34,2	50,2	132,2	669	2249	6566	10 000	34 000	2390	21 558
Frankreich	1,1	3,5	5,3	15,4	212	406	1382	2500	6800	497	15 554
Deutschland	1,2	4,4	9,2	41,4	90	212	2241	626	2000	469	18 876
Belgien	–	4,1	6,8	14,7	–	145	607	200	625	334	2897
Österreich-Ungarn	0,1	0,5	1,4	9,2	103	201	451	800	1500	144	9589
	Durchschnittliche Jahresproduktion in Mill. Tonnen				in Tausend Tonnen			in Tausend		in Kilometern	

Daten aus: David S. Landes, Der entfesselte Prometheus, München 1983, S. 187; Carlo Cipolla/Knut Borchardt, Europäische Wirtschaftsgeschichte, Band 4, Stuttgart 1985, S. 503 ff.

1. *Arbeiten Sie die wirtschaftliche Position Deutschlands im internationalen Vergleich im Verlauf des 19. Jahrhunderts heraus.*
2. *Überlegen Sie, welche Veränderungen das industrielle Wachstum für das Investitionskapital mit sich bringen mußte.*
3. *Mit welchem Recht läßt sich von einer neuen Phase in der Industrialisierung (sogenannte Hochindustrialisierung) seit etwa 1850 sprechen?*

M 2

Die industrielle Produktion 1800 bis 1888
(in Millionen englischen Pfund)

Jahr	*Groß-britannien*	*Frankreich*	*Deutschland (in den Grenzen von 1871)*	*Österreich (-Ungarn)*	*Rußland*	*USA*	*Welt*
1800	230	190	60	50	15	25	650
1820	290	220	85	80	20	55	865
1840	387	264	150	142	40	96	1314
1860	577	380	310	200	155	392	2404
1888	820	485	583	253	363	1443	4618

Heinrich Lutz, Zwischen Habsburg und Preußen. Deutschland 1815–1866, Berlin 1985, S. 89

1. *Vergleichen Sie sowohl die Produktion in absoluten Ziffern als auch die prozentualen Steigerungsraten. Welche unterschiedlichen Ergebnisse stellen Sie fest?*
2. *Welche Stellung nahmen die europäischen Länder in der Welt ein?*

M 3

Entwicklung der Beschäftigtenstruktur in verschiedenen Ländern

Mitte des 19. Jahrhunderts

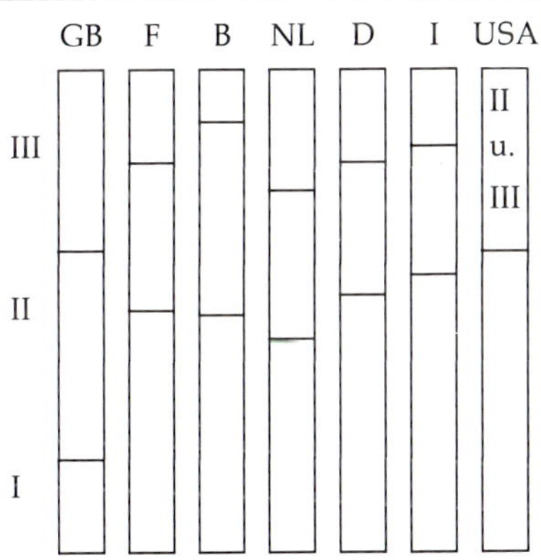

Sektor I: Landwirtschaft, Fischerei, Forstwirtschaft; Sektor II: produzierendes Gewerbe einschließlich Bauwirtschaft, Energiewirtschaft, Verkehrswesen; Sektor III: Handel, Banken, Versicherungen, Wohnungswirtschaft, öffentliche Dienste, Militär, sonstige Dienste. – Im Falle Großbritanniens sind Verkehr, Lagerhaltung und Post im Sektor III enthalten.
(nach Kuznets)

Zeitraum 1906–1911

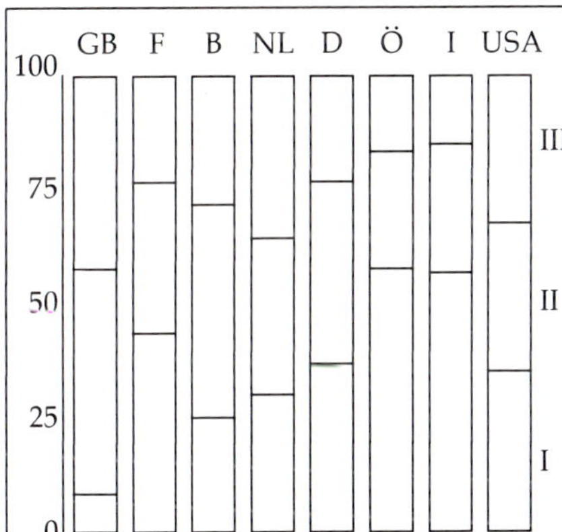

Sektor I: Land- und Forstwirtschaft, Fischerei; Sektor II: Industrie und Bergbau; Sektor III: Handel und Verkehr, öffentliche Dienste und freie Berufe, häusliche Dienste und Lohnarbeit wechselnder Art, Dienstleistungen im Hause.
(nach F. Zahn)

Hermann Aubin/Wolfgang Zorn (Hrsg.), Handbuch der deutschen Wirtschafts- und Sozialgeschichte, Band 2, Stuttgart 1976, S. 215

1. *Die beiden Graphiken geben den Prozeß der Industrialisierung in der Beschäftigtenstruktur wieder. In welchen Veränderungen wird dieser Vorgang deutlich?*
2. *Arbeiten Sie die unterschiedliche Entwicklung der Beschäftigtenstruktur in den einzelnen Ländern heraus.*
3. *Welche Vermutungen über das Wirtschaftswachstum lassen sich aus den Beschäftigtenstrukturen herauslesen?*

M 4 Die Entwicklung der deutschen Ein- und Ausfuhr bis 1870

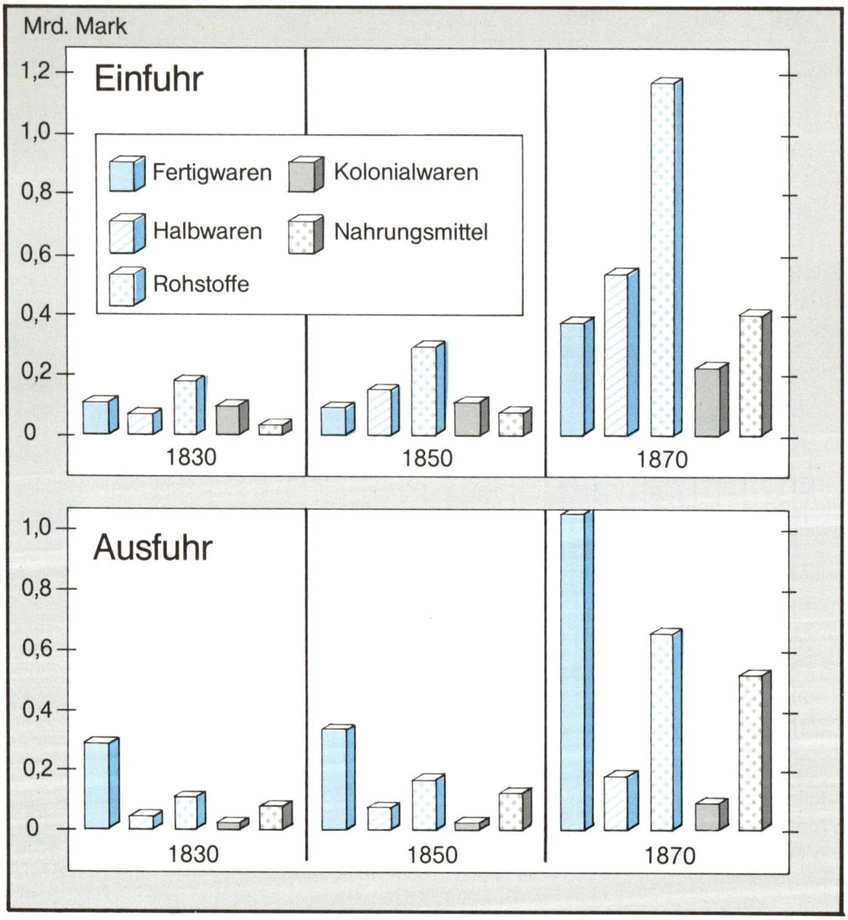

Nach Friedrich-Wilhelm Henning, Die Industrialisierung Deutschlands 1800–1914, Paderborn 1973, S. 174

1. *Vergleichen Sie die Entwicklung der Ein- und Ausfuhr bei den einzelnen Warengruppen. Lassen sich die Befunde mit dem Prozeß der Industrialisierung erklären?*
2. *Formulieren Sie, welches Gesamtbild für die Entwicklung der deutschen Handelsbeziehungen sich ergibt.*

M 5

Der deutsche Handel im europäischen Vergleich

Jahr	*Großbritannien* Ein-fuhr	Aus-fuhr	Wieder-ausfuhr	*Frankreich* Ein-fuhr	Aus-fuhr	*Deutschland* Ein-fuhr	Aus-fuhr	*Österreich-Ungarn* Ein-fuhr	Aus-fuhr	*Rußland* Ein-fuhr	Aus-fuhr
1820	54,2	36,4	10,4	–	–	–	–	–	–	245,2	222,5
1830	55,9	38,3	5,6	489	453	395	449	–	–	198,1	272,3
1840	91,2	51,4	10,0	747	695	482	499	212	206	78,1	85,4
1850	103,0	71,4	12,0	791	1068	491[1])	497[1])	307	252	93,9	98,1
1860	210,5	135,9	28,6	1897	2277	1179[2])	1159[2])	462	610	159,3	181,4
1870	303,3	199,6	44,5	2867	2808	3465[3])	2492[3])	872	791	335,9	360,0
	In Mio. Pfund			In Mio. Francs		Umgerechnet in Mio. Mark		In Mio. Kronen		In Mio. Rubel	

[1]) Für ca. 1849 [2]) Für ca. 1864 [3]) Für ca. 1872

Daten aus: Carlo Cipolla/Knut Borchardt, a.a.O., S. 518 f., und Wolfram Fischer/Jochen Krengel/Jutta Wietog, Sozialgeschichtliches Arbeitsbuch 1815–1870, München 1982, S. 91

Welche Aussagen über die Entwicklung des Handels der europäischen Großmächte läßt die Tabelle zu? Welche Grenzen der Aussagekraft sind der Tabelle andererseits gesetzt, insbesondere für einen unmittelbaren Vergleich der aufgeführten Länder?

„Verspätung" und wirtschaftliches Wachstum in Deutschland bis zur Reichsgründungszeit

England, die „Werkstätte der Welt" bis weit ins 19. Jahrhundert hinein, war für alle europäischen Länder der Pionierstaat bei der Industrialisierung. Gemessen an England waren alle anderen europäischen Nationen „Nachfolgestaaten". Am weitesten fortgeschritten war die Entwicklung noch in Frankreich, doch Revolution (1789) und Napoleonische Kriege bremsten die wirtschaftliche Expansion. Erschwert wurde die Industrialisierung in Frankreich durch den ungenügenden und teuren Kohleabbau. Die Montanindustrie nahm deshalb – trotz eines verhältnismäßig hohen Ausgangsniveaus – nicht denselben stürmischen Aufschwung wie in anderen Staaten.

In Deutschland mündete etwa ab 1850 die Entwicklung in die „Hochindustrialisierung". Man hat seit jeher die „verspätet" einsetzende Industrialisierung hervorgehoben, die anfangs hinter dem Wachstum Englands, Frankreichs und Belgiens zurückblieb. Dies wirkte sich jedoch auf Dauer keineswegs negativ aus, denn die deutschen Unternehmer, Techniker und Forscher konnten auf einem schon fortgeschrittenen technisch-wissenschaftlichen Niveau vorliegende Erfindungen und Verfahrensweisen übernehmen und weiterentwickeln. War die deutsche Wirtschaft, Technik und Wissenschaft in den ersten Jahrzehnten somit in einem Prozeß der Übernahme und Aneignung begriffen,

so vermochte sie nach der Jahrhundertmitte in den neu aufkommenden Technologien der Elektroindustrie, der Chemie und des Motorenbaus ihrerseits Pionierleistungen zu erbringen.
Trotz der phasenverschobenen Entwicklung war das Deutsche Reich zusammen mit Großbritannien, Frankreich, Belgien und den USA eines der ausgesprochen früh industrialisierten Länder. Bis zum Zeitpunkt der Reichsgründung hatte es den Entwicklungsrückstand aufgeholt. Von nun an wurde die wirtschaftliche Entwicklung nicht mehr von vorindustriellen Erwerbsformen (Landwirtschaft) geprägt, sondern eindeutig vom Wachstum der industriellen Produktion. Das Deutsche Reich von 1871 war „die drittgrößte Volkswirtschaft und die zweitgrößte Industrienation Europas" (W. Fischer) geworden. Dies läßt etwas von der Rasanz erahnen, mit der die Zeitgenossen damals die Wandlung ihrer Welt erlebten (▷ M 1).

M 1 Die Industrialisierung im Blickwinkel der Geschichtswissenschaft

Die Bilanz der Industrialisierung ist auch unter zeitgenössischen Historikern umstritten.

Der Münchner Historiker Thomas Nipperdey führt in seinem 1983 erschienenen Buch „Deutsche Geschichte" aus:

Die Bilanz der Industrialisierung muß zunächst auch in Deutschland positiv ausfallen. Sie hat nicht nur die Gesellschaft und das Land und schließlich die Welt wie nichts seit dem jungsteinzeitlichen Übergang zur Seßhaftigkeit verändert, unsere moderne Welt geschaffen. Sie hat das Problem des Bevölkerungswachstums, der Unterbeschäftigung und des Pauperismus in einer stagnierenden Wirtschaft gelöst, die Abhängigkeit von den Naturbedingungen der Landwirtschaft, den Hunger zuletzt, aufgehoben. Sie hat gewaltige Leistungssteigerungen und kurz- wie langfristig wachsenden Lebensstandard geschaffen; selbst im Blick auf soziale Ungleichheit kann man annehmen, daß sie die Quote des Arbeitseinkommens nicht verändert hat; [. . .]. Auf der anderen Seite stehen die neuen Probleme: Wachstumsstörungen und neue Krisen, Verstädterung, „Entfremdung", stehen die neuen sozialen Probleme:

Reinhard Rürup schreibt in seinem 1984 erschienenen Band:

Mit Recht ist neuerdings vor einer unkritischen Verwendung des Wachstumsbegriffs in der deutschen Wirtschafts- und Sozialgeschichte gewarnt worden, da wirtschaftliches Wachstum keineswegs von vornherein mit „Fortschritt" oder mit „Besserung des Lebensstandards" gleichgesetzt werden kann. Auch der in der Geschichte des 19. Jahrhunderts oft so dramatisch hervortretende „technische Fortschritt" meint in der Regel lediglich einen produktionstechnischen Fortschritt, eine Steigerung der Leistung von Menschen und Maschinen, der im Einzelfall durchaus mit einer Verschlechterung der Arbeitsbedingungen, mit einer Steigerung des Energieverbrauchs und mit einer verstärkten Belastung der Luft, des Wassers oder des Bodens verbunden sein kann. „Fortschritt" ist, so zeigt sich in der Geschichte des 19. Jahrhunderts, eine sehr unscharfe Kategorie, die jeweils genau bestimmt werden muß. Im Ver-

Klassenbildung, Proletariat und proletarisches Elend, neue Ungerechtigkeit und neue Herrschaft, Klassenkampf.

Thomas Nipperdey, Deutsche Geschichte 1800–1866, München, 2. Auflage 1984, S. 205

lauf der industriellen Revolution haben Technik und Kapital gemeinsam das Wachstum als ein wirtschaftliches und gesellschaftliches Grundmuster etabliert. Ein hohes und anhaltendes Wirtschaftswachstum ist seitdem als wünschenswertes und zugleich unvermeidliches Ergebnis der Industrialisierung angesehen worden. Erst unter dem Eindruck ökologischer Krisen und knapper werdender Energievorräte ist es neuerdings möglich geworden, das wirtschaftliche Wachstum des 19. und 20. Jahrhunderts „als eine vorübergehende Periode der Menschheitsgeschichte zu sehen“ (K. Borchardt). In dieser Perspektive könnte auch die Geschichte der Industrialisierung in Deutschland künftig in einem wesentlich veränderten Licht erscheinen.

Reinhard Rürup, Deutschland im 19. Jahrhundert. 1815–1871, Göttingen 1984, S. 83 f.

Beide Historiker untersuchen Vorteile und Nachteile der Industrialisierung in Deutschland, gelangen dabei aber zu unterschiedlichen Bewertungen. Von welchem Ansatz geht Nipperdey aus, aus welcher Sicht argumentiert Rürup? Begründen Sie, welchem Ansatz Sie eher zustimmen.

Zeittafel

1709	Verfahren zur Roheisenschmelze mittels Koks durch A. Darby
1711/12	Kolbendampfmaschine von Newcomen
1733	Erfindung des Schnellschützens („fliegendes Schiffchen") für den (Hand-)Webstuhl
1735	Erster Kokshochofen in England
1746	Erstmalige Impfung am Menschen mit Kuhpocken in England
1765/69	Dampfmaschine von James Watt
1776	Adam Smiths Hauptwerk „An inquiry into the nature and causes of the wealth of nations" (deutsch 1846/47)
1783/84	Erfindung des Puddelns und Walzens durch Henry Cort
1786	Erster brauchbarer mechanischer Webstuhl durch E. Cartwright
1789	Französische Revolution
1798	Malthus' Schrift „An essay on the principle of population"
1799	Max IV. Joseph wird Kurfürst in Bayern; Montgelas leitender Minister Napoleon wird Erster Konsul
1801	Frieden von Lunéville
1803	Reichsdeputationshauptschluß regelt Säkularisation und Mediatisierung Errichtung der landwirtschaftlichen Hochschule Weihenstephan
1804	Veröffentlichung des Code Civil Napoleon wird Kaiser der Franzosen
1806	Bayern und Württemberg werden Königreiche Gründung des Rheinbunds Ende des Heiligen Römischen Reichs Deutscher Nation mit der Niederlegung der Kaiserkrone durch Franz II. Errichtung der landwirtschaftlichen Hochschule Möglin bei Potsdam
1807	Frieden von Tilsit Oktoberedikt in Preußen (Aufhebung von Leibeigenschaft und Erbuntertänigkeit), bringt in der Folge auch die Gewerbefreiheit (1810) Gesetzliche Pockenschutzimpfung in Bayern
1807/13	Reformen in den Rheinbundstaaten und in Preußen
1808	Bayern erhält erste eigenständige deutsche Verfassung (tritt nicht in Kraft)
1810/14	Erste Schnellpressen durch Koenig und Bauer in Eisleben und Stuttgart
1811	Regulierungsedikt Hardenbergs zur Durchführung der Bauernbefreiung in Preußen
1812	Krieg Napoleons gegen Rußland Konvention von Tauroggen
1813	Völkerschlacht von Leipzig
1814	Erste Verfassung in Sachsen-Weimar
1814/15	Wiener Kongreß
1815	Endgültige Niederlage Napoleons bei Waterloo Unterzeichnung der Deutschen Bundesakte Gründung der Heiligen Allianz

1817	Wartburgfest
1818	Bayern und Baden erhalten eine Konstitution Karl Marx in Trier geboren Übergang Preußens zu einer Niedrigzollpolitik
1819	Konstitution für das Königreich Württemberg Attentat auf den Schriftsteller Kotzebue durch den Studenten Sand Karlsbader Beschlüsse Friedrich List gründet den Deutschen Handels- und Gewerbeverein (Propagierung einer Aufhebung der Binnenzölle) Friedrich Harkort gründet seine „Mechanische Werkstätte" in Wetter an der Ruhr (seit 1820 Betriebskrankenkasse)
1820	Wiener Kongreßakte Konstitution für Hessen-Darmstadt Friedrich Engels in Barmen geboren
1825	Erster öffentlicher Eisenbahnbaubetrieb in England zwischen Stockton und Darlington
1830	Juli-Revolution in Frankreich Unruhen in den Ländern des Deutschen Bundes
Seit 1830er Jahren	Betriebliche Sozialeinrichtungen entstehen
1832	Hambacher Fest Die Zehn Artikel
1833	Gründung des „Rauhen Hauses" in Hamburg-Horn durch Johann Hinrich Wichern Lists Plan eines deutschen Eisenbahnnetzes
1834	Gründung des Deutschen Zollvereins
1835	Verbot der Schriften des „Jungen Deutschland" Erste Eisenbahnfahrt in Deutschland von Nürnberg nach Fürth
1839	Preußische Kinderschutzgesetzgebung zur Regulierung der Kinderarbeit
1840	Justus von Liebigs Grundlagenwerk „Die organische Chemie in ihrer Anwendung auf Agrikulturchemie und Physiologie"
1844	Aufstand der schlesischen Weber
1846/47	Hungerkrisen
1847	„Manifest der kommunistischen Partei" von Marx/Engels
1848	Februarrevolution in Frankreich Märzforderungen im Deutschen Bund Sieg der Revolution in Wien und Berlin Wahl der Deutschen Nationalversammlung Provisorische Reichsregierung mit einem Reichsverweser an der Spitze Rückeroberung Wiens durch kaiserliche Truppen Oktroyierte Verfassung in Preußen Erster evangelischer Kirchentag in Wittenberg; Wichern trägt dort seine Ideen zur „inneren Mission" vor
1849	Verabschiedung einer Reichsverfassung durch die Nationalversammlung Ablehnung der Kaiserkrone durch den preußischen König Friedrich Wilhelm IV. Auflösung der Nationalversammlung durch Militär
1850	Vertrag von Olmütz

1851	Erste Weltausstellung im Kristallpalast des Londoner Hyde Parks
1862	Gewerbefreiheit in Württemberg und Baden
1863	Gründung des Allgemeinen Deutschen Arbeitervereins durch Ferdinand Lassalle
1864	Kettelers Schrift „Die Arbeiterfrage und das Christentum"
1867	„Das Kapital" (1. Band) von Karl Marx
1868	Gewerbefreiheit in Bayern Meter und Kilogramm im Zollvereinsgebiet allgemein eingeführt
1874	Gesetzliche Pockenschutzimpfung im Deutschen Reich
1883	Karl Marx in London gestorben
1891	Leos XIII. Enzyklika „Rerum Novarum": Grundlegung der kirchlichen Soziallehre
1895	Friedrich Engels in London gestorben

Literaturverzeichnis

Abel Wilhelm: Massenarmut und Hungerkrisen im vorindustriellen Deutschland, Göttingen 1972 (VR 352–54)

Aretin Karl Otmar Freiherr von: Vom Deutschen Reich zum Deutschen Bund, Göttingen 1980 (VR 1455)

Aubin Herrmann/Zorn Wolfgang: Handbuch der deutschen Wirtschafts- und Sozialgeschichte, Band 2, Stuttgart 1976

Botzenhart Manfred: Reform, Restauration, Krise. Deutschland 1789–1847 (Edition Suhrkamp 1252), Frankfurt 1985

Burg Peter: Der Wiener Kongreß. Der Deutsche Bund im europäischen Staatensystem (dtv 4501), München 1984

Cipolla Carlo/Borchardt Knut: Europäische Wirtschaftsgeschichte, Band 3. Die Industrielle Revolution, Stuttgart/New York 1976

Craig Gordon A.: Geschichte Europas im 19. und 20. Jahrhundert, Band I. Vom Wiener Kongreß bis zum Ausbruch des Ersten Weltkrieges 1815–1914, München 1978

Diwald Hellmut: Geschichte der Deutschen, Frankfurt – Berlin – Wien 1978

Fehrenbach Elisabeth: Vom Ancien Régime zum Wiener Kongreß, München 1981

Fetscher Iring: Der Marxismus. Seine Geschichte in Dokumenten, Neuausgabe München 1983

Fischer Wolfram: Armut in der Geschichte, Göttingen 1982 (VR 1476)

Fischer Wolfram/Krengel Jochen/Wietog Jutta (Hrsg.): Sozialgeschichtliches Arbeitsbuch I. Materialien zur Statistik des Deutschen Bundes 1815–1870, München 1982

Geschichte Bayerns im Industriezeitalter in Texten und Bildern, Stuttgart 1987

Germanisches Nationalmuseum in Verbindung mit dem Centrum Industriekultur (Hrsg.): Leben und Arbeiten im Industriezeitalter, Stuttgart 1985

Goette J.-W./Januschke B. u. a. (Hrsg.). Die Industrielle Revolution, Stuttgart 1979

Grab Walter (Hrsg.): Die Revolution von 1848/49. Eine Dokumentation, München 1980

Grebing Helga: Arbeiterbewegung. Sozialer Protest und kollektive Interessenvertretung bis 1914, München 1985 (dtv 4507)

Greschat Manfred: Das Zeitalter der Industriellen Revolution, Stuttgart 1980

Grimm K. (Hrsg): Aufbruch ins Industriezeitalter, 3 Bände, München 1985

Grundmann Herbert (Hrsg.): Gebhardt, Handbuch der deutschen Geschichte, Band 3. Von der Französischen Revolution bis zum Ersten Weltkrieg, Stuttgart 1973

Hardtwig Wolfgang: Vormärz – Der monarchische Staat und das Bürgertum (dtv 4502), München 1985

Huber Ernst Rudolf: Dokumente zur deutschen Verfassungsgeschichte, Band 1, Stuttgart – Berlin – Köln – Mainz, 3. Auflage 1978

Jessen Hans (Hrsg.): Die Deutsche Revolution 1848/49 in Augenzeugenberichten (dtv 927), München 1973

Kellenbenz Hermann: Deutsche Wirtschaftsgeschichte, 2 Bände, München 1977/81

Kissinger Henry A.: Das Gleichgewicht der Großmächte, Zürich 1986

Kocka Jürgen: Unternehmer'in der deutschen Industrialisierung, Göttingen 1975 (VR 1412)

Kocka Jürgen: Lohnarbeit und Klassenbildung, Berlin/Bonn 1983

Köllmann Wolfgang (Hrsg.): Die Industrielle Revolution, Stuttgart, 6. Auflage 1982

Landes David S.: Der entfesselte Prometheus, Köln 1973

Langewiesche Dieter: Europa zwischen Restauration und Revolution 1815–1849, München 1985

Lautemann Wolfgang: Geschichte in Quellen. Amerikanische und Französische Revolution, München 1981

Lutz Heinrich: Zwischen Habsburg und Preußen. Deutschland 1815–1866, Berlin 1985

Mann Golo: Deutsche Geschichte des 19. und 20. Jahrhunderts, Frankfurt 1964

Müller R. A. (Hrsg.): Arbeitnehmer – Unternehmer. Lebensbilder aus der Frühzeit der Industrialisierung in Bayern, München 1985

Nipperdey Thomas: Deutsche Geschichte 1800–1866, München, 2. Auflage 1984

Palmer Alan: Metternich. Der Staatsmann Europas, Düsseldorf 1977

Pöls Werner (Hrsg.): Deutsche Sozialgeschichte 1815–1870, München, 3. Auflage 1979

Rürup Reinhard: Deutschland im 19. Jahrhundert, Göttingen 1984 (VR 1497)

Schönbrunn Günter: Geschichte in Quellen. Das bürgerliche Zeitalter 1815–1914, München 1980

Schulze Hagen: Der Weg zum Nationalstaat – Die Nationalbewegung vom 18. Jahrhundert bis zur Reichsgründung (dtv 4503), München 1985

Selmeier Franz: Eisen, Kohle und Dampf. Die Schrittmacher der Industriellen Revolution, Reinbek 1984 (rororo 7712)

Siemann Wolfram: Die deutsche Revolution von 1848/49 (edition suhrkamp 1266), Frankfurt 1985

Wehler Hans-Ulrich: Deutsche Sozialgeschichte. Erster und Zweiter Band, München 1987

Wetter Gustav A.: Sowjetideologie heute, Band 1: Dialektischer und historischer Materialismus, Frankfurt 1962 (FTB 6045)

Wollstein Günter: Deutsche Geschichte 1848/49. Gescheiterte Revolution in Mitteleuropa, Stuttgart – Berlin – Köln – Mainz 1986

Zorn Wolfgang: Kleine Wirtschafts- und Sozialgeschichte Bayerns 1806–1933, München-Pasing 1962

Zug der Zeit. Zeit der Züge. Deutsche Eisenbahn 1835–1985, Berlin 1985

Personenregister

Sachregister